中华泰山文库·著述书系

泰山风景名胜区管理委员会　编

泰山民俗

泰山谚语与歌谣

李伯涛 编著

山东人民出版社·济南

图书在版编目（CIP）数据

泰山民俗；泰山谚语与歌谣/李伯涛编著. --济南：山东人民出版社，2019.3
（中华泰山文库·著述书系）
ISBN 978-7-209-10761-7

Ⅰ. ①泰… Ⅱ. ①李… Ⅲ. ①泰山－风俗习惯－研究 ②泰山－神－信仰－研究 Ⅳ. ①K892.452 ②B933

中国版本图书馆CIP数据核字(2018)第273969号

项目统筹 胡长青
责任编辑 刘 晨
助理编辑 吕士远
特约编辑 米 山
装帧设计 武 斌 王园园
项目完成 文化艺术编辑室

泰山民俗 泰山谚语与歌谣
TAISHAN MINSU TAISHAN YANYU YU GEYAO
李伯涛 编著

主管单位 山东出版传媒股份有限公司
出版发行 山东人民出版社
出 版 人 胡长青
社 址 济南市英雄山路165号
邮 编 250002
电 话 总编室（0531）82098914
市场部（0531）82098027
网 址 http://www.sd-book.com.cn
印 装 山东新华印务有限责任公司
经 销 新华书店

规 格 16开（210mm×285mm）
印 张 30
字 数 490千字
版 次 2019年3月第1版
印 次 2019年3月第1次
印 数 1-1000
ISBN 978-7-209-10761-7
定 价 400.00元

《中华泰山文库》编委会

立岱宗之弘毅

——序《中华泰山文库》

一生中能与泰山结缘，是我的幸福。

泰山在中国人民生活中有着广泛而深远的影响，人们常说“重于泰山”“泰山北斗”“有眼不识泰山”……在中国人心目中，泰山几乎是“伟大”“崇高”的同义语。秉持泰山文化，传承泰山文化，简而言之，主要就是学做人，以德树人，以仁化人，归于“天人合德”的崇高境界。

自1979年到现在，我先后登临岱顶46次，涵盖自己中年到老年的生命进程。在这漫长岁月里，纵情山水之间，求索天人之际，以泰山为师，仰之弥高，探之弥深。从泰山文化的博大精深中，感悟到“生有涯，学泰山无涯”。

我学习泰山文化，经历了一个由美学考察到哲学探索的过程。美学考察是其开端。记得在20世纪80年代，为给泰山申报世界文化与自然遗产做准备，许多专家学者对泰山的文化与自然价值进行了考察评价。当时，北京大学有部分专家教授包括我在内参加了这一工作。按分工，我研究泰山的美学价值，撰写了《泰山美学考察》一文，对泰山的壮美——阳刚之美的自然特征、精神内涵以及对审美主体的重要作用，有了较深的体悟。除了理论上的探索，我还创作了三十多首有关泰山的诗作，如《泰山颂》：

高而可登，雄而可亲。
松石为骨，清泉为心。
呼吸宇宙，吐纳风云。
海天之怀，华夏之魂。

这是我对泰山的基本感受和认识。这首诗先后刻在了泰山的朝阳洞与天外村。

我认为泰山的最大魅力在于激发人的生命活力。我对泰山文化的学习，开端于美学，深化在哲学。两者往往交融在一起。在攀登泰山时，既有审美的享受，又有哲学的启迪（泰山自然景观和人文景观的结合，体现了一种天人合一的艺术境界）。对泰山的审美离不开形象、直觉，哲学的探索则比较抽象。哲学关乎世界观，在文化体系中处于核心地位，对人的精神影响更为深沉而持久。有朋友问我：能否用一个词来概括泰山对自己的最深刻的影响？我回答：这个词应该是生命的“生”。可以说，泰山文化是以生命为中心的天人之学，其内涵非常丰富，可谓中国文化史的一个缩影。泰山文化包容儒释道，但起主导作用的是儒家文化，与孔子思想有千丝万缕的联系。《周易·系辞下》中讲“天地之大德曰生”，天地生育万物，既不图回报，也不居功，广大无私，包容万物，这是一种大德。天生人，人就应当秉承这种德行，对于人的生命来说，德是其灵魂。品德体现了如何做人。品德可以决定一个人的人生方向、道路乃至生命质量。人的价值和意义离开德便无从谈起。蔡元培先生讲：“德育实为完全人格之本，若无德，则虽体魄智力发达，适足助其为恶，无益也。”

“天行健，君子以自强不息；地势坤，君子以厚德载物。”这两句话深刻地体现了“天人合德”的思想。学习泰山文化要与时代精神相结合。泰山文化中“生”的精神对我影响很大，近四十年，我好像上了一次人生大学，感到生生不已，日新又新，这种精神感召自己奋斗、攀登，为人民事业做奉献。虽然我已经97岁，但生活仍然过得充实愉快，是泰山给了我新的生命。

泰山文化是中华民族优秀传统文化的主要象征之一，是我们民族文化的瑰宝。在这方面，历史为我们留下了浩瀚的资料，亟待整理。挖掘、整理泰山文化，是推动中华优秀文化遗产的创造性转化、创新性发展的迫切需要。

日前，泰山风景名胜区管理委员会的同志来舍下，告知他们正在编纂《中华泰山文库》。丛书分为古籍、著述、外文及口述影像四大书系，拟定120卷本，洋洋五千万言，计划三到五年完成。我听了非常振奋！这是关乎泰山文化的一件大事，惠及当今，功在后世，是一项了不起的文化工程。我对泰山风景名胜区管理委员会领导同志的文化眼光、文化自觉、文化胆识和文化担当，表示由衷钦佩；对丛书的编纂，表示赞成。我认为，编纂《中华泰山文库》丛书，将其作为一个新的文化平台，重要意义在于：

首先，对于泰山文化的集成，善莫大焉。关于泰山的文献，正所谓“经典沉深，载籍浩瀚”（刘勰《文心雕龙》）。从大汶口文化时期的象形符号，到文字记载的《诗经》，再到二十五史，直至今天，在各个历史阶段都不曾缺项。一座山留下如此完整、系统、海量的资料，这是任何山岳都无法与其比肩的，在世界范围内也具有唯一性。《中华泰山文库》的编纂，进一步开拓了泰山文化的深度和广度，对于古今中外泰山文化资料及研究成果的发掘、整理、集成、保存，都具有无与伦比的综合性、优越性和权威性，可谓集之大成；同时，作为文化平台，其建设有利于文化资源和遗产共享。

其次，对于泰山文化的研究，善莫大焉。文献资料是知识的积累，是前人智慧的结晶，是文化、文明的成果。任何研究离开资料，都是无米之炊。任何研究成果都是建立在资料的基础上。同时，每当新的资料出现，都会给研究带来质的变化。《中华泰山文库》囊括了典籍志书、学术著述、外文译著、口述影像多个门类，一方面为学术研究提供了所必需的文献资料，大大方便了研究者的工作；另一方面，宏富的文献资料便于研究者海选、检索、取舍、勘校，将其应用于研究，以利于更好地去伪存真、去粗取精，提高研究效率和研究质量。

再次，对于泰山文化的创新，善莫大焉。文化唯有创新，才会具有更强大的生命力。所以说，文化创新工作永远在路上。新时代泰山文化的创新，质言之，泰山文化如何引领新时代的精神文明，服务于新时代的精神文明建设，是一个重大课题。就其创新而言，《中华泰山文库》丛书的编纂本身就是一种立意高远的文化创新。它有目的、有计划、有系统地广泛征集、融汇泰山文献资料，集腋成裘，聚沙成塔，夯实了泰山文化的基础，成为泰山文化创新的里程碑。另外，外文书籍的编纂，开阔了泰山走向世界、世界了解泰山的窗口，对于泰山更好地走向世界、融入世界，具有重要的现实意义。而口述泰山的编纂，则是首开先河，把音频、影像等鲜活的泰山文化资料呈现给世人。《中华泰山文库》的富藏，为深入研究泰山的文化自然遗产，提供了坚实的物质保障。

最后，对于泰山文化的传承，善莫大焉。从文化的视角着眼，随着经济社会的发展变革，亟须深化对优秀传统文化重要性的认识，以进一步增强文化自觉和文化自信；通过深入挖掘优秀传统文化价值内涵，进一步激发其生机与活力；着力构建优秀传统文化传承发展体系，使人民群众得到深厚的文化滋养，不断提高文化素养，以增强文化软实力。毋庸讳言，《中华泰山文库》负载的正是这样一个优秀传统文化传承发展体系。如上所述，集成、研究、创新的最终目的，就是为了增强泰山文化的生命力，祖祖辈辈传承下去，延续、共享这一人类文明的文化成果。这是一个民族兴旺发达的源泉所在。《中华泰山文库》定会秉承本初，薪火相传，继往开来。

更为可喜的是，泰山自然学科资料的整理和研究，也是《中华泰山文库》的重要组成部分，无论是地质的还是动植物的文化资料，同样是珍贵的世界遗产。

中国共产党第十九次全国代表大会报告中指出："文化自信是一个国家、一个民族发展中更基本、更深沉、更持久的力量。必须坚持马克思主义，牢固树立共产主义远大理想和中国特色社会主义共同理想，培育和践行社会主义核心价值观，不断增强意识形态领域主导权和话语权，推动中华优秀传统文化创造性转化、创新性发展，继承革命文化，发展社会主义先进文化，不忘本来、吸收外来、面向未来，更好构筑中国精神、中国价值、中国力量，为人民提供精神指引。"这是我们编纂《中华泰山文库》丛书工作的指南。

编纂《中华泰山文库》丛书是一项浩繁的文化系统工程，要充分考虑到它的难度、强度和长度。既要有气魄，又要有毅力；既要正视困难，又要增强信心。行百里者半于九十，知难而进，迎难而上，才能善始善终地完成这项工作。这也是我的一点要求和希望。

值此《中华泰山文库》即将付梓之际，泰山风景名胜区管理委员会的同志嘱我为之作序，却之不恭，写下了以上文字。我晚年的座右铭是："品日月之光辉，悟天地之美德，立岱宗之弘毅，得荷花之尚洁。"所谓"弘毅"，曾子有曰："士不可以不弘毅，任重而道远。仁以为己任，不亦重乎？死而后已，不亦远乎？"故而，名序为：立岱宗之弘毅。

杨辛

2018年7月

目　录

泰山民俗

泰山谚语与歌谣

泰山民俗

李伯涛　编著

《泰山民俗》序

我和伯涛同志相识，大约是在10年前登泰山时。那时他在泰安市委工作，经朋友介绍，我们在泰山下一所旅馆里相见。虽是初次见面，彼此之间还很陌生，但他的坦率、诚挚与热情给我留下很深的印象。更令我不解的是，我们见面后的谈话，总是离不开民间文学，离不开泰山地区的歌谣和谚语。从他的谈话中，我知道他那时正在利用业余时间，搜集和整理泰山谚语和徂徕山革命歌谣。果然回京后不久，便收到伯涛同志搜集出版的《泰山谚语》和《徂徕山抗日歌谣》，展读之后十分感慨，也产生一种景仰。一位担负繁忙行政工作的干部，能有余力和兴趣致力于民间文学的采集，可见他对民间文化的情有独钟。

1993年6月，我应邀到国家文物局泰安培训中心举办的“全国民族民俗博物馆专业培训班”讲授民俗学课程，又一次见到伯涛同志。这时他已升任泰安市交通局领导，工作更加繁忙。老朋友见面仍然继续着原来的话题，不过这次他告诉我，他已在业余时间完成了近20万言的《泰山民俗》初稿。这使我很觉吃惊，也更加佩服他的精神和毅力。又是回到北京不久，就收到他寄来的沉甸甸的《泰山民俗》的书稿。我知道这是他心血的结晶。大概出于对老朋友的信任，要我看看，提出修改意见。当时正值开学不久，我的教务和写作任务特别繁忙，无暇拜读书稿。好不容易到了暑假，总算有时间了，但偏偏又遇到我的夫人突发心脏病需住院治疗。因是急性冠心病，医院要求家属陪床值班，这样大约有三个月的时间，我是陪伴夫人在病榻前度过的。但我不能忘却朋友的嘱托，在医院陪床的日子里，一有空暇，我就展开书稿，用心地逐字逐句地阅读。正是这部《泰山民俗》书稿，不仅伴我度过那些焦虑不安的日子，而且将我带往齐鲁大地丰富多彩的民俗文化宝库之中，带我去领略古老文化之邦的另一种世俗的传统生活。

民俗志的写作，看似记述我们身边发生的熟悉的事情，实际上它的写作难度是相当大的，它需要作者长期的民俗实践和考察。书稿中记述的泰山地区的衣食住行、婚丧嫁娶、岁时节日、家族礼仪、宗教信仰、名胜古迹等众多事象，所列十分详尽。它向我们展示了泰山地区的民众生活和文化创造，这种文化创造和泰山的摩崖石刻一样，同样具有文化史价值。我想泰山文化是由历代帝王、文人墨客的创作和泰山民俗文化共同组成的。如果没有民众对泰山诸神的信仰力量，历代帝王的封禅祭祀和文人墨客舒笔题崖只是历史典故和文献记载而已，泰山文化绝不会如此丰富多彩。泰山人创造了泰山文化，泰山民俗是活在民众心中的历史，同样值得大书特书。

既然泰山民俗是耸立在民众口头、行为和观念上的一座丰碑，将其加以详细的考察和记录是理所当然的。伯涛同志的《泰山民俗》正是做了这一十分有意义的工作。但按民俗志的写法和要求，初稿对有些民俗事象的记述在行文上显得较为简略，而对有些民俗事象的记述则又显得过于冗杂。当我拜读他的书稿时，对于前者，认为有再次调查进行补充的必要；而对于后者，只好动笔做点“减法”，进行力所能及地删除和修改。我将自己的读后感和意见如实寄给伯涛同志，供他参考。之后多次接到他的来信，讲述他又一次深入民间考察泰山民俗的情景。这时我才了解到他的这部著作真可谓“踏破铁鞋”之作。伯涛同志出身农村，自幼生活在泰山脚下。他从小就喜爱民间文学，由于兴趣所致，从50年代后期开始，便注意搜集泰山民俗资料。每逢星期天和节假日，必到农村请教老农，请他们讲述民间风俗和民间故事。关于泰山老奶奶的一系列信仰习俗，关于山轿子、泰山挑夫的生活，关于泰山乞丐的“地保”组织，都是利用节假日亲自上山找老挑夫、老香客采访到的。20年后，到了80年代初，他开始对所采集的资料进行分类整理，其间仍没有中断过考察。到90年代完成《泰山民俗》初稿，整整经历了30多个春秋。这种对民俗文化的钟情，为保护泰山民俗文化所表现出的奉献精神，不能不令我感动。

伯涛同志的确是民俗文化的知音。他身在仕途，却从不忘记培育自己成长的乡土文化、乡土情感，并为保护这一文化付出了艰辛的努力。由此我想到中国民俗文化的抢救和保护问题，这是摆在中国民俗学者面前的十分严肃和紧迫的任务。民俗文化是中国文化的有机组成部分，它在培育中华民族精神，形成中华民族凝聚力方面起着不容忽视的十分重要的作用。但是在几千年的封建社会中，这一文化始终受到压抑和排斥，没能得到有效记录和保护，处于一种自生自灭的状态之中。历代方志中虽有对民俗文化的记载，但都十分简略，不能窥见中国民俗文化发展的全貌。新中国成立后，由于极“左”思潮的影响，一次又一次的政治运动，在都市以“雅文化”为革命对象，在农村则以民俗文化为革命对象。要么挥舞“封建迷信”的大棒，要么用社会动员的方法移风易俗，造成民俗文化的消失和断流。特别是史无前例的“文化大革命”，视民俗文化为洪水猛兽，以“破四旧”为名，大张挞伐，更使民俗文化遭到前所未有的破坏。直到粉碎“四人帮”，迎来民俗文化复苏的春天时，中国民俗和民俗文化学研究又一次获得新生。但是随着改革开放的大潮，市场经济滚滚而来。西方文化和现代化带来的思想观念上的转变，使人们的思维方式和生活方式急剧变化，对传统民俗文化无疑又是一次强烈的冲击。民俗文化具有适应性和变异性特点，当社会发生急剧变革时，民俗文化会启动它的调解功能，去适应这种变化。所以我们不必为民俗文化是否消失而担忧。问题是对千百年来由民众创造、传承和享受的优秀民俗文化传统，要不要加以有效地、合理地保护。保护的手段是多种多样的，如用文字的手段，将民间传承的民俗文化事象详细地加以记录和描述；用摄影、录音、录像的手段保存音响和声像资料，都是行之有效的方法。还有对民俗文化活动做现场保护的方法，也必须采用。对一部分典型的、具有文化史价值的民俗活动，如各种类型的民居、独特的饮食和制作、服饰和民间工艺加工、大型的民间节日习俗、传统的民俗宗教仪礼、民间竞技活动以及传统的民俗活动场所等，都应该有计划地、通过民众的和政府的行为加以保护。即便有一些民俗文化现象在今天看来似乎已经过时，但因其文化史价值的关系，仍需要我们像对待出土文物一样加以珍视和保护，保持它原来的仪式规模，使后人能看到古人（现代人也会变成古人）是怎样思考和怎样生活的，这对我们理解中华民族凝聚力的形成，对增强民族自信心和自豪感都是十分有益的。我希望通过伯涛同志著作的出版，能唤起全民的民俗文化保护意识。希望能有更多的同志投入到民俗文化的采集、整理、研究和保护活动中去。

受伯涛同志之托，也借他的著作的珍贵的版面，写了如上的话，是为序，也是为自勉。

陶立璠

1995年盛夏于绕梦斋

序

伯涛先生《泰山民俗》付印，嘱为序。

大约是五岳独尊的名山效应所致吧，泰山及其周边地带的民俗事象，人们习惯地统称之为“泰山民俗”。这里自然是以泰山文化为主导，但也有齐鲁文化相互交融的历史传承，或许还可远溯到新石器时代，那“大汶口文化”遗址传来的流风余韵。

我喜欢泰山民俗，觉得它仿佛与泰山一样的崇高。无论朝山进香，还是旅游观光，凡置身其中，都会感受到一种特殊的民间文化氛围，在影响着人们的心意和行为，激励着人们坚定信念、执着向上，去憧憬和追求真、善、美的未来。这种影响，多带有人格重塑性质，它出于自身的感悟、自觉的修为，不能用通常的入乡随俗来概括。当人们那被现代尘嚣污染的心灵在此得到某些净化，人格也好像得到了升华，尽管那可能是即兴的、难以名状的。

我重视泰山民俗，觉得它仿佛与齐鲁文化一样的博大。泰山地处山东腹地，历史上曾被东夷、殷商文化交替覆盖，民风率真、昌明，又因崇祀天神、地祇、人鬼而带有一些神秘色彩。西周封建，史称“泰山之阳则鲁，之阴则齐”，古齐长城由西向东穿过山的北坡，其行政区划应该主要在鲁地，但异国殊俗并没有影响到它的去从，而是齐鲁风俗尽在其中，甚至更接近于“齐一变之于鲁”的情形。它以传统礼仪为核心，具有博大精深的内涵，又汇集了历史的、地理的多种文化因素，反映出丰富多彩的民俗事象。其认同领域之宽泛，可视为近现代山东内地民俗的代表，对华夏民俗来说，也有一定的典型意义。

我珍惜泰山民俗，觉得它仿佛与“大汶口文化”一样的生生不息，层层积淀，架构起深厚的传承基石，烘托着新时代的风采。这是一宗丰厚的文化遗产，也应该看作是一宗宝贵的财富。人们从中可以采集到种种死去的、活着的标本，观察到种种形成、演变、继往开来的踪迹。毫无疑问，它对民俗研究、移风易俗、两个文明建设，都有重要的开发、利用价值。

正因为如此，我注意搜集泰山民俗资料，曾想系统地做点调查研究，可惜力不从心，只有些零星积累。伯涛先生编写《泰山民俗》是我的希望所在，他生长在其中，工作在其地，有条件、有能力来完成。

我们相识是在编纂“民间文学三集成”的初期，那时他正担负着泰安交通部门的领导工作，却与乃兄陶阳先生一样热衷于民间文艺。他业余时间积极投身普查，掌握大批资料，不久便出版了《泰山谚语》《徂徕山抗日歌谣》两部作品集。那时又是恢复民俗学呼声日益高涨的年代，与其关系密不可分的民间文艺学者，都或多或少地把注意力转向了民俗学。他积极支持民俗学的重建工作，并对泰山民俗做了进一步的调查研究，发表过一些或综述的或专题的文章，当选为山东省民俗学会理事。《泰山民俗》的成书，是他近几年工作的结晶。

我期望他再写一部有关泰山本身的专题民俗，那将会更多表现出民间信仰的情趣。

李万鹏

1995年9月于山东大学

绪　论

泰山，位于山东省中部，绵亘于泰安、济南、淄博三市之间，东西长约200公里，南北宽约50公里。它东望黄海，西襟黄河，前瞻孔孟故里，背依泉城济南，以拔地通天之势雄峙于我国的东方，以五岳独尊的盛名称誉中外古今。泰山，被视为中华民族的精神象征，华夏历史文化的缩影。

泰山，古代又称岱山、岱宗、岱岳、东岳、泰岳。“泰”在古时与“大”“太”通义。岱，始也；宗，长也；“岱宗”意为泰山是高大的山，万物更始之处，群山之宗。自古泰山与西岳华山、南岳衡山、北岳恒山、中岳嵩山合称“五岳”，泰山为五岳之首。1982年，泰山被国务院列为第一批国家重点风景名胜区。1987年，泰山被联合国教科文组织列为世界遗产，是公认的融自然与文化遗产于一体的世界名山。

泰山地处黄河下游，是中华民族最早生息繁衍的地区，是中华文明的发祥地之一。在泰山东南的沂源县发现有距今四五十万年前的猿人化石，被称为“沂源猿人”；在泰山东部的新泰乌珠台附近发现有距今5万年前的“智人牙”化石，被命名为“新泰智人”。“沂源猿人”“新泰智人”化石的发现，证明早在人类进化之初，就有中华民族的先民们生活栖息在泰山周围。1959年，在泰山以南只有25公里的大汶口镇首先发现并发掘的“大汶口遗址”，是距今6000年至4000年之间，原始社会新石器时代的中国先民生活的典型遗址之一，这些后来被命名为“大汶口文化”的丰富遗存，体现了黄河下游流域的人类在母系氏族时代和母系氏族向父系氏族过渡时代生活的繁荣景象。早于大汶口文化30多年发现的“龙山文化”，同样先见于泰山北麓章丘县（今济南市章丘区）龙山镇的城子崖，龙山文化是黄河下游流域大汶口文化的延续和发展。大汶口文化、龙山文化的发现，有力地证明了早在远古的新石器时代，泰山一带是人类频繁活动的重要地域，而且先进于同一时期其他地域的文化。自远古起，在泰山周围一带便逐渐形成了泰山文化区，使泰山一带具有深厚的文化积淀。

远古人类生活在恶劣的自然环境中，对于一些自然现象，如风、雨、雷、电及洪水等的发生无法理解。人类为了生存而乞灵于某一物体，便产生了各种各样的原始自然崇拜。因此，从最早对于山岳的崇拜，进而产生了燔柴祭天的活动。在泰山上下相传起自远古的封禅活动，就是这种信仰活动的典型代表。

封禅，“此泰山上筑土为坛以祭天，报天之功，故曰封；此泰山下小山上除地，报地之功，故曰禅”（《史记·封禅书》，唐张守节正义句）。而且史传“古者封泰山禅梁父者七十二家”（《史记·封禅书》）。进入阶级社会之后，封禅活动被染上非常浓厚的“君权神授”色彩。取得统治地位的集团借神权来巩固政权，“王者易姓受命而起，必升封泰山何？教告之义也。始受命之时，改制应天。天下太平，功成封禅以告太平也。所以必于泰山何？万物所交代之处也。必于其上何？因高告高，顺其类也。故升封者增高也；下禅梁甫（即梁父山，泰山附近一个小山）之山基，广厚也；刻石纪号者，著己之功绩以自效放也。天以高为尊，地以厚为德。故增泰山之高以放天，附梁甫之基以报地”（班固《白虎通义》）。因此，“惟泰山为天子亲至”的封禅活动，成为中国封建社会历史上各代最高统治者争相成行的旷代大典，成为中国封建社会特有的现象。在中国历史上，秦始皇嬴政、秦二世胡亥、汉武帝刘彻、东汉光武帝刘秀、东汉章帝刘炟、安帝刘祐、唐高宗李治和皇后武则天、唐玄宗李隆基、宋真宗赵恒等都曾封禅泰山，清朝的康熙帝和乾隆帝也曾到过泰山。

泰山还是中国历代文人骚客荟萃之地。千百年来，多少文人名士都向往能登临泰山，饱览中国第一名山，抒发自己的豪情壮志。自孔子起，历代均有文人学士登临泰山，如西汉的司马迁，东汉的张衡，三国时代的曹植，晋代的陆机，南朝宋人谢灵运，唐代的李白、杜甫、刘禹锡，宋代的苏轼、石介，金代的元好问、党怀英，元代的王旭、张养浩，明代的王守仁、边贡、王世贞、于慎行、董其昌、宋焘，清代的王士祯、施闰章、朱彝尊、姚鼐等。赞颂讴歌泰山的名篇佳作历代均有。孔子的“登泰山而小天下”，李白的“天门一长啸，万里清风来”“凭崖览八极，目尽长空闲”，杜甫的“会当凌绝顶，一览众山小”，都已成为脍炙人口的千古名句。姚鼐的《登泰山记》成为迄今为止难得的散文游记。泰山历代诗文是中国文化史上的精华之一。

综上所述，泰山之伟大，离不开泰山周围悠久灿烂的远古文明，历代帝王的封禅朝拜更增加了泰山的威严与神秘，文人名士的诗文吟咏更使泰山名声远播，但是，我们必须看到，构成泰山在中华民族文明史上崇高地位的不仅仅是以上几点。泰山是一座深入民众心灵的神山，丰富的泰山民俗文化是构成民众心目中泰山形象的主体。因此，论述泰山文化不能忽视泰山民俗文化，泰山民俗文化是泰山文化的重要组成部分。

泰山民俗文化的中心内容是信仰与祭祀民俗。

在大汶口文化遗址的陶器上曾出现这样一个图案——“”，这应该是原始信仰的一个标志，它集中地反映了原始人类对天象、大山、火的崇拜。图案上的圆圈和月牙图像，可以理解为太阳（或月亮），最下面五齿图像可以理解为大山，分别表示对天界和大山的崇拜，三个图案连接在一起，即符合了天和地的相通。它完全符合以“祭天”为宗旨的封禅礼仪，即在泰山顶上燔柴升火以交通“昊天上帝”。后来人们把泰山视为“天”的象征即源于此（泰山沿途有“一天门”“中天门”，岱顶有“南天门”“西天门”“东天门”“北天门”之分）。

民间广泛流传的“泰山石敢当”信仰，在我国已有1200多年的历史，它不仅广泛立足于偌大中国的城乡，而且也远涉重洋映及日本、朝鲜、韩国、越南、新加坡等国家。人们传说“泰山石敢当”有“镇百鬼，压灾殃，官吏福，百姓康，风教盛，礼乐昌”的神功，其实它是历史上巫术遗风的产物，古代灵石信仰的原始形式。在山东，人们还传说“泰山石敢当”曾栽过石榴树，附会“榴开百子”“留下子孙”之意，所以山东大部分地区有在家院内种植石榴树的习惯。它甚至深入到了家庭生活中，如有的夫妻间怕有外遇，就在房门前暗埋一“泰山石敢当”石刻（或砖刻），以防第三者介入。

道教是中国土生土长的宗教，它源于先秦道家，奉老子为教祖和最高天神。自唐宋以来，道教信仰日趋世俗化，逐渐成为中国民俗文化的重要组成部分。泰山是一座道教名山，道教宫观遍布于泰山上下，在这里不仅有受到尊崇的正统的元始天尊、玉皇大帝、西王母等，而且还有关圣帝君（上、中、下三庙）、药王庙、人祖庙（始皇庙）、三官庙、鲁班庙、丰都庙、三茅殿、眼光殿、无极庙、七仙殿、增福庙、吕祖洞、斗母宫、二虎庙、长春观、三阳观等，更有长盛不衰的泰山神、碧霞元君神（皆一神多庙），构成了闻名于史的“泰山神州”，在民间便留下了“济南府人全，泰安州神全”的说法。明清之际，中国俗文化中的佛、道混融现象在泰山也有突出的反映，如红门宫、斗母宫，原为佛教寺院，供奉弥勒和菩萨，但因香火凋零，佛徒无法维持生活，只好在西院又供上了大受民间推崇的碧霞元君神灵，那种佛、道两教泾渭分明的戒律完全被打破。灵应宫原来是菩萨的宅第，后来也演变成为碧霞元君的下庙。

泰山道教与泰山民间信仰对泰山民俗文化的影响处处可见痕迹。

在节日民俗中，农历三月二十八日是东岳泰山之神的诞辰日。泰山神自古被封为掌管人间寿夭的神祇，人们自然非常重视，孝子孝女纷纷进香以祈祷父母延年益寿；家中死人的便跪拜磕头，以请岳神宽宏大量，安顿灵魂。农历三月十五日是民间最信奉的一尊女神碧霞元君（俗称“泰山老奶奶”“泰山娘娘”）的生日，传说这位大慈大悲的女神可去病消灾、保佑平安、嗣子降福，因此，更受到民众的青睐。实际上，对泰山老奶奶的敬奉何止三月十五日这一天，而是日复一日、年复一年地进行着，人们从百里、千里之外，不辞劳苦，纷纷前来朝拜进香，一步一匍匐的虔诚的善男信女也不乏其例，并至今不衰。农历六月六日是宋真宗导演“泰山降天书”闹剧的一天，后来也被定为泰山神的吉日（天贶节），尽管人们对这个节日的含义淡漠到知之甚少的地步，但这个节日在民间还是流传了下来，成为民间稍逊色于三月十五日、三月二十八日的祭祀日。此外，在泰山还有正月初九祭玉皇大帝（岱顶玉皇庙）、五月十三日祭关帝（各关帝庙）、九月九日祭“眼光奶奶”（虎山）等岁时节俗。

泰山“祈子”则是在生育习俗方面反映出来的信仰内容。民间相传，碧霞元君女神具有能使妇女多子的功能，这符合古代民众“多子多福”的传统心理，尤其在碧霞元君的金身旁边又专设一个“送子娘娘”作为侍神后，这种神功济世的色彩更加浓厚，更加诱使成群结队、长久不孕和乏嗣的妇女前来挂袍祈子拴娃娃。来泰山求助神灵的信女们，除省吃俭用也要保证给“泰山奶奶”供一份红袍、金莲绣鞋、锦花凤冠、光腚娃娃外，还有许多讲究，一是头上要插一小片柏枝，意为“百子”；二是在山顶（碧霞祠周围）的松树、海棠等树枝叉上压一块石头，名曰“压子”。

对于泰山信仰的观念还深入到人们的日常生活之中。在泰山脚下，稍有年纪的妇女和上了年纪的男女老人，分别有穿红棉袄（套里用得多）和扎红腰带的习惯，如果能得到泰山奶奶神像的红布挂袍将更是求之不得，据说这样可以保佑一个人避病增寿。泰山周围的人们，在建房垒院时有用大小不等圆滑河流石子砌垒房墙的习俗。形成的原因是人们怕冒犯“泰山神”而不敢轻易在泰山上乱打山石，砖瓦又很难弄到，就只好到泰山东、西溪中拾拣山洪暴发时冲刷下来的河流石来筑墙，于是，便形成了“泰山三宝”中“河流子垒墙墙不倒”的俗语流传。

泰山民俗文化除信仰祭祀外，在经济、社会、游艺等方面均显现出山区独有的特色。如果说泰山是“中国历史文化的局部缩影”，那么，泰山民俗文化可以被称作是“微型中国民俗文化的百科全书”，调查、研究泰山民俗文化，必将对我们认识、了解中国民俗起到积极的作用。

一、服装饰物民俗

服饰民俗主要是指人们在日常生活中的穿着和饰物习惯，包括衣服、帽、鞋、袜及饰物佩戴等。泰山地区四季分明，气温变化比较明显，自然形成人们在衣着、装饰方面总是随着季节气候的变化不断改变着装的习俗。至于什么季节穿什么样的服装，主要是由本人的地位、年龄、性别和经济状况来决定。

1.男子服饰

旧时富裕人家，一般喜欢穿绫罗绸缎。男子不仅有一年四季的衣服，而且在装饰方面也是美观大方，五颜六色。过去像这样的家庭，男子头戴蓝色或栗色的呢子礼帽，夏季戴藤子编的帽子并戴墨色的水晶眼镜，嵌上一嘴的金牙，手戴玉扳指或金戒指。他们一年四季都穿大褂子，只是在冬天里套棉、皮大袄，外套短马褂。戴的帽子多数是礼帽或绸缎帽点子，上有黑疙瘩。用的料子多是丝绸织品，颜色有黑蓝、深蓝色，多数有暗花纹，大褂每件用布约一米五左右，高领子，大斜襟，上钉五个至九个用布条做的扣子。大袄有棉花做的，也有羊皮毛的，外套大褂，再套短马褂。马褂用绸缎做表，是双层的对襟子。冬天，有穿棉大衣或羊皮大衣的，也有穿短小毛的皮袄，个别还有穿狐狸皮的。冬天穿裤大部分是棉裤，也有穿狗皮的，既能防寒，又能治疗四肢麻木、腰腿酸疼、筋骨不活等病。冬天穿鞋、袜也很讲究，有棉鞋、棉袜、毡鞋，大都是用羊毛或兔子毛制成，有短筒的，也有长筒的。一般要在鞋的前后钉上掌子，并缝上个前大包头，后包头小些。这样一是穿起来耐久，二是美观大方。袜子的材料有棉线、布、皮革等。

2.女子服饰

女子穿戴较男子讲究。中老年妇女一般在春秋冬三季着黑、蓝色衣服，夏季穿白色上衣的较多。所用布料一般比较好。这个年纪的妇女大都是穿带延襟的褂子，很讲究的是她们在脚脖上扎腿，也叫扎腿带子，一般是冬季的扎带既宽又长，最长的能达2.5尺，宽4寸，料子有丝绸的，也有布的。带子也有几种说法：一是扎好带子，既干净好看，又礼貌文明；二是防止蝎子、蛇及其他虫子爬进裤里去；三是在冬季扎带子防寒。

真正在服饰方面有特色、有花样的是青年妇女。在当姑娘期间，一般是穿些红花绿叶的布料，扎辫子也是用各式各样的红扎绳和卡子。穿的鞋袜也很讲究，鞋上绣各类花、鱼、鸟等。

过去的姑娘从七八岁就开始缠足，自己不愿意，老人便逼着打骂着缠足。过去姑娘脚大，不好找婆家，男方不敢要。缠足的由来，当地有这样的传说：

从前有只狐狸精，为了享乐，经常变成美女来到人间。有一天，狐狸精变成一个漂亮的美女来到一个镇的集市上，见人山人海的闹哄哄，一看一听才知道，原来是给皇帝选妃。狐狸精为了到皇帝那里去当妃子，摇身一变成为一个姿色出众的美女，有意在半路上等选美的太监。果然，选美太监一看到她，比他选的其他美女好得多，便硬拉到大马车上进京了。进了皇宫，皇帝在几百美女中只看中了一个，那就是狐狸精。

一天，皇帝带着最喜爱的美女（狐狸精）一边饮酒，一边赏舞。正当狐狸精看得高兴之时，皇帝突然发现她的脚与众不同，不仅小，还用布缠着（蹄爪子不好变，只好用布包住）。皇帝便问道："你的脚为何与别人的不一样呢？"狐狸精害怕皇帝看出破绽，便灵机一动说："皇上有所不知，我讨厌女子长一双大脚，和男子汉一样，所以我从小就用布把脚紧紧地裹起来，不让它长大。"说着就在皇帝面前跳起舞来。由于跳舞时纱裙飞起来看不清脚底下，又加上皇上看迷了，弄得眼花缭乱，连声称赞小脚跳舞比大脚美，灵巧好看。从那以后，皇帝下令，让皇后和嫔妃娘娘一律用布包脚。后来慢慢传到民间百姓，所有女子从小缠脚，越小越好看，就这样一朝一代女子开始缠脚。

一般富贵人家的姑娘穿鞋更加讲究，做的鞋帮大都是红、蓝、紫色的绸缎布料，并绣上各种花草。纳的鞋底都是用南麻或水白麻，搓成像谷粒那么粗的线，在纳鞋底子时，必须洗干净手或用白布包住，怕沾脏了。纳花的鞋底真像撒上的芝麻一样均匀，还有的在鞋后头上放三块竹片，走起来稳。鞋的好坏往往用来作为缔结姻缘的凭证。过去一个姑娘若爱上一个小伙子，暗地做鞋赠送。抗日战争、解放战争时，有些姑娘送情人一双鞋，一表示爱情，二鼓励情人上前线打胜仗。还有因鞋惹事的，甚至出人命的。如过去逢年过节，农村演“故事”，也就是演文艺节目时，怕男女在一块看节目出事，往往是划开男女界线，左边是女的，右边是男的。可是往往有调皮的小伙子偷偷钻进女的地盘，偷一只绣花鞋。特别是大姑娘或年轻媳妇若丢一只绣花鞋，更不敢声扬，觉得没脸回家，回家也要挨一顿打骂。

袜子的样式、做法、穿法也是有年龄、男女之分。如年老的一般穿些白布做的，或棉线织的，也有黑蓝色的，到冬季还穿棉布袜子。青年妇女在袜子上比较讲究，尤其姑娘们，将袜底子用各种花线（红、绿、蓝、黄），像纳鞋底一样绣成花、鸟、草的颜色，料子也比较讲究，如丝绸的等。

头上打扮也是各有不同。年老的妇女和年轻的媳妇都是梳盘头，用网子罩住，然后用银钗子插在周围。姑娘（未婚）不能盘头，必须梳成辫子，这也是区分婚否的标志。扎辫子也很讲究，大都用红头绳，绿、黄色的就很少。有的擦香水梳，然后插上两朵或一朵红花。新媳妇的头梳妆起来更是好看，梳起盘头来，用线或丝网子罩住，再上九凤、七凤、五凤针，不仅做成各样花朵，还要戴上小铃铛，走起路来叮当响，显得很神气，并将两根簪子插在头发上，四至六根钗子，再戴几朵花，远看像一朵牡丹花在开放。装饰品上要看家庭经济状况。富裕家庭，可在手脖、手指、耳朵上戴些金、玉、银质的饰品；中等家庭，可戴些银、铜类；穷苦人家，一般戴不起金银，为了要好也可做些铅条类的以代替金银类。

穿戴方面，一是根据家庭经济状况，二是根据年龄大小。女子穿戴尤其是富裕家庭的姑娘和媳妇穿戴的都是布料较好、做工精细的衣服，大都有几件或几十件，甚至一箱一柜的，经常换新衣服穿，各种颜色花纹样式都有，有裙子、旗袍，红绿带花并嵌上花边。花样多为宝石花、牡丹花、牵牛花等，还有的带铜铃，有30个左右褶子。另外在姑娘腰间还要扎一块腰布，将腰扎得细些，因为民间过去讲究：柳眉细腰小脚。穷人家就不行了，也就是一两件粗布衣服，甚至有的冬天穿棉，去了棉花，夏天再当单衣穿。

3.儿童服饰

泰山一带，最有特色的服装是童装。刚生下来的小孩，都要戴个布兜兜，主要保护肚子，怕受凉和得风气。从前娃娃肚上戴的小兜兜，上面绣着蛇、蜈蚣、黄蜂、蚊子、蝎子等。戴兜兜还有一种传说：

相传从前有个小孩叫小明，爹妈都死了，只好四处奔逃要饭为生。有一天在路上看到一条小蛇，就把它带回家去养着。有个邻居好心，劝他别养这个玩意儿，害怕伤着他，他偏不听，还专门把好吃的留给蛇吃。小明长到十八岁了，小蛇自然也成了一条大蛇。由于生活困难，蛇也吃不饱，使小明的日子更难过。

有一天小明打柴回家，一进门站着一个大汉，并说："哥哥，我就是小蛇，这些年亏你救我，养活我，你的日子也很难过，我不再连累你了。我给你双鞋，若想我，穿上这双鞋就会找到我了。"说完就走了。时间长了，小明整天想再见见小蛇，便穿上那双鞋去看小蛇。一眨眼到了一座山上，看到小蛇正在那里等候。小明一个劲要求小蛇再回去一块过。小蛇说："哥哥，我不回去了，送你一件东西，回到家再打开。"小明回到家打开一看，原来是颗夜明珠。他就用夜明珠换了很多银两，盖了新房，娶了媳妇，过起好日子来了。

谁知这事传到皇帝那里去了，就派人让小明到小蛇那里去再要一颗夜明珠，若弄不来，就把小明杀了。正逼着小明没法，小蛇突然来救哥哥，对皇帝说："我就是小蛇，给哥哥的那颗夜明珠是我的右眼。"小明大吃一惊，才明白好心的小蛇为自己瞎了一只眼。皇帝说："把你的左眼挖出来给我吧！"小蛇不答应，皇帝便下令将小蛇杀死挖出左眼来。小明为了怀念小蛇，就让妻子在自己小孩兜兜上绣上蛇、蜈蚣、黄蜂等，以示让孩子永远记住小蛇的恩情。另外有小蛇在，别的害虫不敢伤害孩子。后来人们慢慢地也绣花、鱼、狗、猫等。

到一两岁就可穿些简单的小褂小裤，不论男女小孩均可穿些花布料的衣服。三四岁能跑了，穿的还是开裆裤，易小便。上衣大都绣上各种花、鸟、猫、虎类，有的绣上字，象福、贵、富、寿、龙、凤等。穿的鞋都绣有各种花及小动物，如梅花、葵花、碧桃、小兔、小猫、鸡、鹿、猫头鹰、虎头等，还有专门绣上五毒动物：蝎子、壁虎、蜈蚣、蛇、蟾蜍，以示能解五毒不生灾气，可以以毒攻毒。虎头鞋也有个传说哩：

相传，以前有个小伙子，家里穷，娶不上个媳妇，靠摆渡船过日子。一天，有个老太婆背着包袱到江南去，正巧乘小伙子的船。到江南上岸时老太婆对小伙子说："我坐了你的船，可没有钱给你。"小伙子忙说："没钱不要紧，我算帮你的忙吧！"老太婆一听高兴地说："你是好心人，我有一张画送你吧。"说完将画送给了他。

小伙子将画贴在墙上，见画上的女子真漂亮，越看越愿看。每天那女子从墙上走下来帮着船夫做好饭后再回到画里去。日长月久俩人就结婚了，一年多的时间生了一个小男孩，并给孩子做了一双虎头鞋。事情传开后，突然，本村有个地主趁船夫不在家，把画偷来贴在墙上，可是这女子始终不下来。这船夫知道地主偷走画，可一直要不回来，只好和儿子一块过日子。一天一天，一年一年，小孩慢慢长大了，整天向父亲要妈妈。当父亲的就如实把地主抢他妈妈的事告诉了孩子。这孩子为了找妈妈就偷偷跑到地主家，把母亲的那张画取下来就走，刚出门，正巧碰见地主，两人争夺，小孩抬脚踢地主，可没踢着，而鞋上绣的老虎跳下来，三口两口把地主咬死了，这样妈妈就回到家团聚了。从此，为了去灾免病，人们都给小孩做虎头鞋穿。

在孩子的手脖上戴些金、银、珍珠类首饰，既好看，又象征长命，免灾，有的还专门戴桃木人、桃木棍，主要怕小孩吓出病来或招五鬼六神的。儿童玩具大部分是自做的，用布做成布娃娃、小兔、小鼠、小鸡、小猫，再就是用泥做小泥娃娃等。

小孩的胸前常带上一块护心镜，主要用金、银、铜、锡等制成，保护心脏，也是象征不得病和防灾，保证孩子健康成长。大部分小孩都戴镯子、长命锁，有玉的、银的、铜的。一是为了好看，二是传说可以把小孩的命套住，长命富贵。

二、饮食肴馔民俗

泰山周围一带，历来以农业为主，各种物产食品十分丰富。这一地区又是古代文明发祥地，民间十分注重礼仪，在饮食宴会等方面尤其讲究礼节。下面，我们分几个方面，全面介绍泰山的饮食民俗。

1.主食

泰山一带群众最喜欢吃的主食是煎饼、馍馍、窝窝头。尤其是泰安煎饼，是最具有地方特色的日常食品。

俗话说："民以食为天。"泰安人的主食煎饼，正是应了"食为天"的说法。明代著名诗人杨慎在他的《词品》中说："宋以前以正月二十三日为天穿节，相传云：女娲氏以是日补天。俗以煎饼置屋上，名曰补天穿。"原来出入寻常百姓家的煎饼，其民俗含意倒是非同小可。

泰安煎饼的起源不见于史料。最早的传说是唐末黄巢起义军在泰山驻扎，当地百姓曾以煎饼相送。明代杨慎的记载大概是最早的文字。泰安市郊区羊楼村发现明代万历年间分家文书上有鏊子、煎饼等记载。如此说来，煎饼的历史大约有千年左右了。

泰安煎饼以玉米为主原料，其制作过程是：先把玉米轧成颗粒较粗的糁子，用水浸泡一天，然后用石磨磨成糊子，把直径约60厘米的铁鏊子烧热，擦上食用油，舀上糊子，用竹片做的煎饼耙子摊匀、刮平、烙透，即可揭下。这种煎饼质地细薄而柔韧，一般两斤玉米摊7个，薄的能摊到12个，吃起来香甜可口，而且便于储存，3个月不会变质，可以一次摊几十斤、上百斤。叠好后放在缸里，上面盖好，吃时仍软韧香甜。由于煎饼有易加工、口感好、耐储存、便携带、吃时不须加热等优点，遂成为泰安一带群众喜欢的主食，家家户户都是长年以吃煎饼为主。不过贫富家境不同，煎饼用料各异。富裕人家多吃“米对米”的煎饼（即生小米六成，熟小米二成，黄豆二成），这是煎饼中的上品，吃在嘴里，回味不尽。玉米煎饼算是中品。用瓜干、高粱等做的就差一些了。不过泰安人通常喜欢把几种粮食掺在一起，图吃个“五味俱全”。如果家境困难或遇荒年，则谷糠、地瓜秧、花生皮、玉米芯都可成为煎饼原料。

煎饼是美食，对菜的要求就大大降低了。泰安人吃煎饼一般不需炒菜，而是卷上生菜叶、大葱、甜酱、韭菜、蒜薹、芝麻盐等，有时还卷上用白菜帮、野菜、地瓜秧、萝卜叶等掺上豆面做的渣豆腐，吃起来相当可口。所以泰安民谣流传：“吃煎饼，一张张，孬好粮食都出香。省功夫，省柴粮，过家之道第一桩。又卷渣豆腐又抿酱，个个吃得白又胖。”冯玉祥将军在泰山隐居期间，曾专门撰写了《煎饼——抗战的军粮》一书，详细介绍了煎饼的制作过程、储运方法等，希望把煎饼推广到抗日前线去。

煎饼在泰安人生活中如此重要，摊煎饼就成了备受重视的手艺。女孩没有一手好煎饼活，就难找到好婆家。一般女孩十二三岁就学着摊煎饼。姑娘们之间还经常交流品评。新媳妇过门后，婆婆安排的第一件任务就是摊煎饼，实际上是考手艺。当看到媳妇手脚麻利，摊的煎饼既快又薄，全家都高兴找了个能过日子的媳妇，媳妇在家里的地位就比较高。新媳妇摊煎饼时，村里的大姑娘、小媳妇、老婆婆都来看手艺，或夸奖，或贬损。那些手艺差的就抬不起头来，好像有短似的。

如今煎饼已属高档食品，品种也增多了，如糖酥煎饼、五香煎饼等已是馈赠亲友的珍品，当年属“大路货”的玉米煎饼也身价倍增，仅次于精细糕点，雄踞各类面食之首。即使如此，泰安人的煎饼食俗仍未改变。或许，不吃煎饼，就算不得地道泰安人吧。

面粉做的主食花样很多，有馍馍、油饼、单饼、花卷子、烧饼、蒸包、煎包、水饺、面条、挂面、油条、锅饼等。

馍馍，又叫馒头，有高长形的，有半圆形的。用发面，质地松韧，味道香甜，食用广泛。具体做法是用碱或酵母菌的面（也叫面引子）和入到面粉中，让其发酵，俗称发面，待发好后揉搓，搓成面长条，再用手拽成一个一个馍坯，揉成馍型，放入锅内篦子上，蒸大约30～40分钟，只要闻到馍馍的香味，即可停火。像这样的白面馍馍，在过去只有富户人家才能吃上，一般人家只有麦后可吃几天，或逢年过节办喜事才能吃到。麦后，看出嫁的闺女或走亲访友多以白面馍馍当礼物。

白面卷子也有好多种类，如花卷、油盐卷、枣卷等。做法是将发好的面擀成一个大饼，撒上一层层的油盐，或葱末，卷起来一个一个切成方形花卷。枣卷就是将大枣放在面卷子中间蒸熟即可食用。枣花卷、枣花糕一般作为送礼或供品使用，如春节摆在财神面前作供品，正月十五再切成菱形食用。新媳妇第一次回娘家时，带上一个大枣花糕，这种花糕用10～20斤面粉做成，底大上小，一层层用枣摞起来，糕谐音“高”，以示夫妻日子过得步步登高。

当地人还喜欢吃面条、水饺。做面条和水饺，不用发面，直接用水和面，也称“死面子”。做面条时，将一块面擀成薄的大单饼，一层一层叠起来，用刀切成长长的一条一条的，这也是体现妇女做面食工艺的重要技巧。水饺关键在压薄皮子，包起来像元宝一样，象征家庭吉利发财，水饺包得好看，下到锅里不破，也是一种技巧。

以上都是日常主食，至于烧饼、油条、三角糖包等花样，过去只是改善生活或来客人时食用。现在也成为非常一般的吃食了。

2.副食

泰安地区副食品的种类很多。肉食品有猪肉、羊肉、牛肉，此外还有鱼。蔬菜类有白菜、芹菜、韭菜、菠菜、萝卜、红薯、地蛋、藕等。豆腐也是主要的副食。比较穷的人家还可添些野菜、地瓜秧、谷糠等来充饥。或将野菜、地瓜秧切碎后淘洗，再将豆面、玉米面放进去，放少量水、盐煮熟，称为“小豆腐”，也可做成煎饼。在蔬菜、野菜中也可拌入玉米面、瓜干面蒸窝窝头、贴饼子食用。泰山一带汉族群众喜食猪肉，俗话说得好：“诸肉不如猪肉，百菜不如白菜。”

3.菜肴的制作

“泰山有三美，白菜、豆腐、水”，这为泰山地区菜肴的制作提供了得天独厚的条件。泰安地区的传统菜肴，在制作上讲究爆、炸、炒、蒸。在菜的搭配上也注重味道、花色、造型，追求色、香、型、味俱全。加上厨师的刀工和火候操作，使各种菜有不同的风味，体现了泰山菜的风格。

目前，泰山菜肴种类达三百余种。比较著名的有糖丝鲤鱼、拔丝山药、爆炒辣子鸡、清蒸豆腐和东平湖周围的“霸王别姬”。

“霸王别姬”的用料，主要是鳖，俗称团鱼、脚鱼和王八。鳖的药用价值很高，常作为滋补佳品，而背甲可入中药，具有益阴、除热、强壮、镇静、补血的功能，食肉饮汤后，可治疗虚劳烦热、肝脾肿大、月经过多等其他疾病，也是防癌治癌的一种良药。“霸王别姬”这道名菜的做法有两种，一种是红烧，即将整个甲鱼和整鸡煮烂油炸，再将整个甲鱼放在鸡上，烧原汤熏蒸，出锅后加调料，色泽鲜亮，造型美，味道好。另一种做法是清炖，既能吃肉，又能喝汤。在制作过程中，厨师有意将甲鱼的胆汁放入，使其略带点腥苦味，吃起来，清淡爽口，肉烂而不腻，滋补功效更佳。为何略有腥苦味，当地说法是因为楚霸王墓就在东平湖北，当品尝此菜时，便联想霸王末路的惨痛教训，能得到点苦涩的启示。

当地菜肴在菜的色道上有红、绿、黄、黑、白等，造型上更是奇特，如凤凰、牡丹花、龙等都可成型，既美观，又可食用。

一般来客人或逢年节，都是2个盘子、6个碗，或10个盘子、10个碗，这叫“十全席”。如办喜事，富裕家庭也可做十全席加4碟4盘，2个大件（整鸡整鱼），或4大件，还可增加4干4鲜4汤等，可做到24个、32个菜，主要吃花样。凡十全席以上的菜，必须备鸡、鱼、丸子、肉四种菜，缺一不可。

4.酒与酒俗

酒为百药之长，有“琼浆玉液”“金波仙子”之美誉。自以夏禹的臣属仪狄发明了造酒，这种像是魔法化身的液体，在五彩缤纷的饮食家族中，就受到了人们的宠爱和器重。这种具有“水的外形、火的性格”的伙食骄子，从其诞生之日起，就和人类结下了不解之缘，上自达官贵人，下到庶民百姓，几乎没有不和酒打交道的。

可以这样说，中国上下五千年的文明史，自然也伴着酒文化的历史。而作为中国第一个被联合国批准为世界自然文化遗产的东岳泰山，不言而喻，酒文化在其中是有自己的一席之位的。天地神灵之气都聚于泰山，那么，岱下“金波仙子”应该是婀娜多姿、倾国倾城的了。

上溯自秦始皇始，许多帝王都封禅泰山，而封禅祭祀用的酒就已经离不开泰山名酿了。据说，清朝风流倜傥的乾隆皇帝12次登祭泰山，饮的都是泰山酒，这也就怪不得他把泰安贡酒敕封为宫廷御酒了。

其实，泰山酒不只是在秦始皇手里才有了名气，在这之前，东方圣哲孔老夫子就以饮泰山酒为快了。孔圣人有两大嗜好——一个是喜欢在夏日里穿上宽袍大袖的衣服，坐上牛车，“吱吱咯咯”地东去沂河洗澡，然后站到沂河岸边，发出诸如“逝者如斯”的感叹，惋惜时光的流失；一个就是北上到泰山脚下，痛饮泰山龙潭水酿制出的“仙露”“甘霖”等美酒，而后晕晕乎乎登临泰山，领略“登泰山而小天下”的境界。

泰山中路有一处阁楼式建筑——万仙楼，传说是泰山诸路神仙聚会畅饮的地方。诸路神仙皆喜欢泰山美酒，往往开怀畅饮，三日犹不尽兴。当然，这也只是传说而已。

但是，传说中的镇山之神碧霞元君，因主生死、福贵，保平安、吉祥，倒真引来了方圆上千里的百姓，一直香火不断，而所敬美酒，确实都是泰山老母修炼处——泰山后石坞天空山黄花洞内“石乳”酿造而成的蕴东岳之精华、纳岱顶之灵气的泰山名酿。

至于文人侠士与泰山名酿那就更有缘分了。唐代大诗人李白曾在泰山隐居过，这与泰山酒好不无关系。李白号称“酒仙”，一生遍游九州，每到一处，“但愿长醉不复醒”。他一生写酒的诗很多，在泰山王母池畅饮后，从中路沿历代帝王登山封禅的御道直达山顶，登上南天门时，泰山脚下酿酒作坊飘来的酒香，勾起了腹中酒香的外溢，便打着饱嗝，挥笔写下了“朝饮王母池，暝投天门关。独抱绿绮琴，夜行青山间”的诗句。可见，泰山名酿给了他多么喷涌的才思。还有杜甫、竹林六逸等或饮了泰山酒，诗兴大发，留下了千古名句；或长期隐居在这儿，乐不思归。从中不难看出，上下五千年以来，泰山酒文化和泰山名酿在全国酿造史上的地位了吧！

大凡名酒，必备佳泉。泰山酒之所以驰名古今，这当然和泰山水有极大关系。用泰山龙潭水酿造的泰山名酿，那可不是徒具虚表和徒有虚名的。泰山水呈弱酸性，高氧洁净，含人体所必需的多种微量元素，低硬度，有利于人体健康。所以，有与崂山矿泉水媲美的说法。但要讲到酿酒，还是非龙潭水莫属。龙潭水味甘而润，犹玉中津液，且清水明目，更有轻身延年之功效。尽管用泰山水酿造的美酒，其酒质已高出其他地方，但用龙潭水酿制的名酿，那可又是另外一种味道。这种酒绵甜醇和，甘洌爽口，具有饮后“不上头，不干喉，回味无穷”的“三绝”之妙处。这更是其他名酒所无法比及的了。由此可见，从泰山母体中汩汩流出的泰山龙潭水，可称得上是酿造泰山名酿的一宝了。难怪以前泰山脚下许多烧酒作坊都为争用龙潭水而经常大动干戈，甚至打起官司来呢！

现在，倒也没有这个必要了，因为位于泰安市中心灵山中路，与古代著名的灵应宫一墙之隔的酿酒总厂酿酒所用的水，正是与龙潭水一脉相承的。为了能找到龙潭水脉，这个厂可谓历经数年，耗资逾百万了。

如果说从孔子起，就有了泰山名酿，那么，泰山酒也就有了两千多年自己的一套传统酿酒工艺了。从工艺流程上讲，酿酒的全过程应当是：先粉碎原料，主要有高粱、玉米、瓜干、绿豆等，而后，用适量的水将粉碎的原料拌匀，一定要注意掌握好干湿度；继而，放进池中发酵，发酵好的酒醅，用木掀装进木制的圆桶里；然后，将这装满酒醅、古时候叫甑的圆桶架到一口大锅上，在圆桶的上面放置锡锅，锅底烧火加温，蒸汽上升，温度升高，蒸汽上升到锡锅中，遇冷成水，酒液也就沿锡锅的沟槽流到早已放置好的桶里或直接流到泥池里。这样流出的酒，越是开始流出的，质量越高。

传统做酒工艺，拉木掀、踏曲、制曲、培菌、烧包、勾兑都是关键活，全凭经验，稍有不慎，就会影响酒的质量。酿制泰山酒，对十几道工序，道道都需严格把关。尤以培菌、发酵、勾兑，有着自己的高招，因而，也就使泰山酒更保证了质量，造成了几千年经久不衰的局面。新中国成立以后，泰山酒的酿制，在继承和发扬传统酿酒工艺的基础上，进一步引进了现代科学技术。目前，泰安酿酒总厂整个生产过程已经实现了机械化、半机械化流水线作业。

全国白酒专家周恒刚、沈怡芳、高月明、曹述舜、金凤兰、栗永清等1987年到泰安酿酒总厂进行了三天考察、品尝后对泰山酒的赞誉是："浓香倾独秀，美酒震一方。"以"泰山"命名的优质曲酒，以其上乘的质量，夺得了山东省同类产品的五连冠。不仅如此，近几年来，在全国乃至国际的评比中，也曾多次获得殊荣，成了山东省的"拳头产品"。

54°泰山特曲，是以优质高粱和陈伏大曲为原料，吸取国内名酒"泸州老窖""洋河大曲"工艺之精华酿造而成的浓香型特制大曲酒，具有清亮透明，窖香浓郁，绵甜甘洌，香味协调，尾净余长的特点。此产品自1983年被评为省优质产品以后，曾连续5年蝉联全省同类产品之冠，被山东省人民政府列为外事活动特需用酒。

39°泰山特曲，是采用自己研制成的吸附剂及生产低度酒的专用设备，广泛吸取名优酒厂研制低度酒的经验，在全国白酒专家的指导下，博采众长，精心研制而成的低度特曲，具有"清澈透明，窖香浓郁，绵甜爽净，低而不淡，高度浓香型"的风格。

根据宫廷秘方，在中国保健研究会和有关专家教授的指导下，采用现代科学技术，经传统工艺精制酿造而成的"皇宫回春酒"，含有人体必需的多种维生素，十几种氨基酸，13种微量元素，具有"清亮透明，植物芳香协调，口味纯正，醇厚柔和爽口，回味较长"的独特的风格。

泰安地区仍然习惯把参加酒宴称为"坐席"，这也是从古代筵席制沿袭下来的。因古代人饮酒是席地而坐，筵和席都是铺在地上的坐具。筵是用蒲苇等粗料编成的坐具，其面积比席大。席是用萑草等细料编成的坐具，面积比较小。古人把筵先铺在地上，再根据不同地位和身份加席。《礼记·礼器》记载："天子之席五重，诸侯之席三重，大夫再重（二重）。"至于寻常人家在婚嫁、喜庆、款宾待客时在筵之上加席就更加体面了，当时古人称参加酒宴为"坐席"。后来人们逐渐将酒摆在长凳、长桌、方桌、圆几上。到明代开始利用八仙桌，以8人为宜饮酒。清代康熙到乾隆时出现了圆桌，3人、5人，或7人、8人、10人皆可围桌宴饮。

从过去到现在，当地人们饮酒都有热酒、烫酒喝的习惯。泰安地区的人们，如朋友来访，亲戚登门，多设酒宴招待，这样既尽了主人之道，又融洽了感情。俗话说“烟酒不分家”，饮酒是一种嗜好，也是一种社会交际手段。各种场合饮酒的方式和所用酒具也不一样。一般是用酒壶、酒盅子，有铜的、锡的、陶的等。在饮酒的方式上也要根据酒席的性质和饮酒人员来定。如结婚酒，即俗称“喝喜酒”，人们可以压手指、划拳等。压手指就是大压小，小压大，大拇指压别人的二拇指就算赢了，依此类推，若小指压着大拇指也算赢了对方。还有用火柴杆互相猜谜来取胜负，这样的方法大部分是宾主不会猜拳行令的，同时也不出声音，真正热闹的是猜拳来取胜败，既能多饮酒，又显得酒场热闹。猜拳也是由两人进行，双方伸手，先客气一番：各伸一个大拇指，是长辈就喊爷俩好，若是兄弟朋友一般喊哥俩好，然后就互相猜了，如果谁喊的数和双方出的手指数目对上了就是胜了。自然喊的这些数都是有讲究的，而且都比较吉利，如二人好、三桃园（三结义）、四红喜（四季发财）、五魁首、六六大顺、七巧、八仙过海、九九喝酒、十大全（满堂红、全家福）。一般在进行这种形式前，先敬客人朋友两个（两好），或四个酒、六个酒，表示客情和敬意，然后才猜拳行令去热闹一番。

5.茶与茶俗

泰山一带的饮茶习俗历史悠久。唐朝茶圣陆羽，在他写的《茶经》中曾说：“茶之为饮，发乎神农，闻于鲁周公。”可见饮茶的习俗由来已久，而且遍及全国，家家户户像吃饭一样，每天离不了的。泰山一带本来不产茶，所饮之茶都是从南方运来的，大部分来自安徽、江苏、浙江、四川、广东、江西、福建等省。近几年，泰山脚下从南方引进栽培茶树，产茶称“泰山茶”，质量味道稍差。

泰山周围的群众最爱饮的茶有珠兰茶、茉莉花茶、干烘大茶（俗叫“莱芜干烘”，大部分山区、农村的群众都喜爱饮）。

对于绿茶生茶一类，不很喜欢。当然龙井最好，但是贩来的较少，一般群众也喝不起，价格太高。

过去生活困难，老百姓还自己制造些所谓的茶自饮。如桑叶茶、枣花茶、石榴花茶、槐角茶、梨茶、金花茶等。当然这些自造茶必须加工，有的煮、有的炒、有的经霜后再备起来用。这样的茶料，一是经济实惠，二是也能防病治病、保养身体。比如桑叶茶，除了色好外（金黄色），香味浓郁，能清肝明目。金花茶，不仅香甜可口，还能解暑降温。槐角茶更是群众常饮的一种茶，具有通便、消痔、去火、解毒等益处。

泰山人饮茶，比饮酒还讲究文明、雅致。特别是爱饮茶的人，一是对茶具很讲究，茶具要美观大方，最喜爱用宜兴紫砂茶具，用泥子壶、碗，还有将泥子壶用豆子撑破后，再用小铜锔子锔起来，而且是壶上的小锔子越多越显得美观、别致、高贵，很有风趣。烧的开水也很有讲究，必须是煮沸的开水，最好是山泉水。用的柴火也不同，常饮茶的对用什么样的柴烧的开水都能喝出来，最好用木柴。倒茶时必须闷到一定程度，而且要少倒、勤倒。有句俗话说：“茶要浅，酒要满，饭要饱。”绝对不能将茶壶倒空了，倒茶最忌讳的是将茶壶倒空后，再冲开水，因为茶叶是个怪，再好的茶，再新的茶，哪怕第一壶才饮，若倒空了，马上就变黄色、白色，也就是没有味道了，好比是冷茶一样。其次倒完茶水后，壶嘴不能对着客人，只能朝没人坐的方向，如桌子周围都有人就朝主人，否则被视为不礼貌。

过去有句俗话：“喝酒喝得起，喝茶喝不起。”这里不是指的经济上，主要是指时间上喝不起，说明喝茶讲究多。大部分家庭以喝茶作为热情招待客人、朋友的一种礼节。客人、朋友，甚至随便来玩的只要到家里，先沏茶，后备酒饭。有时在外面遇上人也客气地与人家打招呼：“到我家去喝茶吧！”

在走亲串友饮茶时，还要注意，客人不能随便将茶根倒掉，因为只要泼了茶根，主人就不再往杯里倒水了，认为你喝足了。而且倒茶根，特别是喝一杯倒一杯，对主人是不礼貌的，会引起别人的厌烦，说这种人没学问、没家教，不懂礼貌。

6.风味小吃

泰山上下，尤其是过去泰安城的风味小吃独具特色。

先谈早点，清早各街头巷尾粥棚子上的油条和现在的做工、形状完全不同，它是用四条面捏住两端炸成橄榄形状的油圈，还有馓子、麻花，都是用花生油炸透，特别香、酥脆。粥是用小米磨成糊子，再过箩去渣配上大米做成。顾客喝时再撒上煮烂的咸黄豆，浮在表面，好似珠翠点点放着金光，再吃着香脆的油条或馓子非常有滋味。冬天早上，遥参亭前，上河桥一带回民经营的糁馆别有风味，糁是用面粉加荞麦，用鸡、牛或羊肉汤熬制而成，喝时在碗内放上煮烂的牛肉或羊肉下货，再放上葱花、姜末、胡椒面、酱油、醋等调料，具有汤薄味浓、祛风防寒、健胃补身、预防感冒等功效。

岱庙门前赵家制作的面食——牛舌头、对烧饼、小糖酥烧饼和薄脆都很香甜可口。特别是薄脆，其大小似烧饼，其厚似铜钱，用米面、酥油加糖，两面撒上捣去皮的芝麻，在吊炉上烘干制成。色如黄酱，甜似冰糖，咬一口又脆又甜又香，不嚼自化，儿童老人最喜爱，很有名声。

通天街丁家的油旋更有特色，它是将猪板油切成骰子块大小，拌上大葱和盐，卷入面内做成烧饼大小，放在炉鏊上烘烤而成。吃起来，外焦里嫩，顺口流油，其香无比，很受欢迎，每天顾客盈门，买卖十分兴旺。

早饭后，遥参亭前有一担甜沫，是用小米面放上豇豆、菠菜叶、细粉条、豆腐皮、豆腐条、胡椒面熬制而成，用瓦缸盛着，下面烧着谷糠火盆，上面盖着小棉被，喝起来既热又香，从早卖到晚，随要随盛。泰安城有句歇后语：“亭子门首的甜沫——现盛（现成）。”

双龙池后，有西关申家的熟驴肉摊，肉色枣红，香味扑鼻，吃在口中既烂又韧，细嚼慢咽，回味无穷。还有熟牛肉、牛下货挑子，走街串巷，他们的牛肉不咸不淡，又烂又香，冬天带肉冻，夏天浇肉汤，随买随切，经济方便。

岱庙门前东太尉街，有多处馄饨馆，那时包馄饨是用精粉和面作皮，精肉加各种调料作馅，皮薄馅多，现吃、现包、现下，盛在碗内好似金鱼游水，漂来漂去。汤是另作，用鸡、鸭汤，再放上肉丝、鸡蛋饼丝、海米、香菜、蒜苗末、胡椒粉、味精等，不但馄饨好吃，品汤更美，就是一碗也是单做，因而顾客盈门，每天都营业到半夜。

通天街柳家扁食铺的水饺，在泰城颇有名气，有肉馅、三鲜馅、素馅。根据顾客要求，现调馅、现包、现下，保持新鲜，并备有酱醋碟子、大蒜瓣，服务周到热情。还经营肉蒸包、水晶包、豆沙包、金银丝花卷、开花馒头等多种多样面食，各有特色。还有西门外的一品香、天津鸡汤包赛过济南大观园的“狗不理”。

泰安城的煮地瓜也很有名气，它是选用红心上等品种的地瓜，先用凉水泡一夜，洗净，放在锅内，用温水煮，闷成靠锅熟，形似锅贴，外面一层地瓜油，看上去铮明透亮，好似灯笼。锅下也用谷糠火盆温着，热盛热吃，用筷子一夹便碎，甜如糖稀。还有江米糕、热年糕、豆腐脑至今经久不衰，仍受广大人民喜爱。

夏天到来，遥参亭前、岱庙内和红门街上，有东关街卖米粉的挑子。米粉是用小米面做成粉条样的面条，用凉开水拔透，盘在碗内，再放上麻汁、蒜泥、红咸菜，外加酱油、醋，热天吃一碗，又凉又酸又辣，不但充饥而且解暑，觉得格外舒畅，真是经济实惠。还有绿豆切糕，它是用绿豆加红元枣闷制而成，凉透后用刀切着卖，吃起来既面又甜，清爽淡口，清凉去火，健脾健胃，增加食欲。

岱庙内的油炸糕，更有特色，店主事先和好面，烧热油，调好馅，馅有白糖的、玫瑰的、青红丝的、枣泥的，待顾客坐下，按照要求，当面制作炸透，用盘盛着，端至顾客面前滋滋作响，吃起来别有风味。

北关老李家的糯米粽子，最受儿童喜爱，它是用糯米包成，中间放玫瑰糖馅，小巧玲珑，煮好后放在瓦盆内，下面用谷糠火盆温着，配有白糖碟子、铜叉子，吃时将热气腾腾的粽子剥在碟子内，上面撒上白糖，用铜叉子插着吃，既像粽子又像元宵，既粘，又甜又香，买卖十分兴旺。

泰山牙枣全国驰名，过去来登泰山者和过往客商都要买几包带回去，作为馈送亲友的佳品。牙枣是秋季选用上等熟透了的红长枣，煮熟，去皮，除核，放在席上晾晒，待半干后再放入瓮中密封，待第二年春天，枣上出一层霜雪，好似柿饼样，这时便可出售、食用，吃起来又韧又甜，似皮糖。还有岱庙仰高门路东的五香兰花豆、五香去皮花生仁、八宝咸菜，汶源隆酱园的什锦菜，同泰酱园的包瓜、摩茄，协祥酱园的豆腐乳，联芳斋的京式糕点，公兴永的山楂凉糕等，都别有风味，脍炙人口。

抗日战争中泰城沦陷，在日寇铁蹄下，人们过着饥寒交迫的生活，店铺倒闭，美味小吃无人再做，老手艺人渐少，致使有的小吃失传。新中国成立后泰城在党和人民政府领导下，日新月异，百废俱兴，尤其近年来，城市建设迅速发展，现已成为山东省开放城市之一，来泰山旅游者日渐增多。如果把泰城美味小吃恢复起来，加以改良创新，不仅便利游客，还可增加收入、多创外汇，对泰安市旅游业，更是锦上添花。

7.节令食俗

年初一吃素饺子

每年春节，泰山一带的群众有大年初一吃素饺子的习俗。这种水饺的馅子是素的，用豆腐、粉条、粉皮加上韭菜、白菜或萝卜调成，用植物油，决不加荤腥。有的只早晨吃一顿，有的则全天吃三顿。有的只老年人吃，有的全家老少都吃。

据老人们讲，大年初一吃素饺子，是祈求在新的一年中，能素素净净（素静）地过日子。这当然是唯心的了。但同时也告诉我们，这种习俗的形成是有它的社会历史背景的。在旧中国，阶级压迫、连年战乱和各种各样的天灾人祸，给劳动人民造成了种种灾难和痛苦。因此，国泰民安，素静度日，便成了人心所向。年初一吃素饺子，就是这种愿望的体现。新中国成立后，特别是党的十一届三中全会以后，人民的生活水平不断提高，吃不起鱼肉的历史早结束了。但是，年初一吃素饺子的习俗却仍然保留了下来。从饮食搭配来看，春节是人们吃鱼肉集中的日子，适当吃些素，对健康是有好处的。

入伏喝凉面

入伏，它标志着一年中最炎热的时候到了。这时，因温高天热，不少人都食欲减退。因此，注意防暑降温是十分必要的。泰山一带，每到入伏这天中午，群众都有喝凉面的习俗，这既能防暑降温，又能促进食欲；凉面堪称既有科学道理，又具地方风味的美食。

当地群众喝的凉面有温、凉之分。将煮好的面条用凉开水浸滤的称温面，用新鲜井、泉水浸滤的称凉面。

喝凉面最讲浇头。浇头又分素、荤两种。用大蒜、黄瓜丝、麻汁（群众多用芝麻面酱代替）、醋、香油、盐调成者为素；加瘦肉丝（鸡肉丝更佳）、鸡蛋（调成皮蛋条）即为荤。不论素、荤，群众都要加当地的香椿。这季节香椿已老，取其嫩芽，用开水烫烫，取出切碎，调入浇头汤内，那浓烈的香气，实在别具风味。没有鲜香椿也可用椿芽咸菜代替，但风味大减。

除入伏喝凉面外，整个伏天群众也常常做食这种美餐。

8.饮食禁忌

泰安人在饮食方面有许多禁忌，这些禁忌或来自信仰心理，或来自生活经验的总结，大多具有迷信色彩。

怀孕期间，不能吃兔子肉、驴肉、狗肉等。据说吃了兔子肉，孩子生下来会成豁子嘴；吃了驴肉，孩子在胎里住一年才能生产，并说长大是驴性，脾气坏，还不通情理；吃了狗肉，生下的孩子有狗腥味。还有一些作料也禁忌，说吃了醋，女人脸上的斑纹褪不掉，吃了带刺的东西能扎了奶。

对儿童也有些禁忌食物，如不见天的鸡蛋，变质的蛋类，说吃了这些“坏蛋”念书脑子混。也不能吃死猫、烂狗肉，小孩吃了这些肉，念书光瞎哇哇。还不准吃鸡爪，吃了上学时，手不会写字，乱抓东西。小女孩不准吃鸡翅，说长大后找婆家飞（走）得远。青少年还不准吃鸡血，怕吃后脸上长斑纹等。

三、建房居住民俗

泰安一带的住房和院落，讲究坐北朝南，最讲究的是四合套房子，固然住这样的房子多是比较富裕的家庭。它必须有坐北朝南的堂屋和东、西、南屋；大门也很像样，有小楼型（两层）的，也有垒的很结实、美观的平房，两扇大门必须使用黑漆或朱红色的漆；同时还要有一定高度的围墙，基本都是石头或砖砌成。过去住房都是小瓦或大瓦盖顶，这样的房子高大、结实、明亮、舒适。一般家庭住房间数不一。有的是四合套房子，但不很整齐，用料也不尽统一，有的用砖，有的用石头；有的正房用瓦，偏房也可用草。大门一般是盖得像间小屋，有两扇大门，也有一扇大门的，用黑色刷一下即可。围墙也是一半用石头，一半用土坯，或用箔打墙，用的石料、木料等质地也很一般。贫穷家庭住房可就简单了，有三间或两间草屋，大门用个篱笆门子，甚至连个大门都没有，用点柴火一挡即可。

在泰山，遍布全山的寺庙宫观包揽了典型中国式建筑的诸多特点。星罗棋布于山上山下的民间居室，是山东乃至北方地区居住习俗的反映，另有新中国成立前发现的带有原始人居住特点的洞穴（穴居）保留至今。特别值得一提的是，泰山人在建筑方面还有一种特殊的习俗，那就是盛行用大小不等的圆滑河流石子砌垒房墙。古代当地的人们怕冒犯“泰山神”，从而不敢轻易在泰山上乱打山石，砖瓦又很难弄到，就只好到泰山东、西溪中拾拣山洪暴发时冲刷下来的河流石来筑墙，于是，便形成了“泰山三大怪”中的“河流子垒墙墙不倒”的俗语流传。

在泰山一带的建房居住风俗中，尤其是选择宅基时，存在着一些封建迷信的成分，对此，我们必须采用科学的态度认真分析对待。由于这些内容至今在民间仍然存在，而且还影响着今天的建房风俗，所以，我们本着存史为鉴、实事求是的态度，将调查所得的有关内容如实记录，以供分析研究和批判借鉴时予以参考。

1.择基

民间盖房首先要选好宅基地，请风水先生看好地基再建房子。房要建得四方四正，地基更是如此，若一头大，一头小，则说不吉利(称棺材型)，还有房子不管多少间，一般房屋的高度不能超过正房(堂屋)。

如何选择好房宅地及房屋的设置配套，泰安有句俗话："劝人买地，不劝人盖屋。"这是说建一座房子不仅花很大经费，而且要选好宅基地更是难上加难。风水好的地基一是难选，二是换块地或买块地都得花费很大，花好几倍的钱才能在当中人的说和下买成。一旦地买成后，还得给当中人送礼，请村主任、邻居等要摆酒席。在请这些人时有几种方式：一是口头去请，并提前几天告诉：我买了块房基地，定于某月某日丈量，劳你的驾去帮一下忙，到丈量地那一天，我再来请你。多数用这种简便方式。二是用红双帖，外皮右边写个"敬请"，中间写×××先生。

格式→

敬请
×××先生

皮内右方写："定于本月×日丈量房基地，并设喜酌恭候。"中间写上"光临"，×××拜。

定于本月×日
丈量房基地并设喜
酌恭候
光临
×××拜

丈量地这一天，除了饭菜丰盛外，还得在座位上安排好，尤其是上座，必须安排卖地者去坐。若在村内买地，把住宅邻居和买地的邻居都要请到，其意是让人亲眼看见，都知道买了房基地，以作凭证，事后万一出了争执，有个凭据出来说公道话。丈量完定下宅基地后还要写文书（地契）。写法不一，一般是：

立卖契人×××，谨遵父母命，愿将宅基地一所出卖，今托中人说妥，宅基四至分明，东至刘××，西至王××，南至张××，北至大街。同中言明卖价壹佰元一分地，出卖于黄××名下，永远为业。中人：赵××（均盖章或按手印，否则无效）。

年月日一定写准确正规。另外卖契人在契约上的称呼也不是一律的，要看具体情况。如父母都在，就得写遵父母命。若只有父亲在，就称遵父命。若只有母亲在，就称遵母命（慈命）。如父母都不在，就得以兄为名，称遵兄命。不论是村庄外买宅基地或在村庄内买，其形式内容手续上基本相同，只是在写文书时略有不同。

另外，当地还有个风俗，在拨粮顺契时节交易，房基地是按六二折，也就是六分当一亩，土地是八二折，也就是八分当一亩。

还有卖旧房子，买者拆掉重盖新房子，这样的契约写法是：

立卖契人刘××，谨遵父命，今托中人说妥，愿将应分吉宅一所，北有屋三间，屋后滴水半尺，西墙外半尺，东瓦房三间，屋后滴水半尺，西墙外半尺，计大地一分，东至周××，西至孙××，南至李××，北至姜××，四至分明，院内树株尽在卖数，其宅同中言明，卖价伍佰元整，卖于陈××名下，过割居住，永远为业，其洋同中交足，空口无凭，立卖契为证。杆丈北宽六步，南宽六步，中长十步，此宅拨粮顺契，按六二折计算。中人王××，×年×月×日。

房基地定好后，不能随心所欲，愿怎么盖就怎么盖，还要请有名气的阴阳先生来指导，不然按民间的说法，盖起房子后，不是有毛病，就是不吉利。请阴阳先生，并不是容易的事，要郑重其事，还要拿着重礼去聘请，一般是用红布包上两块银圆，如果嫌钱少，阴阳先生就假装说没工夫，东庄来请，西村来叫。只有再过几天，另加两块银圆方才能够请动。请来之后，同伺候天神一样，先喝茶，吃糖果，好酒好菜吃后，转一转房基地，便慢条斯理、阴阳怪气地摇头摆尾，一言不赞，当主人问房基地风水如何时，他吞吞吐吐，讲东说西，指天道地，并胡编一套。说看风水不是件小事，不能马虎，必须仔细多看几次才能定，这是关系到高官厚禄和家破人亡的大事。他还举例子吓唬主人说：从前××村有座玄帝庙倒塌了，一个不怕死也不听人劝的，偏在玄帝庙地方盖了一处房子，结果不到一年，大人死了，第二年孩子又亡了，弄得家破人亡。后来又有一个叫孔大成的，偏要搬进去住，可人家就压住了，为什么呢？此人姓孔子的孔，大成也是孔府的大成殿，所以孔大成住上就无妨，俗话说："刘备骑着滴泪马，一福压百祸。"他讲这例子的目的是叫主人再请他，多送礼物。

阴阳先生大致分为两种：一种是从书本上学到的，如《百科大全》《阴阳宅大全》《周易》等书。像《周易》一书中，八种基本图形，用代表阴和阳的符号组成八卦名称，乾、坤、震、巽、坎、离、艮、兑，其中乾与坤、震与巽、坎与离、艮与兑是对立的；还要用五行：水、火、土、木、金，相传是从战国时期流行下来的，五行相生、五行相胜。相生是指相互促进，相胜是指相互排斥。只要把乾、坤、震、巽、坎、离、艮、兑掌握好，就能说出一些道理来的。田分四正，四隅门。四正门是正东正西正南正北。四隅门是东北、东南、西北、西南。进一步说，乾是西北，坎是正北，艮是东北，震是正东，巽是东南，离是正南，坤是西南，兑是正西。这种玄虚的风水理论，还被风水先生编成歌诀，使之上口易记：

艮六绝祸生延天五，离六五绝延祸生天。
乾六天五祸绝延生，震延生祸绝五天六。
坤天延绝生祸五六，坎五天生延绝祸六。
巽天五六祸生绝延，兑生祸延绝六五天。

另一种阴阳先生虽文化程度不高，但属于有心之人。这种人善于在实践中，尤其在建房时，把群众的一些风俗、一些经验教训积累起来，也能看房基地风水，很复杂的讲不出来，一般的能凭经验说出一二三来。如，房基地最好是正方形、长方形，有大头小头的，可以说出是棺材形不吉利，建房要在庙前或左边，因为庙前面的风水好，左边是上首，太阳升起能照财，人财两旺。若必须在庙后或右边，一定离开庙一百步，否则五兔拨乱，家破人亡。最好的是房前有水，房后有山，过的日子拄着天。门前有棵国槐或柳树为好，“门前有棵槐，金银财宝往家来”“门前一棵柳，珍珠玛瑙往家走”“房前不栽桑，后房不栽柳，院子里不栽呱嗒手（杨树）”，传说桑树是丧门神树，柳树是在人死后用柳枝子插在坟头上，不吉利，呱嗒手是杨树叶子刮起风来有烦躁的声音，不安静。

在盖房子时也有好多讲究，如盖五间北屋，盖时必须掌握三高两低，中间是主屋，走东南大门（巽门），东屋是厨房，南屋做粮仓，西屋住人，东西南屋可以随意盖，但牛、猪、羊圈不能乱建，必须盖到西南。民间流传这么一句话：“东南大门，西南圈，东屋做饭不用看。”若盖四间北屋，走西南大门（坤门），东南圈，西屋做饭，南屋可做杂屋，东屋住人存粮均可。但在四间房中必须拿出一间东北堂为主，成为巽为主，在十二年内调到西北堂屋，便成为乾为主，是延年门，日子就会猛发。也有句俗话：“西南大门，东南圈，西屋做饭不用看。”要是盖三间屋，走东北大门，这样，在东南安圈，西南屋做饭，但是锅门脸和灶一定背着大门。如果是东大门，锅门脸不朝南就得朝北，不然会出现粗暴不讲理的孩子，大人也不顺利，处处作难。

民间风水先生在多年实践中，总结出盖房立门的规律，这就是：

> 最佳的房子是乾主坤门，叫延年房子。
> 较好的房子是坎主巽门。
> 较差的房子是艮门克主。

阴阳先生有一套理论根据就是用“相宅定规论”，门为主，房为客。初则以门合房，是为主去迎宾，次即以房合门，名为客来拜主，务要宾主相得，星宫相合，方能诸事亨通；继后以房之高大断吉凶。如吉星高大，可以驾驭凶星，则以吉断；若凶星高大，反欺吉星，则以凶断；凡宅不能无凶星，但使武三星高大，则破禄廉文四凶，亦化为吉。关于房基地和建房子，民间有一套完整的说法，其中尤其要把大门建好。

门口宜静论

宅之所最重要者，莫甚于门，盖门也者，一家朝夕出入，至要之地也。诚如人之口，如人之喉，毫厘之病，不可有半点阻挡，不能耽延，故稍有疾病，则宜急治，非他处所可比也。最忌者，委曲钻洞昏暗之门，主招牢狱之灾。门宜明亮，清静宽平，不可丝毫有杂意，倘直冲人家屋脊房角，飞檐兽头，道路来财，主损妻克子，若直冲门中线者，主人命损伤，宜速蔽之。

门向吉凶论

（1）门前有清澈的长流水，必然是：

门前水势玉带行，
曲曲折折内有情。
家有财产万万贯，
步步登高升状元。

（2）门前有眼弓路，则是：

门前道路如眼弓，
弯弯内抱甚有情。
丁财两旺多富贵，
男义女贤俱峥嵘。

（3）门前有反弓水，则是：

门前道水是反弓，

弯弯外向绝无情。
辈辈财败出孤寡，
淫男邪女永不停。

（4）门前后直冲门，则是：

门前屋后大路冲，
定主家中无老翁。
残疾之人不能免，
皆因箭射有此凶。

（5）飞檐屋角冲门，则是：

飞檐屋角来射门，
定主在外打伤人。
不能筑墙去遮蔽，
速改移门离祸根。

（6）砖石粪土堆冲门，则是：

砖石粪土冲门堆，
不害眼疾病胎废。
急除臭物门宜净，
免出喑哑与寡居。

（7）墙头朽树冲门，则是：

墙头朽树冲门庭，
家中定然损老弱。
寡妇堂前多戴孝，

哭声吟吟受贫穷。

（8）碾碹冲门，则是：

碾碹当门最是凶，
伤尽小口又损丁。
速移碾碹静蔽处，
方能兴旺得太平。

（9）门前玉带水，则是：

门前水似玉带形，
弯弯环抱甚有情。
家中定然主富贵，
儿孙英奇光门庭。

（10）屋脊兽头冲门，则是：

脊兽冲门最不祥，
犯此主被人打伤。
急修高墙来遮蔽，
免得子孙遭灾殃。

（11）门两旁堆石头，则是：

石堆最忌堆两旁，
相形不美总非良。
移在闲处无妨碍，
免听捣声朝夕响。

（12）破屋子冲门，则是：

门前若有小破屋，
无门无窗似口张。
家中定得邪祟病，
见神见鬼如癫狂。

（13）门前有三角塘，则是：

门前若有三角塘，
儿孙只恐目失光。
更兼妇女多疾病，
病尚未好又遭殃。

（14）门前有个坑，则是：

门前若有落水坑，
名为财库多兴隆。
子孙繁衍六畜旺，
福禄不求天加增。

（15）岔路冲门，则是：

门前左右有水塘，
形如哭字不吉祥。
岔路冲门损人口，
疾病不断常遭殃。

（16）宅后有水坑，则是：

宅后若有一水坑，
名为金柜脱底形。
纵然始顺丁则旺，
一败不能再复兴。

对于修门宜避朝旺方：春不坐东门（树大招风），夏不坐南门（火旺早灭），秋不坐西门（过刚必折），冬不坐北门（水旺必湿）。

总之，逢旺不修，如土旺与四季，民间讲究不许动土修造。凡修造门楼务与宅房相称，不可太高，太高为昂头煞，大出为探头煞，多主招讼损丁之灾，倘宅房大而门楼低小，谓之闭气，主生疾病，宅房小而门楼高大，谓之泄气，主退资财，临时需要斟酌。风水先生说起这些内容头头是道。如他们对艮门兑宫房高静宅子的说明时，便讲道：

（1）东北艮门。西楼三间高大主向，南房二间偏坤宫低西楼五尺。北房二间偏坤宫一间楼低西楼一尺五。东屋三间，低北房一间。中厢安到东南角。

（2）此宅艮门。兑山震向，是山泽咸卦，金土相生，艮兑比合，少男少女，正相配偶，延年得位，定主人口兴旺，子孙富贵。该房的结论是：

武曲主向在兑宫，
星宫比合贵重重。
又得更土来生旺，
儿女双全福禄增。

（3）巽门纯阳宅子。东南大门，北房三间，高大主向，东房二间低北房，中厢西南角，西无房屋。

此宅是巽门，北屋高大，有东房而无南房和西房。便是：有西无东，家无老翁，有东无西，家无老妻。且阳宅以后天为主，后天以东北为阳，此宅独有北房和东房，则为纯阳矣。急修西屋，比东房低一尺。西房、东房、南房要砌一道东西墙，开离门吉。

东边有屋空西山，
名为纯阳怎得长。
始顺顺利终必败，
夫哭无妻子哭娘。

（4）震门西房五间静宅。正东大门，西屋一连五间高大主向。东北角按中厢。此宅震门，西屋五间，高大主向，是为群凶结党，其恶更甚，贯病怪灾，横财人丁，祸难尽数，速改艮门大吉，将巽宫作厨房，震宫作中厢方妥。

三煞结党为最凶，
居住丁财尽凋零。
百般灾祸难尽数，
速改艮门得安宁。

以上内容多有封建迷信的成分，但在民间择基建房中至今仍然发挥着作用。对其中的合理成分有待我们分析研究。

2.建房

在建房过程中，民间有不少讲究，有一些内容属于陈规陋习，但在群众中仍然流行。

（1）太岁方位之时，不能动工。若是鸡年，太岁在西方，不能盖屋。俗话说：“太岁头上动不得土。”若不相信，硬去盖，则不吉利。若必须盖也有解的办法：如打算鸡年盖西屋，就得前一年先挖底槽，或先垒几米高的墙，这样第二年再盖西屋就不犯太岁了。

（2）动工时，要请人选好日子，如同结婚一样，同时还要上供、烧香、叩头。

（3）盖屋材料也很严格。在木材上最好选用枣木脊、榆梁、杏木门、核桃窗。枣木脊就是早早积累财产，榆梁就是年年有余粮。绝不能用家槐、柏木当房料。民间认为家槐是鬼子木，如用槐木就会使长男灾祸缠身，小孩受伤多夭丧，横祸怪事常来侵。

（4）土王用事。这一天不但不能破土动工，即使正干着活，到这一天也得停下来，不然就会出现墙倒屋塌。按阴阳先生的说法：“土王用事不停工，长子先亡后损翁。家中财宝无人管，堂上老母受孤寒。”

过去在建房过程中，有些阳宅先生，只是一知半解，也常出些笑话。传说有个阳宅先生，对土王用事很迷信，不但对人家要求严格，自己也很遵守。有一天，正是土王用事，每到这一天，他总是对孩子们唠叨着说：“今天不能动一点土，也不宜出门，最好在家坐一天。不然祸害阳土入门庭，老翁被埋胃疾终，老妇搅家不论理，小口见损败终山。”说也巧，话刚落音，闺女突然回到家，说得了急性肠炎疼得要命。阳宅先生一听闺女病了，得马上备车去找医看病，可如何出门呢？他急中生智，对孩子们说：“你们备车在外等，我从墙上爬过去。”可是到了墙上一不小心掉在墙外一井里，幸亏水浅没淹死。他在井里拼命喊：“快来救我上去。”他儿子在井沿上说：“今天是土王用事，不能靠土，怎么办呢？”他在井里回答：“冒犯土王用事是以后的事，现在我先上去再说。”儿子听了言之有理，就放下一根绳子上来了。从此，再到土王用事这一天，他也不再信那一套了。

若要买旧房基地，在重建新房子时，若在旧房的中厢地方盖大门或建其他房子，一定要在中厢那个地方上供、烧纸、送元宝、叩头，这样可将凶化为吉：

巧建新房笑盈盈，
压住五鬼能化凶。
又有宅神来相助，
凶煞降服保安宁。

一处房子，大多数不走正北门，因为坎门南房与东房吉凶不分，吉星受制，凶星得权，宅上之灾祸接连不断，所以不开正北门，若必须走，也得在大门前砌一道影壁墙。因为北是水，会造成灾，破财受贫。也有忌讳不走正南门的，走的话也得在大门前或门里砌一道墙，否则也会大祸临头，全家遭殃。当然这些都不是绝对的，也有不少宫殿、庙寺大门是朝南的、朝北的。

（5）不走倒装门。在民间一般不走这样的门，据传走这样的门大为不利：

五鬼入宅拨乱，
祸害接连不断。
老翁定然早死，
长男女赴幽冥。

如确有这种情况，可以改变，去灾免祸。一是将大门改为走东南大门，二是房的盖法，北屋三间为主屋要高大，左边安厨房，右边安静室，东屋盖两间低于北屋，西屋两间低于东屋，中厢安到西南角，这样大门自然成东南大门，这样巧安排反而更加吉利：

延年入坎星生官，
人口平安家道丰。
广进财宝多富贵，
儿孙繁衍要过松。

还有房宅之间大门相对，最好尺寸一样，若要一大一小，便形成虎口吞人，必然大吃小，便造成不好的结局：

凶猛老虎把嘴张，
要比五鬼更猖狂。
灾盗邪魔屋常爆，
家中哭闹难安康。

如遇到这样的情况，盖大门小的要拆掉重建，要同对门相等，这样就能缓解，而且更加福祥吉利：

拆门重修福临祥，

压住五鬼能化凶。
凤凰落院财产旺，
儿女双全福禄增。

（6）在建房时，无论是天工，还是包工，主人必须设三场酒席：开工、上梁、完工。最讲究的一次便是上梁。上梁这一天，必须选好日子，还要请先生在脊檩上用红纸写×年×月×日吉建。并让木匠挖一个马勺头，放上五谷杂粮，放上一双红新筷子和半尺大红布，然后将马勺头、筷子都绑在脊梁中间朝下，其意屋游神有了位，让人们能丰衣足食。写法很多，有的写“上梁大吉”“立柱大吉”“立柱巧逢黄道日”等。并在新房门上写对联：

横批：

安门大吉
安窗大吉
太公到此
焕然一新
旭日东升

门条与门心可写：

吉星高照，幸福常来。
治国生活美，家中幸福多。
瑞映画堂多吉色，吉临新宅焕春光。
坤正奠定千秋业，基石撑起万年梁。
吉星高照新启户，喜气常盈发富家。
定磉欣逢大好日，上梁正遇幸福时。
昔日茅棚随流水，今朝瓦房伴高山。
择启仁里和为贵，善与人间德有邻。
新地新屋新气象，好山好水好风光。

新屋上梁三代喜，全家和睦万般兴。

上梁的时间最好选在这一天的10点左右，不能超过中午12点。忌讳12点后，尤其是太阳下山时，这种时辰被认为日子过起来走下坡路，人财不旺。梁安好后要做五个菜，酒、香、元宝（纸）放在新屋中间上供，鞭炮齐鸣，全家磕头，并祷告屋神：今后咱们是一家人了，大人孩子全靠您来保佑，如有冒犯之处，请别怪罪。

晚上备酒席，凡盖屋的人都要参加吃饭、饮酒。有区别的就是匠工和小工分开吃大酒席。

完工酒一般也是炒十几个菜，最后将邻居也请来同建房人员一块喝酒，以感谢大家帮助将新房子建起来。

3.院落布置

房子建完后，院内设施也有一定规律和严格的要求。如在堂屋的左侧必须砌一个1米正方的香台子，以便逢年过节烧香上供，敬天地之神。若院子里能安碾、磨时，不能安在一起，必须分开安或隔墙安，因为一个是白虎，一个是青龙，只怕龙虎相斗，财丁不旺。大门里影壁墙前、院内不能栽松柏树，虽说四季常青，但是坟墓里才惯栽松柏，怕不吉利。窗前最好栽石榴树，不仅开花结果，而且象征人、财两旺，能流传下来。房子建好后，还可能在风水方面有不妥当的地方，这就要设法破解：

（1）在大门外墙上贴个“太公到此”。因为姜太公大公无私，专门利人。如在封神位时，把别人都封得很高，安排得也很好，唯独自己没神位，可被封的诸神，都能主动让给太公位子。所以只要说“太公到此”，其他诸神都主动退位。

（2）用一块整砖刻上“吉星高照”放在屋脊上，这样吉星得权，压服五鬼，转祸为福得安康。

（3）用块石头刻上“泰山石敢当”五字，能消除五鬼六煞，什么殃、伤、亡等统统能除掉，转为安康。

在贴“太公到此”时，民间也有一些传说。如，在很早以前，有个叫龚春田的，独自一人过日子，生活较困难，被迫去闯关东混穷。到了关外，他勤勤恳恳劳动，有空便去山上挖些草药卖钱。有一次他在深山挖着了一棵人参宝，到集市上卖了不少钱，收拾下东西就回到老家，正巧村内有个卖房基地的，都想争买，最后春田托人买到盖了房子。村里有些买不到的人就给他造谣：

鬼煞结党势更凶，
家中财源尽凋零。
百般灾祸难尽数，
速卖此房得安宁。

这样一传，春田心慌了。有一夜突然做了个梦：

快请太公到门庭，
压住五鬼能化凶。
吉星高照来相助，
泰山老母福禄增。

春田醒来，立即找了石匠刻上“太公到此”，从此便安然无事了。

民间很相信“太公到此”的魔力，认为可防可解百难千灾。据传说，姜太公家里很穷，走街串巷做小买卖为生。有一天遇上大雨，躲在一家屋檐下避雨。正巧，从屋里走出一个清秀的老头，见姜太公淋得浑身打哆嗦，就让他进屋换了衣裳。在闲聊中，老头便知是姜太公，心里很高兴，因为姜太公会掐能算，除妖压邪，为民解除困苦，谁人不知，何人不晓？老头高兴地便大摆酒席招待。饭后二人到后花园游逛、闲聊，姜太公突然说道：“这是块好风水地，为何不盖几间房子呢？”老头摇摇头有点丧气地说：“不瞒你说，我盖过几次，可每逢到上梁时就起火，烧个破石烂木。”姜太公一听便知其因，就劝说老头：“你再盖一次吧！我在这里看着你盖。”第二天，老头又找人盖屋，果真到了上梁这天，姜太公突然发现有几个小鬼在点火，他大喝一声："你们这些杂种，我姜太公在此，看谁敢胡作非为！"小鬼们一听姜太公在这里，都吓得四处逃跑了。这样老头的房屋终于建起来了。从此，姜太公的名声越传越广，谁家建房子都请他去看。姜太公便想了个办法：今后谁盖房子，不用亲自去看，只要写上"太公在此"，贴在梁上就行。从那以后，百姓都在盖屋上梁时写"太公在此"四个大字，便平安无事了。俗话说，一咒十年旺，神鬼不敢帮。

从古至今，泰安地区广大群众每年春季有栽树的习惯，这是我国劳动人民的优良传统和美德。尽管各类树种植广泛，象杨树、柳树、榆树、桐树、松柏树、刺槐等，而泰安群众有喜爱栽"家槐"（国槐）的习惯，尤其在一个家庭院内或大门前，若栽上棵大槐树，象征着吉祥富裕和昌盛，俗语有"家有一棵槐，金银财宝往家来"。传说，栽家槐还有望槐思乡之情，据说在元末明初中原地区连年兵荒马乱，自然灾害严重，颗粒不收，一片荒芜，人烟稀少。待明朝建立后，为巩固统治，发展经济，便采取强硬手段，把一批移民从山西洪洞大槐树迁到中原一带，整个泰山周围也住满了移民，建造房屋，开荒种地，养禽饲畜。当人们过着舒适的生活时，人们常想起老家大槐树之情。为了表示对故乡的留恋，人们往往在自己家院内或大门外栽一棵家槐。随着日月的更替，时光的流逝，至今，泰安一带的群众最喜爱在自己家院内栽棵大槐树，表示如同住在洪洞县大槐树一样。后经历代沿袭，民间便有了大槐树可保佑人们平安、生活富裕昌盛的说法。

4.温居

房建好后，搬进新居，泰山一带有温居的习惯。主人要请好厨师，备好酒席，还要请先生预先写好请帖和对联。

温居请帖：

祭卜×月×日肃宾豆觞奉迓雅惠

××鞠躬

对联的横批，一般写安居乐业、繁花似锦、千秋伟业、百花齐放。

门条与门心用：

月满一轮辉宇宙，梅香千里到门庭。
吉星高照，幸福常来。
治国生活美，家齐幸福多。
门庭新气象，诗礼旧人家。
室雅何须大，花香不在多。
庭院花香鸟语，楼台月满云开。
日照新居添锦绣，花栽前圃吐芬芳。
择居仁里和为贵，善于人同德有邻。
家居光天化日下，人处喜风和雨中。
五色祥云龙甲第，月洗户秋桂吐香。
祝人民幸福，唱江山多娇。

来温居的主要有亲友、邻居，带的礼品花样比较多，送钱，送鸡、鱼、肉、酒，还有送匾联、镜子、炊具、茶具等。娘家门上送的礼物是重要的炊具，如锅和勺子等，还要送一对公鸡、两条大鲤鱼、二斤豆腐、两斤豆芽。这些礼物都象征喜庆吉利。如鸡是吉利，鱼是年年有余粮，豆腐是有发势头，豆芽是生根发芽、生长的意思。但也有忌讳，绝不能送钟，谐音“送终”，很不吉利。在赴宴时座位安排也很讲究，若安排不合适，也会吵架，甚至将酒席桌子推翻了。

相传有一家子温居时，将自己的岳丈安到首席，客人中有些贵人家和有点官职的很不服气，便有意出难题，让首席上的人作诗助兴。可也巧，主人的岳丈是有一定学识的，并知道是在讥笑他，他便迎头赶上，出口成章：

新房落成富贵荣，
丁财两旺千载兴。
子孙如玉世无比，
罗棠金珠满箱盈。

饮酒后又作诗：

新房新门来配合，
二木相生福泽多。
子孙衍荣田宅广，
丁财两旺乐融和。

全桌人员一听，像呆鸡一样，都愣了。他借机会又作了一首：

吉星高照占四方，
群星聚会临祯祥。
父有义方能教子，
儿孙金榜把名扬。

全桌人员一听，异口同声地伸出大拇指说："好！妙！"

四、道路交通民俗

1.道路和桥梁

泰安历史悠久，自古道路发达。早在新石器时期，这里已是部落和先民定居点，形成一定规模的道路。从西周初到周武王伐纣，周公东征所经东西大道已形成周道。至春秋战国，诸侯国会盟与征战的鲁道均经泰安地区。秦统一中国，修驰道，秦始皇即位3年时，东巡泰山，举行了中国历史上第一次封禅礼仪。汉代为开拓疆域，也开辟了许多道路。富商大贾可周游天下，经今泰安的旧县、宁阳等地，与全国有名的商业都会定陶、临淄相通。元代以前的数千年，全国政治中心在中原。山东的政治、经济中心在齐鲁，形成了横贯全国的东西大道，直接影响泰安地区的道路发展，经泰山东西两侧，从东北走向西南，其中东路最为发达，隋唐王朝与日本、高丽等国互相往来均经此路。元、明、清时期的政治中心在北方，而经济中心在江南，这对山东、泰安的道路发展必然有一定影响。由于道路的不断发展，促进了桥梁建设。早在隋代，东平县的清水石桥就达到较高的水平，与赵州桥及宋明修建的桥梁在质量上不分上下；宋代长清灵崇兴桥、东平席桥和泗水长桥，明代章丘绣江桥和东阿永济桥等，都很有名。泰山盘道也修建了十几座结构不同的桥梁。

著名的泰山盘道是在漫长曲折的岁月中逐渐形成的，泰山盘道的大规模修筑是在明、清时期，立于泰山一天门下的“盘路起工处”碑是当时修盘路的历史见证。今天的泰山石盘基本是当时奠定的规模。十八盘为泰山盘道最为壮观的一段，也是泰山游人香客的必经之道。《泰山道里记》记载：“由山下至绝顶，凡量四千三百八十四步……内除倒盘低十八丈五尺七寸抵高数外，实高三百六十八丈三尺四寸。”至清康熙、雍正、乾隆等时期，逐渐修复，方才从泰山脚下、岱庙北门，经岱宗坊至山顶20余公里，石阶6700余级。到了民国二十六年（1937），又修筑了从泰安火车站至中天门的西路登山盘道七八公里。道光七年（1827）泰安知县徐宗干修泰安府西大道。当时泰安知府杨惠元碑记云："泰安西府大道自郡城至界首计长四十五里有奇，沿泰山之路溪涧曲折，石径崎岖，旅人若行路难久矣。泰安县令徐宗干请修之……计二十有四段，建桥凡七,三月而竣工。"新泰诗人王青黎曾为徐宗干修路而作歌：

夹路之石石甚丑，顽类瘿瘤大类计。
向晚殷殷杂沙鸣，凌晨滚滚逐风走。
车轮坎石石争磨，征蹄拔石石与斗。
此路不知几百年，车马行行差苦艰。
树人先生辴然笑，治州聊为施小道。
百金不惜捐俸钱，连夜催将石工台。
使之拔其根，催其觉，蚕从一度为平壤。
阔间方轨可并行，长约一百五十丈。
凹者使补凸则夷，从此征人歌荡荡。
噫嘻之生之功则大矣，先生之志不止此。
先生文章铮铮全，先生心求澄澄水。
先生治人如治途，力尚端平祛诡异。
心术经论此见端，异时更展均平技。
即今过者式名贤，惠洋流连不能去。

泰山桥梁颇多，有史料明确记载的15座。高老桥位于斗母宫北，步天桥位于回马岭上，渡天桥在十八盘新盘口，这3座桥大约建于明代。长寿桥位于黑龙潭北，汶阳桥、渿河桥建在渿河上，子午桥在普照寺前，云步桥位于五松亭下，登仙桥位于歇马崖下，八仙桥位于王母池庙东南梳洗河上，住水流桥位于水帘洞下，大众桥位于泰山脚下西路天外村，另外，还有跨虹桥、漱玉桥、王母桥。

泰安一带的公路大都由原来的官道、驿路、大路、大车道整修而成。近十余年，水泥路、柏油路成为泰安公路的主干，村村通公路已成为现实。

2.交通运输

泰安一带的交通运输大体可分为客运和货运两方面。

泰安传统的客运交通工具是驴、骡、马，备鞍后供人骑用。民间很少用轿子，只有在泰山一带旅游是个例外，泰山旅游区的交通工具以泰山上的“山轿子”最著名。

泰山山轿，民间俗称山樏子，是古代直至近代登泰山唯一的交通工具。根据史书的记载，山轿早在夏代初年即已出现。《尚书·益稷》篇中，大禹自述在治水经过时说：“予乘四载，随山刊木。”汉孔安国传释“四载”是四种交通工具，即“水乘舟，陆乘车，泥乘輴，山乘樏”。这个“樏”就是在车的基础上去掉轮子，由人力肩抬车厢演化而来，是轿类的雏形。《史记·夏本纪》作“陆行乘车，水行乘船，泥行乘橇，山行乘檋”，显然是由《尚书》中有关篇章影响而成，但南朝刘宋裴骃在《史记集解》中却引如淳之说，以为檋是一种车，并以为是“谓以铁如锥头，长半寸，施之履下，以上山不蹉跌也”。这不能不说是裴氏的一种误解和对古“樏”考证的疏漏。1978年，河南固始侯古堆春秋战国之际的古墓中出土了3乘肩舆，有屋顶式和伞式两种形式，制作相当精巧，说明在此以前，轿子已有了一段相当长的发展过程，孔安国的说法还比较接近历史事实。在《晋书·谢安传》中首次出现“平肩舆”之名，十分形象地说明了轿子的性质和特征。至于“轿”之名称，大约是在赵宋才姗姗来迟的。如此说来，最早出现的山轿——“樏”倒是后来颇为盛行的轿子的滥觞了。

山轿出现虽然较早，但真正流行却很晚，它在相当长的时间里仅在极小范围内孤脉延续。这大概与我国古代盛行乘车，在乘坐舒适、应用范围广、速度较快等方面都比轿子有明显的长处有关，也与古代舆服制度的礼仪思想有关。据说西汉成帝曾与班婕妤同辇，晋代画家顾恺之即依此说，在《女史箴图》中将他们画成同乘一架肩舆。东汉外戚阴就欲效仿成帝乘辇，就有人讥讽他：“昔桀乘人车，岂此耶？”(《宋书·礼志》)说明这种以人代畜的“人车”，还未被人们的礼法思想所接受，仅限于皇室贵族乘用，但作为登山所用的交通工具，仍是人们无可奈何的选择。西汉淮南王刘安在给武帝上书时称：“入越地，舆轿而踰岭。”这也说明了山轿流传的客观依据。

山轿在泰山的出现，最早与帝王的封禅大典有关。秦始皇、汉武帝的封禅，出于对泰山的敬畏，也出于制造封禅盛典的神秘感，随行人员很少，都是步行上山，其封禅的礼仪程式内容等等“封藏皆秘之，世不得而记也”（《史记·封禅书》），而汉武帝封泰山的唯一随员奉车子侯霍嬗暴亡，更增添其神秘色彩。但在封禅以前，秦代儒生、汉代诸儒及方士议论封禅时，就曾谈到前代封禅曾用车辇一类代步工具。首先见于正史记载的泰山山轿的出现，是汉光武帝刘秀于建武中元二年（57）封禅泰山。《后汉书·祭祀志·封禅》记载，是年二月“二十二日辛卯晨，燎祭天于泰山下南方……至食时，御辇升山，日中后到山上更衣”。刘秀是公开举行大规模封禅仪式的第一人。又据《封禅仪》记载，为了解决随行百官的上山困难，“郡储辇三百”，但“为贵臣、诸公、王、侯、卿、大夫、百官皆步上，少用辇”，只有“国家（指光武帝）御首辇，人挽升山”。正是由于山轿的便利，刘秀才得以在封禅结束后在“道迫小，深溪高岸数百丈”的险峻山道上连夜下山，而随行百官却整夜在黑暗中摸索跌撞，苦不堪言，直至第二天早上才在山下聚齐。

唐开元十三年（752）十一月，玄宗李隆基举行封禅，亦是乘山轿登山。据唐杜佑《通典》卷一百二十三《吉礼·封禅》篇记载，是年十一月十七日，“皇帝服衮冕之服，乘舆以出……警跸……”，直至岱顶登封台乃止。不过玄宗所乘山轿，要比当年刘秀的山轿要轻便舒适得多。《通典·嘉礼·辇舆》记载，唐制步辇有7种，有专门用于各种隆重仪式的大凤辇、大芳辇、大玉辇、芳亭辇，多以金银玉牙为雕饰，并有华丽鲜艳的羽盖、纱窗，以突出显示帝王的雍容华贵。另有仙游辇、小玉辇、小轻辇，专门供帝王外出游历观光、登山涉险之用，此种辇体制轻便，较重实用。这也证明唐代的山轿有了较大改进，注重各种不同用途。

宋代大中祥符元年（1008）十月二十日，宋真宗赵恒封禅泰山，也是乘步辇上山，至中天门以上，“帝每经狭险，必降辇徒步”（《宋史·礼志·封禅》），返程下山，也是乘这种轻便的山轿。但由于礼制所限，乘坐山轿仍是帝王的特权，一般士庶百姓乘坐是被明令禁止的。《宋史·哲宗纪》载，绍圣二年（1095）六月“禁京师士人舆轿”；《宋史·舆服志》又载政和七年（1117），徽宗赵佶下诏“非品官不得乘暖轿”。明代对乘轿仍有种种限制，于慎行《谷山笔尘》载：“国朝文武大臣皆乘马，自景泰以后，例许用轿。勋戚一品，惟年老宠优者方敢陈请，他不许也。”一般人士不得坐轿，泰山山轿更是不能轻易乘坐。明代中后期，轿子才普遍流行起来，成为一种时尚，以致不论官商富贾“人人皆小舆，无一骑马者”（明代顾起元《客座赘语》），至此，泰山山轿才得以大量出现，成为一般游人代步的工具。明张岱的《岱史》、清刘鹗的《老残游记》都有泰山山轿的详细记载，说明当时山轿已十分流行。民国时期，泰城部分贫苦居民以抬山轿为生，成为长期的专业轿夫。

泰山山轿大致截止于1947年泰城解放，人民政府主张人人平等，轿工大部分被安排正式工作。1952年政府明令取消抬山轿行业。但此后仍有极少量的山轿沿袭下来，偶尔为个别年老体弱者抬轿，解决登山困难。直到“文革”初的1967年仍有人见过一乘山轿抬着一位白发老太太上山，不过这已是十分罕见的特例了。

泰山山轿在形制上很有特点，结构简单合理，尽量省去一切不必要的部分，最大限度地减少负荷。张岱《岱史》中描写道：“山樏在户，樏杠曲起，不长而方，用皮条负肩上。”刘鹗在《老残游记》中描写得更为细致：“泰安的（山）轿子像圈椅一样，就是没有四条腿，底下一块板子，用四根绳子吊着，当个脚踏子。短短的两根轿杠，杠头上拴一根挺厚挺宽的皮条，比那轿车上驾骡子的皮条稍为软和些。轿夫前后两名，后头的一名先钻到皮条底下，将轿子抬起一头来，人好坐上去。然后前头的一个轿夫再钻进皮条去，这轿子就抬起来了。”这是泰山山轿一直沿袭的基本样式。这种山轿经久耐用，一乘可用几十年。

山轿上山时，走平道轿夫一前一后，上台阶却要横行前进，即前后轿夫只差一两个台阶，侧身向上，以保持轿子平衡，使乘坐者比较舒适，防止过度倾斜。所以山轿能直接登上十八盘那样的陡坡，这也是泰山山轿的一大特色。行进中，轿夫还可以根据轿子的转动角度自由换肩，减轻疲劳。所以张岱说“抬山蹬则横行如蟹，已歇而代，则旋转似螺，自成思理”。轿子上山的速度快慢要取决于乘客的兴致。大致一种乘客是上山进香还愿，多是一年一度来泰山，对沿途景致比较熟悉，所以途中很少停留，直奔山顶，进香完毕立即下山。一种乘客主要是看风景，游览名胜古迹，看得细致，走得就慢，有时要一整天才能到山顶。这时轿夫还兼导游之职，介绍沿途的风景名胜、历史掌故、民间传说等等。《老残游记》中的轿夫就向老残介绍了泰城的蒿里山、阎罗殿、金桥、银桥、渿河桥等景观。还有的客人雇了轿子不坐，只让轿夫随他各处游览，陪他说话，这样能从容游览，又不必担心只身观光出现安全问题。

登山途中几座较大的庙宇如红门宫、斗母宫、中天门、南天门等都经常备饭，以供过客。另外还有一些设在路边的饭棚，专卖大饼、咸菜、茶水，供轿夫歇脚时食用。但轿夫一般自带锅饼，一是可以随时吃，二是价钱比上山便宜，故轿夫一般不专门去饭棚吃饭，而是待下山领到工钱后到饭店买些肉食酒肴，饱餐一顿，以补充恢复体力。

俗话说："上山容易下山难。"此话在轿夫却要完全颠倒过来，上山时负重难行，要一步三喘，下山却抬着轿子一溜小跑，一小时就可下到山底，速度快得惊人。张岱在讲到自己乘轿下山的经历时仍心有余悸："舆人掖之，竟登舆从南天门急下。股速如溜，疑是空堕，余意一失足则齑粉矣。第合眼据舆上，作齑粉观想，常忆梦中有此境界，从空振落，冷汗一身时也。"这种下法省力省时，但容易"一失足成千古恨"，全靠轿夫配合默契和平素练就的脚下功夫，以及日积月累对泰山盘道的谙熟。也就是说，下山时才看轿夫的真本事，真是"看似容易却艰辛"。

泰山轿夫的来源，主要是泰城东胜街、清真寺街的回族居民，约有百人，泰城东关、北关一带的汉族居民，亦近百人。这是专业轿夫的基本队伍。他们一般从年初一忙到秋后，冬季无活就在家挨日子。另外还有四乡及山区的穷苦农民，忙时务农，闲时抬轿。据一些老轿夫回忆，每年山轿最盛时可达六七百人，山上山下，轿子络绎不绝。轿夫的工钱，二三十年代是市价每人每天一块五毛（大洋），如在山上过夜要另外加工钱或赏钱、饭钱等，多少由客人随意，一般都高于一天的工钱，有的甚至是工钱的几倍、十几倍。有时客人带家眷、亲朋，要雇几乘轿子，怕照顾不过来，往往多雇几名轿夫轮流抬轿，谓之"替脚"，亦是每天一块五的工钱。也有的达官贵人、富商豪绅来泰山度暑消闲，小住几天，干脆包一乘山轿，每日四处游玩。每年旧历大年初一到三月底，是各地善男信女朝山进香还愿的高峰期，也是轿夫的繁忙季节，年初一至正月十五，惯例是给双倍工钱，也有的给三至五倍，兼有施舍行善之意。不少穷苦轿夫往往此后才能"过年"。

泰山轿夫没有严格的行业组织，民国时期只有一个“头儿”叫王振安，是东胜街的回民，负责轿行与外界、官方的联络，以及召集轿夫、组织发派“官轿”等事务。按照惯例，觅到活儿的轿夫每人每天要交一毛钱的“头儿卖”，算是管理费，但“头儿”却要负责修配山轿上损坏的零部件，如抬轿用的皮袢、铜环等等。有时官方通知征用大批山轿，要提前召集待命，这时也由“头儿”管饭，因此“头儿”入不敷出，干了十几年，卖了自家4亩多地赔进去。所以这“头儿”在轿夫中威信很高，大家都乐于从命。轿夫觅活，少量的由“头儿”分派，大部分是直接到火车站附近客店较集中的车站街、财源街一带联系预订，还有的在岱庙门前等客雇轿。轿夫都是一帮混穷的哥们儿，很讲义气，极少因抢活儿吵嘴打架，互相接济的事情却是常见。

民国时期，一些重要人物曾乘坐山轿，留下了与山轿有关的轶事。1928年，日军在济南制造了“五三”惨案。当时任国民党中央军事委员会主席、北伐军总司令的蒋介石由党家庄来到泰安，5月8日上山游览。上山时，蒋乘坐从南方带来的“山轿”——滑竿，初坐时颤悠悠很自在，一上盘道却是头冲下，脚朝上，只好临时换乘土里土气的泰山山轿，不料却很舒适。蒋下山后很满意，第二天又专门携宋美龄乘山轿到斗母宫游览一番。1931年“九一八”事变后，当时的“国际联盟”派以英国人李顿爵士为首的调查团赴华了解事件真相。1932年7月，调查团在国民党政府大员顾维钧陪同下，征调泰城二百余乘山轿，浩浩荡荡登山观光。下山以后，李顿发现夫人送他的结婚纪念物、镶有宝石的珍贵手杖丢失了，顿时气急败坏，一口咬定是轿夫偷的。当时的泰安县长周百锽一面扣押轿夫严厉审讯，一面封山搜寻。后来还是一名轿夫在十八盘下的草丛里发现，但怕被怀疑是盗贼，只好转交给在普照寺隐居的冯玉祥先生。冯写了亲信笔，派这位轿夫将手杖送到县府，转给李顿，轿夫也得到县府的200元赏银。此事当时传为美谈，为泰山轿夫争得了好名声。冯玉祥在泰山隐居期间，体恤民情，解民疾苦，在他的“丘八”体铭志诗《我》中写道：“平民生，平民活，不讲美，不要阔，只求为民，只求为国。”是他民主思想的真实反映。看到轿夫的辛苦，他实在不忍心坐轿。在他与画家赵望云合作的《泰山社会写生集》诗配画中，有一首《山轿》诗，抒发了他对轿夫的同情和对坐轿的看法：“上泰山，坐山轿，好看风景好逛庙。一个安坐两个抬，手把轿子爬盘道。爬盘道，真苦劳，慢走紧走总不到。肩头皮带千斤重，汗流气喘心急跳。一苦劳，一逍遥，抬的坐的皆同胞。困难当头需要管，时间劳力不白抛。大名山，电车造，凡事都应用科学。时间劳力为国用，一点一滴皆生效。”

如今，泰山西麓建起了宽阔的水泥公路，汽车来往不断，中天门至南天门修起了索道，电缆车可以凌空飞渡。冯玉祥的憧憬成为现实。泰山轿夫的子孙们只能从前辈叙说中听到、从泰山民俗陈列室看到在泰山流传了近两千年的山轿子了。

民间交通大部分用马车、小木轮车、驴、马等作为客运工具，在马车上用席或帆布做上篷子，防日晒雨淋。还有一种叫“大把车子”，就是前后都有人驾着，垫上被、褥可供人坐。小木轮车是一人推一人拉。用车出门在外，为图吉利，也往往在轮或车盘上写对联：如：拖轮日行兴隆地，轮上不载迟日货，日行千里；挂棚时得如意风，车中多聚四方才，一路福星。到了清末才有了黄包车、自行车等，黄包车俗称“东洋车”，主要适用于城市。从1919年泰安城才开始有德国制“飞鹰”和英国“飞利浦”牌自行车，数量也是寥寥无几。

新中国成立后，自行车已成为广大群众的交通工具。当今，各式各样的公共汽车、火车四通八达，还有各种小轿车、摩托车、三轮车等现代化的交通工具。

泰安从1930年开始有了敞篷车，专业客运。新中国成立后才逐渐发展起来，并且成立了专业客运公司。目前，泰安城火车汽车运送往来客人最多日运输量达到10万人次。

货运，主要靠担、挑、人抬，长途货运以驴、骡、马驮运为主，民间靠小木轮车。木轮车有几种：一是明清时期的木轮木轴车，载重量100公斤。二是到清末民初，实心木轮逐渐改造成木质幅条式，出现了二把手推车、平板车及木双轮和四轮的畜力车，后由木轴改为铁轴车。手推木车（响轴车），是木轴在木耳里磨响，一般载重量达200～300公斤；畜力铁轴车，一人推，套上牲畜拉车，载重量达500～600公斤；四轮马车，套2～3头牲口的，载重量达1000～1500公斤。三是从1937年有了胶轮车、手推车、马车、地排车，这样既省人力，又能多载货。四是货运汽车，民国初期，在泰山一带出现过汽车，大部分是路过的。1938年后，日本“丰田”牌军运货车出现，1950年，泰城才购进“丰田”“却贝尔”等进口卡车，1959年才开始使用国产的“解放”牌卡车。

机动三轮车（俗称“蹦蹦”），是泰安运输企业的主要货运工具。

拖拉机，1953年泰安城始有，既供农用，也可搞运输。

3.香客店

泰山的客店（旅店），以接待来自全国各地到泰山来进香的香客为主，故以“香客店”而闻名。清末民初，泰城最有名的香客店——张大山客店，即是专门招待香客的季节性客店，坐落在北关东青龙街路北。店主张大山，原是城东南上高村人，开香客店发家，其后世子孙在北关和南上高村繁衍颇盛。

张大山店的门面形如府第，高大的门楼坐北朝南，门两旁有上马石、拴马桩。进入大门，朝北是宽大甬路；东西向有对称的四个院落，各有小型的门楼。各院是四合院式的瓦房，院中种有冬青、石榴、百日红等花木。这种院落多为仕宦或外地乡绅登泰山的临时公馆；也可作为外地香火会的集体宿舍。正北院戏楼后的一带群房，是一般香客的住房，既有单间，也有双间大铺。

店内伙食分三等：上等的有鱼翅、海参大席；中等的有鸡、鱼、肉类、鲜菜；低等的大锅菜、馍馍。供不同身份的香客选择。

店内服务项目繁多，有小型戏曲、牌桌、地方小吃，剃头理发，销售元宝、香烛等。

店内设有小型泰山奶奶庙，香客进店后先在这里烧香叩拜，舍香钱，表示向山顶的元君“报到”。

大山店最兴盛时有八九十人。除张氏族人在店内服务外，也招收部分外人做伙计。

张大山店在当时远近驰名，生意兴旺。主要采取了以下措施：

会茬子——联络员外出拜会香客

在本省各县的乡村中，都有农民自行组织的香火会。发起和管理这种组织的人叫善首，入会的人称善男信女。加入香火会要缴会费，一般是缴粮食，富户有的缴数百斤，中等户缴数十斤。距离泰安城近者直接将粮送香客店，路程远的则折成银圆，店里按缴粮（钱）多少招待香客。多数香火会都是秋后开始集资，新年（春节）后来泰安进香。

大山店与外地的香火会都有联系。每年秋收后，店主选派能言善辩、有联络才干的人，携带泰安土特产品，分头到各府县去。到达目的地后，找到香火会的善首，献上方物，宣传泰山奶奶的神力，招引这个香火会的善男信女们来泰山烧香时住店，并留下“张大山店拜”的大红单帖，同香火会定好到泰安的具体时间。

接客

每年初一凌晨，联络人带数名随员，手持一红封套，上书“张大山店拜”字，并提着一个上书店名的灯笼，侍立在西关驿道旁或火车站，等待客人的到来。

来泰山进香的香客都是成群结队，由“善首”带领，有男有女，队前打一红布旗，上书“朝山进香”，下署“某县某村香火会”字样，香客胸前佩戴红布条，上面也用墨笔写有“朝山进香”四字。

迎客的人见到香客到来，首先高举红拜帖，以店的名义向香客致敬，互相请安问好，说些吉祥如意的话，然后，替善首背着褡子（有的叫“捎马子”）将客人送到店里。

店门口也有一套接客的礼节。客人到了店门口，由两名服务人员端出一个内放四大盘菜肴、一壶酒的大传盘，接待人员为其一一接风，把盏敬酒。香客接酒后一般不喝，多是浇奠了泰山神。客人进店按照不同身份入不同的客房。落座、净面、献茶后，店主方出来拜客。

接客后，店里彻夜不眠，人员分班轮流值役。进店者、上山者、下山者，应接不暇。店里要求服务周到，礼数上不能有丝毫遗漏，否则，得罪了客人就砸了买卖，这不仅是信誉上的失败，而且在财源上损失也不可估计。

客人开饭前必先到店里的小庙前焚香叩拜，向泰山奶奶报到。这个仪式一般是以香火会集体的名义，烧上一封香或一对锡箔元宝，叩上三个头表示虔敬，礼毕后，向这个小庙扔香钱，按个人的心意，扔多少都可以。不过，香客们心里想的是扔钱愈多，积的福德愈多。

一般情况下，客人住一宿，翌日天不明登山。

送客上山进香

天不亮，店内灯火通明，人声鼎沸，山轿子已在门前鱼贯排好。早点后，店主人亲自把上山的客人一批一批送到门口，满脸赔笑地说些吉利话，对官宦们说“步步高升”，对求儿子的说“早生贵子”，对商人说“登高发财”，总之，送什么人说什么话，这是店主对客人应有的恭维。

客人起程后，店里派两人送上山。店家与山前、山后、山顶各庙宇的僧、道、尼以及山顶上的小店关系都很好。客人若在中途的斗母宫、二虎庙（中天门）、朝阳洞等处打尖休息，也由送山人细心安排。另外，店里还派一位干活稳重的人担元宝同时上山。

香客上山专“请”（实际是买）头号大元宝。这种特大的元宝有一米半长，80厘米宽，用锡箔裱糊，一对元宝是一个金的一个银的。香客雇一人担着，担子一头挑一个，名叫“钱粮担子”。挑子分量虽轻，但不容易挑。上山风大，必须小心翼翼，保证元宝不能损坏。担“钱粮担子”的人完成任务之后，可以得到优厚的报酬。

香客进香先到碧霞祠。碧霞祠外的西神门居高临下，富绅香客在此下轿子拾级而上。但不管是富绅香客还是一般香客，到门口先站住，不能进门。因为门口有一人拿着号角，门前摆着一个装钱的小箩筐，掌号人吹一声号，香客就向箩筐里扔钱（无定数），送香客上山的人高声说道：“西神门上张声号，老奶奶早知道。”这时香客才能进门。

碧霞祠就是泰山奶奶庙，是香客送香火的集中地。香客除在这里顶礼参拜、焚烧纸帛、扔香钱外，如果想求泰山奶奶保佑生个儿子，还要扔个银娃娃；想求生个女儿，还要扔丝、棉、绸缎式绣鞋等物品。

泰山碧霞宫内有一件镇山之宝，名叫“碧霞元君玺”，俗称“老奶奶印”，用大篆刻的“碧霞元君玺绶”。香客若请道士用黄表纸印上一张，就得花不少钱。香客们都认为，这张盖了玺的黄表纸可以避邪、镇妖、除病。因此，这种神符，香客是不惜重金以求的。其实，这些都是香客们的迷信活动。

迎客下山

香客下山回店，店主要迎接，且有一套仪式。富贵香客的山轿子和一般香客行到店门口时，店里仍是端出大传盘，内放酒菜，名为“道喜”，这是表示祝贺香客在山顶得到了泰山奶奶有求必应的赐福。香客们照例不喝，以奠了之。迎回香客后，店主还要给客人摆酒席，以进一步拉拢关系，望来年再来此店。有的香客回店后把泰山奶奶的画轴悬挂在大厅的屏风当中，对着厅房的戏台，“请”泰山奶奶赏戏，表示虔诚。

香客下山后，歇息几天，在城内逛逛，到岱庙等处游览一番，给东岳大帝烧炉香，买些土特产品，心中蕴藏着幸福和喜悦准备返回家。

送客

香客怀着泰山奶奶的赐福和客店的良好祝愿离别客店。香客离店前是要结账的，这笔开支是香火会的公款，不用个人拿。店家只收房钱，不收饭钱，客人在店里、山上的一切开销都从房钱里找齐了。这样显得主谦客让，互不相争。由于店主处处想得周到，服务热情，所以香客都感到心满意足。

当香客临走时，店里又备大酒席送行。客人出店，主人亲自送出大门，门外备有饯行的酒菜，店主为客人把盏后，一揖到地躬身送别，互致敬重，主客并道：“望明年再来。”“明年一定来相会。”

五、生育寿诞礼俗

生育维系着人类自身的繁衍，在我国历来受到人们的关注。泰山一带的民众，受传统思想观念影响深重，视子孙满堂、后继有人为人生大事，重男轻女的生育观念十分明显。近几十年来，随着社会的进步和经济的发展，一些传统的生育观念也发生了改变，重男轻女的观念渐趋隐蔽，独生子女的家庭逐步增多。医疗条件的改善和人民生活水平的提高，则使一些传统的生育礼俗发生了改变。

泰山一带民间十分重视寿诞礼仪，在庆贺寿诞方面形成了许多传统的习俗，至今在民间流传。

1.生育礼俗

民间称怀孕为“得喜”，俗语又称为“有喜了”。

得喜之后，孕妇的身体和精神往往出现类似病态的变化，饮食起居也有些异常表现和特殊需要，这就是通常所说的“害喜病”。这时，孕妇想吃什么东西，都要想法满足她，否则，按泰安一带的说法，胎儿眼里要长“萝卜花”，甚至会发育不全。当然，孕妇的饮食也有禁忌，如不吃兔肉，以免胎儿破相，生豁唇；不准吃姜，怕胎儿生六指等。

当出嫁闺女怀第一胎小孩时，当母亲的就差人把闺女赶快接回娘家，随着她的胃口给买东西吃。俗话说“酸儿辣女”，这个说法虽没有什么根据，不过怀了胎以后，有的孕妇专吃酸的辣的，也有吃甜的和咸的，还有吃肉吐肉的，总之，和未怀胎的口味大有差别，所以必须把她搬回照应十几天，等“嫌饭”

阶段过去，再送回婆家。

快分娩的时候，娘家人要买上鸡蛋、面条、红糖、小米等物品，由母亲亲自去看望。传说，如果不去看，小孩永远不下生。这个说法没有一点科学道理。实际上生孩子是件大事，如果不去看望，亲戚会耻笑，当母亲的也成天吊着心，即使不迷信也得走这一趟。

过去孕妇分娩，不准婴儿在床上降生，据说是怕污血冲了床神，对产妇和婴儿不利。孩子降生前，要在床前放块土坯，再铺麦穰或谷草，让婴儿生在草上，称为“落草”，落草的婴儿，一般是用剪刀铰断脐带，剪刀和扎脐带的棉线要用白酒消毒。婴儿的胎衣要找一个僻静的地方埋掉，不能让人践踏，更不能让狗吃了，否则孩子不长命。按照当地的说法，胎衣扔在外面，蜈蚣、蝎子等爬过会成精的。

过去生孩子多是在家中，请邻里或家中有经验的老妇充当接生婆，俗称“收生婆”“老娘婆”。现在，随着城乡医疗条件的不断改善，多数妇女都在医院里生产，卫生条件大大提高，孩子的成活率有了很大保障。

产妇分娩之后，三日之内不下床，一月之内不出屋门，俗称“坐月子”。月子里产房有许多禁忌，尤其是忌生人进屋。

初生婴儿的衣服一般是红色的和尚服，和尚服穿起来宽松，红色表示吉庆，据说还能避邪。泰安东部地区，红色和尚服的大领是白色的，这条白布必须是从姓刘或者姓万的人家讨来的，以“刘”谐音“留”，希望孩子能留住，不会夭折；万是个大数，希望孩子身后弟妹众多。婴儿的枕头一般装满麸皮，也有装着绿豆的，枕头下放一本书，希望孩子长大后知书达礼。坐月子的产妇要穿得暖和一点，不能受风吹，一般习惯包着头。饮食主要是煮鸡蛋、小米或糯米做的稠饭，再加上红糖，还要吃些猪蹄、鲫鱼汤之类的下奶和补养身体的食物。最好不吃盐味，以保证奶汁充足，忌吃豆制品，以免“叉”奶。婴儿吃奶，泰安称作“吃口口”，第一次吃母奶之前，要请一个正在哺乳的妇女先喂一次，谓之“开口”，男婴需找哺乳女婴的人开口，女婴则找哺乳男婴的人开口，据说这样能催产妇早下奶。

小孩降生对男女两家来说是个大忙事，也是个大喜事，男家和娶媳妇的局面稍差点，可是必须面面俱到，总起来说也得费很大的心思。小孩一降临，马上派儿子到岳丈家去报信。去了之后，岳母早就心中有数，便问女婿大喜还是小喜呢？如果生个儿子就说“大喜”，生闺女就回答“小喜”。接着订下吃面的日期。报信有两个忌讳，不能空嘴，也不能空着手回去。女家必须准备饭菜，让女婿吃饭。女婿回去时准备个包袱提着鸡蛋和红糖。

“吃面”是泰安地区的诞生礼，生男孩子一般是在第6天或第12天举行，生女孩子多半是在第9天吃面。到了吃面的那一天，男家找上许多帮忙的，有迎车子的、盒子的及园子的（园子和篮子相似）。在这里有个忌讳，“吃面”送礼不能用篮子，因为篮子漏水，而园子多数是铁叶子制成的，滴水不漏，预示小孩长命。娘家的七大姑、八大姨都到娘家门上聚齐，分别坐马车、小推车，也有步行的。有的抬着米面盒子、红糖鸡子盒子，有的挑着礼，还有的挎着园子等，浩浩荡荡，不下百余人，其中，小孩得占三分之一。

吃完面，最多20天左右娘家就得叫闺女“住满月”，又称“叫满月”。叫满月比较轻松，只用一辆车子去接。必须有个抱小孩的，如果本人抱据说就会落个胳膊疼，这也是个传统，实际上，穷家妇女生了孩子当天就起来做饭，不出十天就去拔小麦，那就得落个瘫痪？“住满月”必须姨买布，姑做鞋。世人常说：“姨的布，姑的手。”就是指这双鞋。如果不做，小孩走路慢，而且也不顺当。外婆一定要做身衣裳，俗称“褪毛衫”，否则身上的汗毛永远不会褪。

如果一个妇女结婚以后，在较长的时间内不生育，那么，便要采取一些手段祈子，常见的祈子形式有押子、拴娃娃等。

押子，又称“压子”，就是在松树或柏树的枝杈上，放置一块石头。人们认为松柏常青多子，石头坚硬如玉，因而相信把石头放到树杈上一定会有生子之喜。押子一般在有庙宇的山林里，泰山前后的斗母宫、灵岩寺周围的松树上，几乎棵棵上面都押着石头。逢庙会日，祈子者选择一棵大松树，烧纸礼拜，把石块或石蛋放到第一个枝杈上，礼仪即告完成。有的在大石头上再放小石块，三层四层，呈宝塔形。在灵岩寺，许多石块都已经长到树木中去，可见押子习俗的历史悠久。

拴娃娃，又称“拴喜”“拴孩”“抱孩子”。这是祈子最普遍的形式，不仅泰山一带流行，而且遍及山东全省。拴娃娃一般是到泰山的庙里，供奉碧霞元君神像前的供桌上都摆着许多活泼可爱、栩栩如生的泥娃娃，这些泥娃娃全是男孩，露着小鸡儿。拴娃娃者在婆婆或婶子、大娘的陪伴下，到庙里交上喜钱，烧香磕头，祈祷一番，便在泥娃娃中挑选一个，拿红绳往脖子上一套，抱回家放在床头，每天三顿供应水饭。倘若第二年生下孩子，便认为是泰山老奶奶所赐，还要去庙中还愿。

附录

泰安的吃喜面

俗话说：十里不同俗。的确如此，一个地方，即使毗邻的村庄，其风俗民情也有不同。但是，在泰安，唯独“吃喜面”的风俗却非常普遍、虽则城里乡间不尽相同，汉民回民同中有异，但自古至今，兴而不衰。故，一提吃喜面，泰安人无不知晓，攀谈起来，又津津乐道。

吃喜面又叫“吃面”，乃已婚女子生儿育女后，娘家、婆家双方亲朋好友携带细米、白面、红糖、鸡蛋等礼物前往贺喜的地方风俗。常言道：男大当婚，女大当嫁。一经婚嫁，便生儿育女，坐了月子养月子又理所当然了。因此，祖祖辈辈就有了吃喜面的习俗，孩子出生后女婿便在第二天或第三天去岳丈家中报喜。只要产期将近或已过，但见女婿进门，岳父举家便心领神会。岳母便会迫不及待地问：“睡倒了？”（指生孩子）女婿便红着脸答曰：“睡倒了。”岳母又问：“添了什么喜？”旧时代重男轻女的思想严重，若是男孩，女婿说是“大喜”，若是女孩，便说是“小喜”。但不管大喜小喜，得知大人孩子平平安安，当娘的便一块石头落了地，一边操劳茶饭，一边商定吃面的日子，临走，还要给女婿带上一些鸡蛋。当然，若是回民，报喜者要自带红皮鸡蛋若干，由岳母分予亲戚、邻居。在徂徕一带，女婿登门报喜，要随身带上“一刀礼”，这一刀礼，多下在肥猪的当腰，女婿登门，即使不言语，也定知男女。肉往桌子上一放，凹面朝下，便是女孩，凹面朝上，不用问，必是男孩。女婿若是还顺便带一管毛笔，男孩更是确凿无疑。因古时的读书识字，原本就是男子的事情，当然，现在就没有这种说法了。

闺女既做了月子，吃面的日子全然由娘家酌定。日子一旦定好，亲家双方便会立即通知各自的至亲好友，男方便开始了紧张的准备。按旧的习俗，从孩子呱呱坠地的那天算起，男孩的吃面日一般在第6天或12天，女孩则是在第9天。若是回民，必须避开星期二。现在提倡一对夫妇一个孩子，不再讲究那么多，生男生女都一样，日子全由娘家定。

旧时的吃面，颇有讲究，娘家送礼最重，婶子大娘、七姑八姨、街坊邻居次之。以前吃面所送喜礼，多用食盒装载。食盒或3起，或6起，满装面（或面条）、米、红糖、鸡蛋等。所送鸡蛋，不论多少，还须单数。食盒顶上，还要搭一块蓝布，那是送给外甥（女）的尿布。娘家日子富足的，东西自然送得多，装得实在；抬食盒的，就得找两位虎背熊腰的壮汉。1公里2公里好说，倘是5公里10公里或更远一点，远路无轻载，食盒会越抬越重，人也愈走愈累。即使壮汉，到后来也是几步一换肩，一里几歇息，压得直龇牙。不过，时下吃面，食盒已不多见，但娘家的两担园子是不能少的。4个园子，满装四样东西，且用新毛巾盖好。若是回民，则更为讲究，4个园子上面，还要分别放一块蓝布，一块花布，一床小毯子，一身小衣服。盛东西一般又多用铁园子，不得用篮子装载，避的是“一场空”的忌讳。除了娘家送东西有定数以外，其他人可量力而行，求划不一。但有一条，凡是娘家门上参加吃面的，吃面的一天，必须在统一规定时间，到女方娘家家中集合。人一到齐，一声令下，娘家的食盒或担子前面开路，其他紧随其后，阵势浩浩荡荡。

中国是礼仪之邦，山东是孔孟之乡。孔老夫子的“夫为妻纲”一直将女人置于男子的从属地位。只有吃面的一天，女人身价大增。因为只有儿女双全的女人才最有吃面的资格，爷们一律“靠边站”了。泰安一带有句歇后语，叫作“抱着孩子赴席——让人厌恶不觉”。而吃面这一天，情况恰恰相反。吃面者，每人须带一至两个小孩子，说什么带孩子、带孩子，图的是吉利。因此，整个吃面队伍，不管男方、女方，两路大军，就成了地道的母子兵。这一天的男人不再是“伟丈夫”，混迹其中的多为推车、挑担、抬食盒的“苦力”。如果说现在的“三八”节是妇女的解放日，那么这世代沿袭的吃面日，就成了她们的快活节，路途稍远一点的，女人一般都坐车子，旧时都是木车子，又沉又笨又难推。男人推车累得气喘吁吁，大汗淋漓；女人则怀里揽着孩子，安然端坐，谈笑风生，一边轻松地拉呱，一边听木车轮子在屁股底下“吱吱”地高唱。现在交通发达，村村通公路，木车子早已淘汰，胶轮车也不再多用，有的坐公共汽车，有的雇用专车，还有干脆坐“的士”呢！

户有大小，人有多少。人丁兴旺的大户人家，亲戚多，街坊多，平日为人再好，吃面的一天门庭若市，有的能到一百多口子，还不算那拎带的小孩呢。试想一下，该是何等热闹。临时腾出的客厅不够用，只好一批一批地候。或者有的干脆在当院帆布搭篷以代广厦，八仙桌子摆一天井。宾客陆续落座，孩子到处乱钻，不是你碰了头，就是我磕了脚，或者他和他又打了仗，那才应了老百姓说的“孩子哭老婆吵”的俗话。麻烦是麻烦，但热闹归热闹。

吃面者，来到主家必先吃点心。所谓点心，多是红糖稠饭外加鸡蛋。规格高的，先上几个果碟，快快地喝茶。现在讲求效率，一人一碗面条，浇上鸡蛋、肉卤子，吃起来省事。但如果是第12天吃面，点心必须是水饺，意思是“合骨缝”。正式摆宴，约在下午两点以后，其间尽可以在院子里耍，在大街上逛，但有一条，娘家来人，任何人不得串门，有谁愿意看新生儿，看后，要在婴儿枕头底下放四、六、十元钱不等，名曰“见面钱”。

旧时的酒宴，一般为十个大碗外带两个大盘，叫作十全席两大件。两大件者，整鸡整鱼也！席间贵客自然是女方娘家来人，开宴撤席，举足轻重。有一点不能疏忽，千万别忘了接生婆。旧时，农村少医院，各村大都有专门的接生婆。接生婆又叫老娘婆，吃面的一天，主家须以方巾包挂面，买上一副新扎腿带，登门去请。不管酒场多大，人有几多。当众宾客纷纷入席，谁主谁次，泾渭分明。那泰然处之，故作矜持，居高临下，以功臣自居者，老娘婆也！偎老娘婆而坐，举止适度，一脸虔诚，感念不尽者，娘家娘也！四面逢迎，往来频繁，满面喜气，嘴合不拢者，婆婆是也！那甘居下首，起来坐下，斟酒端菜，笑颜可掬者，主家之陪客也！酒过三巡，婆婆娘携儿子劝酒开始。第一杯酒，当劝首席的主客，毋庸置疑——老娘婆！于是，当婆婆的一边为老娘婆敬酒，一边说些感激话：“老嫂子，多亏了您呀，脏一把，净一把，叫您受累了！”老娘婆久经“沙场”，此时并无过多的客气，只是说：“还是你有福，早早地当上了奶奶啦！”说毕，端酒扬脖，一饮而尽。这时娘家娘也坐不住了：“嫂子，闺女叫您操心，托您的福，大人孩子旺旺相相，这杯喜酒，您也喝下去！”老娘婆刚夹了个热丸子放到嘴里，一看酒杯已端到脸前，一边极快地活动着掉了牙的嘴巴，一边频频点头。敬了老娘婆，自然再敬亲家母。当女婿的没有多少话好讲，只会说：“喜酒不醉人，请老人们多喝几杯吧！”一个一个地劝饮，一桌一桌地应酬。尽管高朋满座，终因都是娘子军，雷声大，雨点小，酒喝得不多。倒是各人带去的孩子大显身手，爬桌的爬桌，下把的下把，大吃大喝，谁也不去计较。女人一般不胜酒力，席开得快，撤得也疾。客人未走，主家早押好了园子。一般来客，拿什么东西来，再押回部分什么东西去。娘家的则不同，无论来多少东西，统统留下。分别押回煎饼两个、葱两棵，麦麸子和盐各一把，还有的放上一点艾蒿，民间有句俗话：外甥是个狗，吃饱了就走。故，押回的煎饼，便专是喂狗的。一说外甥大了走姥娘家不至于被狗咬。其他东西，皆谐音寓意。葱者，聪明；麸子，期望有福；盐，寓外甥和姥娘家有缘法、有缘分；放艾者，也不过是寓伶俐可爱而已。撤席前，你还会看到一种现象，不少客人趁机往腰里装馍馍，众目睽睽之下旁若无人。即使有人看见，也视而不见。别误会，这可不是偷，也不叫摸，她们往腰里装的是喜馍馍，带回去，老的少的都尝尝，这还是喜面的内容之一哩！

（原载《民俗研究》1989年第4期　作者：金马、王军）

2.寿诞礼俗

泰安称过生日为庆寿日。

庆寿日，是一个大喜的日子，一般男女在50岁即可做寿日，人到60岁便称为“60大寿”，如果到80大寿，庆贺仪式更加隆重热闹。庆寿日，可根据家庭的政治、经济状况操办。

一般人家在做寿这一天，买好肉菜，备好酒，将房内外打扫干净，穿上新衣裳，等候亲戚朋友到来。凡来拜寿的客人，多数带些肉、鱼、鸡、面条、馍馍和寿桃（用面粉做的），也有送钱的。待客人齐了，就开始拜寿，供桌上摆四个菜，不设牌位和本人像片，也不烧香和元宝纸，只是本人站在供桌一旁，弓着身子陪客人磕四个头。

拜罢以后，便入席。庆寿席在座次上特别讲究，这一天来的客人，不论辈多大，多么亲近，也不管地位多高，都不能坐上席，只有做寿的老人坐在上席。在宴席上必须猜拳，据说猜拳中有“八仙寿、六顺当”等吉利话，主人家在让客人酒时，也得让8个酒，以示八仙来庆寿，哪怕不会喝，也得端起酒盅表示一下，然后再让4个酒（四喜），6个酒（六顺当）。客人走时，也得说些吉利话，如在冬季，万里无云，没有大风，天气暖，便说：这天好，是你老人家福大，准能长寿。若在夏季里，天半阴半晴，无风无雨，就对老人家说：你老人家是福寿双全！今天多么凉爽呀！真有福气，长生不老，能活万岁！都得说些奉承、祝寿的吉利话，让老人家高兴。

有钱有势的人家做寿，与一般人家做寿相比，在形式、内容、规模上都更加隆重。一般在庆寿前十几天就做准备工作，并请好名望的人商定一个办庆寿的班子，明确主事人一正一副，记账先生、购买物品的三人至五人，请戏班子，还得找十几个人帮忙，搭不见天的大棚，摆桌子、凳子及饮茶、喝酒所用各类餐具。院内外摆上各种花草，也有的挂彩灯，贴对联。通用寿联：

横批：

福如东海，人寿年丰，寿比南山，天地同寿，日月齐光，星辉南极。

门上的对联：

柏节松心宜晚翠，童颜鹤发胜当年。
身似西方无量佛，寿如南岳老人星。
人近百年犹赤子，天留二老看玄孙。
自是牡丹真富贵，果然松柏老精神。
琼林歌舞群仙会，海屋衣冠百寿图。
九老曾留千载笔，十年再进百会觞。
人生不满池还满，世上难逢我独逢。
福如东海长流水，寿比南山不老松。
室有芝兰春自韵，人如松柏岁绵长。
文移北斗成天象，月捧南山做寿柏。
三回甲子春初度，举国笙歌醉太平。
人老志不老，年高志愈高。
青松多寿色，丹桂有丛香。
松龄境岁月，鹤寿纪春秋。
指南山而作颂，倾北海以为樽。

福泽寿星门第，春临劳动人家。
画堂月映三株树，青鸟远从岛瑶室。
鹏程九万风初度，绮席香飘五色衣。
丹筹高傍彩衣鲜，桃实三千日正长。
得福得寿承天庆，生兰生桂应天灵。
东海水流余万里，南山松茂祝千年。
福共海天长，秀挺合欢花。

双寿联：

东海云联眉案寿，丹凤传来王母使。
霞杯献寿东西进，西池月映掌珠明。
青牛驾付老君书，彩服承颜左右娱。
灵椿偕金萱并茂，华堂晓听云璈响。
双星镜度瑶池月，宝孤兴锦悦交辉。
鸿案新餐云藕香，五桂争开玉海秋。
龙门泉石香山月，蓬岛烟霞间花春。
嫩红颜驻丹砂酒，老绿春长白海桑。
上苑春风挥干墨，南山佳气接蓬莱。
鹤群长绕三株树，人瑞先徵五色云。

横批：

海屋添筹，星辉南极，东海添寿，
书祥五福，孤悦齐辉，庆衍其畴，
觞泳香山，南山晋寿。

贺女寿联：

桃实拟来三度熟，芝兰玉树竟娟秀。

萱草高祝八千令，青鸟蟠桃共岁华。
兰阁风煮瑶池启宴，萱庭月永宝悦膝辉。
喜节操松柏，瑶池春不老；庆寿比罔凌，寿城日开祥。
晋麻姑酒，金萱永茂；献王母桃，慈竹长春。

庆80寿联：

卓尔经纶传渭水，飘然类玫赴香山。
告存不待邀天禄，萝卜能遗显国杰。
礼盒告存采邀天禄，年当萝卜光显国杰。
东方善偕南极昌寿，千令予宴九老图形。

到了寿日那一天，都忙得不可开交，有专管迎送客的，有伺候戏班子的，有管着烧水送水的，有在家里和戏台上下当保卫的，还有领客人拜寿和招待吃饭的，更重要的一件事是请举人或秀才写寿匾，其内容为“福寿双全”“寿比南山”等。

来做寿的亲戚朋友拿的礼物，可以说五花八门，四幅屏、八幅屏，上边有写唐诗的，也有写古文名篇的，还有送画的，如：老寿星、松鹤延年图、荷花等，有送大镜子的，上边有画着松柏树的，也有西湖风景……还有的送些实物和钱。送的方式也不一样，有的随身带着，有的先送礼单，后送实物，还有的同时送，总之不论方式，只以把礼送去为目的。

庆寿还有寿帖，在此列举男女寿帖式：

祝男寿帖式：

谨具：

锦帐一帷，牙箸一套，
丹书一部，宣炉一座，
彩缎一端，寿画对轴，
鼎爵一持，宫轴两幅，
云履一双，寿桃一盘，

款扇一把，寿丝一盘。

奉申

祝敬，

卷称呼×××顿首拜

祝女寿帖式：

谨具：

寿图一轴，坤履一双，

彩仙一堂，膝衣一双，

枕顶一幅，宫扇一把，

寿帕一方，彩花四树。

奉申

祝敬

卷称呼×门×氏端肃拜

亲戚朋友送帖子，祝男寿帖心内容：

华阳晋祝，颂晋九如，晋祝三多，

南极星辉，筹天海屋，罔凌晋颂，

鹿鹤同春，松柏长春，庆溢悬孤，

康疆逢吉，从气眉寿，甲子重新，

会集耆英，天锡纯嘏，寿城宏开。

祝女寿帖心：

颂晋南山，锦悦增辉，宝婺星明，

庆溢璇润，萱堂春永，彤管杨芬，

乾星辉彩，谨庭日永，宴启瑶池，

爵晋麻姑，瑶池桃熟，婺星呈祥。

80大寿和一般做寿有所不同。到了寿日那一天，全家人都得好好地梳头洗脸，从脚到头必须换上崭新的衣服。尤其本人更需要穿戴好，早上起床，洗刷完毕，有几个人给他穿上袍和罩，穿上蝴蝶花的鞋，或穿上两道眉子的鞋，如有功名的，服上顶子帽子，挂上龙头拐杖，由两个孙女或奴仆扶着到正厅房，坐到上首，专等来客拜寿磕头。一般人磕完头，就去等着座席。自己的至亲拜罢之后，走到他的身边，躬下大腰先问吃得如何，然后祝几句大吉大利的话，再走出门，有人领着到茶棚喝茶，听吩咐才吃酒席。大多数的客人吃完饭就走，只有闺女和孙女能住几天。

六、婚嫁礼俗

俗话说：男大当婚，女大当嫁。在泰山周围，一般人家的孩子，多是在16～17岁时就议婚，到18～20岁时便可以结婚。过去多数在婚姻年龄上，讲究女的要比男的大几岁为好。俗话说："女大三，日子过得拄着天。"富户人家也有从小就订婚的，俗称为"娃娃门"。

泰安一带群众视婚姻为人生大事，当地流行的许多谚语和顺口溜，便反映了人们的婚姻观念。如"千里姻缘一线牵""男大当婚，女大当嫁""闺女大了不可留，留来留去结怨仇""儿大不由爷，女大不由娘""说媒婆两头瞒，不瞒不成姻缘""说媒婆嘴头馋，两头瞎话扒得严""会挑的挑才郎，不会挑的挑楼房""买牛买那个矬腿虎，娶媳妇娶那个大屁股""鸭配鸭鹅配鹅，乌鸦配了个黑马勺""不怕瘸和瞎，就怕眉窝一个疤""只要贤惠，不要颜色""高人门前站，不俊也好看""宁娶大家奴，不娶小家女""高人多穿二尺布，不如矮人有智谋""当面教子，背后教妻""男人是筢子，女人是匣子"等。从这些说法上看，民间对婚姻嫁娶十分讲究。

泰安成婚的一般程序为：提亲、谢亲、定亲、传柬、送年命帖、迎送亲等。

1.说媒

泰安地区民间俗称媒婆、媒人为"牵襟的""搭线的"，现在叫介绍人。媒婆必须能说会道，就是民间所说的"死的也能说活了的"那种人。充当媒婆的人，目的各有不同，有的为了吃喝，有的为了财物，有的两家关系确实很好，盼着成亲后关系更亲密，也有的为了巴结男女两家族，成亲以后可以加强来往，也有的为了长寿，民间的说法，“人一辈子说三门子亲，能免罪，还能延年益寿”，还有的为了显示个人的威望，打赌去说媒。虽然如此，凡说媒的都有个共同的愿望，就是千方百计地想成人之美。

2.合婚

媒人一提亲事，男女两家先请位先生合婚，看这门亲事是否合适。民间合婚至今离不开12属相：子鼠、丑牛、寅虎、卯兔、辰龙、巳蛇、戊马、未羊、申猴、酉鸡、戌狗、亥猪。各占的时辰为：“子”相当于夜间11点到1点，“丑”夜间1点到3点，“寅”夜间3点到5点，“卯”相当于5点到7点，“辰”相当于上午7点到9点，“巳”9点到11点，“戊”11点到13点，“未”相当于13点到15点，“申”15点到17点，“酉”相当于下午5点到下午7点，“戌”相当于晚7点到晚9点，“亥”相当于晚9点到晚11点。

合婚时用十二属相口诀，如：

白马怕青牛，羊鼠一旦休。
蛇虎如刀锉，猪猴不到头。
金鸡怕玉犬，兔龙泪交流。
……

凡是和如上属相相对的婚姻，再好的条件也不能成亲。

关于合婚的产生，民间有这样的传说：

相传宋代苏小妹，才华横溢，相貌超群，可说十人见了九人爱，只要说到苏小妹的名字，都非常羡慕。那些公、侯、伯、子也想娶她。北宋的皇帝一心想将苏小妹给儿子作妻，于是托大臣去说媒。苏小妹吞吞吐吐，既不敢拒绝，也不愿答应，只是一步一步地往下拖延。苏小妹朝思暮想，用个什么办法既不得罪皇帝，又叫他高兴？苏小妹是个德才兼备的人，终于想起写合婚的书，她兢兢业业地把书写成了。虽然有了书，但不能明目张胆地给皇帝看，就请了一位太监，告诉他怎样把书埋在地里，用什么方法把书弄出来，然后献给皇帝。交代好以后，太监按照苏小妹的意见，暗暗办好，过了半月多，皇宫院内搞建筑和绿化宫院，把此书从地下刨出来了，在皇宫院内发现奇异的东西赶快献上。皇帝一看耀眼的黄匣更感惊奇，立时把匣子打开，一看是一本合婚的书，就认为是一本天书，必须一心一意地看一遍。皇帝看起来真是废寝忘食，越看越感兴趣，就接二连三地看了好几遍。皇帝想：此书正合我的心意，我托人说苏小妹那是盲目行事，他差人去问苏小妹年龄多大，什么属相？苏小妹早已打听好皇上儿子的年庚，找了个属相不合的，就告诉给差役了。差役禀报给皇帝，皇帝仔仔细细地查了数遍，怎么也使不得，皇帝叹了一口气说："不能因小失大，如果把我儿子克死，后悔也晚了，别说一个苏小妹，就是一万个也白搭了，总的来说，我有洪福，突然间得了一本神书，救了我全宫的人！不仅我执行此书秘诀，我要大量推行，使全国家喻户晓，人人皆知合婚书。"从此打消了要为儿子娶苏小妹的念头。这就是合婚书的来历。

合婚离不开五行：金、木、水、火、土。五行的相生：即水生木、木生火、火生土、土生金、金生水。五行的相克：即水克火、火克金、金克木、木克土、土克水。五行的相侮：火侮水、水侮土、土侮木、木侮金、金侮火。

合婚有六冲六合，六冲指：（1）寅申相冲；（2）卯酉相冲；（3）子戌相冲；（4）丑未相冲；（5）辰戌相冲；（6）巳亥相冲。六合指：（1）寅与亥相合；（2）卯与戌相合；（3）辰与酉相合；（4）戌与未相合；（5）巳与申相合；（6）子与丑相合。

十二属相相合的都是上等婚。如果男女年龄相同是中等婚。与十二属相不冲也不合是下等婚。

3.婚帖

泰安地区，在成婚的不同阶段，要用不同的婚帖。帖的式样，虽然有一定的格式，但使用起来有简有繁。不论怎样省略，只要抓住纲就可以了，何为纲呢？即主家的姓名、结婚日期、贺喜日子，只要明确这几点，其他文辞都是些衬托。俗话说："瓦匠怕垒角，铁匠怕打钉，木匠怕砍楔，先生怕写帖。"下面的各种帖式均直接采录自民间。

请媒人帖

谨占某月某日肃具豆觞
敬希。
文只礼聆
柯教性冀
届期光临不胜欣喜之至
右
启
×月志某翁某老先生台下
眷弟某某顿首拜

请女家看日子帖

谨某月某日恪具豆觞奉迎
台同共定良辰
届期光临
曷胜欣感
右
启
×月志某翁先生大人台下
姻眷弟某某顿首拜

定亲书

伏以
姻缘虽有天定　合作须凭人言

两家六礼未备　　媒月予达寸函

恭维

×号先生之×令郎与×号×先生×令爱

愿效秦晋之友

订作朱陈之好

共结丝罗之固

求偕琴瑟之调

余不揣酒以作伐

×年岁次×月×浣　之吉

添水××顿首拜

男家聘启

（首幅）

伏以

惠蒙冰语，不弃寒微许以令爱，与×××为百年配偶，愧无蓝田美玉，幸牵朱幔红丝，恭布徵忱。

伏乞

丙鉴

右

启

×翁亲家大人阁下

（次幅）

姻眷弟××熏沐顿首拜

乾造×年×月×日时生

呈

览　　　　时

×年×月×浣　之吉

女家聘启

（首封）

伏以

瑶函特赐，德叨樾荫，许以令郎与××为寒舍楣知葑之不遗益笃古妙燕莺萝之上，附更缔新欣用申舞奉迎答

覆

启

大姻望×志亲家大人阁下

（次幅）

姻眷弟××熏沐顿首拜

坤造×年×月×日时生

呈

览

时

×年×月×浣 之吉

娶亲花烛礼

谨具

花烛成双	宝轿一乘
喜红一端	彩毯全副
高灯×对	宫灯×对
百子花炮	息香满百
礼炮×响	火炯×对
金鼓全副	乐人×名
吉羊×只	喜糕五元
果盒一对	喜酒×尊

苏饼几抬　　福圆×盘
红茶两盒　　莲子两盘
松子两盘　　枣子两盘

奉申

年家眷×弟×××顿首拜

先生择完婚吉日帖

谨占×月×日洁台喜筵奉迓
台从肃聆
鸿教性冀
届期临㫩欣蒙
右
启
大冰监×老大人台下
眷弟×××顿首拜

娶亲请贺喜帖

×月×日小儿完婚
敬备喜筵
恭候

台光
眷弟×××拜

送添箱礼

谨　　具

奁　　敬

几百元

××顿首拜

娶亲辞贺单帖

吉×月×日小儿完婚

贺

眷弟×××拜

嫁女请客单帖

×月×日小女归

洁酌恭候

台光

眷弟×××拜

男家请庚帖

敬请

淑造

眷弟××顿首拜

女家回庚帖

坤　命　×年×月×日

姻眷弟××顿首

送嫁妆

计　　开

轿夫八名

物类名称各××

右呈

台览

×村吉具

迎亲投帖

即告奉命

诣府

迎　亲

眷晚生××拜

迎亲礼帖

谨　　具

腥肴　　　　×味

酒桌　　　　×封

奉　　申

聘　　敬

姻眷弟暨男晚生××拜

定鼓乐帖

兹定于×年×月×日用鼓乐八名

某日风雨莫误

×月×日订立

喜帖类一

（1）亲家事

×翁×老姻兄

令郎花烛之事

人伦之始

姻愚弟×××顿首拜贺

（2）表兄弟婚

××表兄弟花烛之喜

举案齐眉

愚表兄弟×××顿首拜贺

（3）女亲家

×老姻嫂

令郎花烛之喜

雀屏中目

姻愚弟×××顿首拜贺

（4）幼与长

×翁×老世太伯

令孙花烛之事

康健逢吉

世再晚××顿首拜贺

（5）长与幼

奉父命恭贺

×翁表兄/弟花烛之喜

开睢起

愚表弟×××顿首拜

（6）妻兄弟婚

岳父大人尊前××内兄/弟

花烛之喜

鸾凤和鸣

愚子婿××顿首拜贺

（7）仁兄弟婚

×号×老仁兄/弟花烛之喜

德重河洲

贺如弟×××顿首拜

求亲式 父与子用

忝眷弟△△△熏沐端肃拜
大签用
启
阁下
德望△△翁△老兄先生大人
不揣寒微仰攀
高门伏承冰言敬求
金诺并将小儿三代命名年庚开列于后恭呈
讳
钧鉴
三代
曾祖讳△△祖△△父△△
年庚命名
学名△△行△
现年△十岁生于△年△月△日吉时
长命富贵
金玉满堂
上
△年岁次△月仲浣 吉期
下

允亲式 父与女用

忝姻眷弟△△△熏沐端肃拜
启
阁下
大姻望△△翁△亲家先生大人
不弃葑菲仰攀高第
愿藉鸿音谨遵
台命遂将小女三代年庚命开列于后 恭呈
鉴钧
讳 三代
曾祖 △△ 祖△△父△△
现年△十△岁生于△年△月△日吉时
好合二姓
永偕百年
下
△年岁次△月仲浣 吉期
上

求亲式

长辈与小辈用

忝眷生△△△熏沐端肃拜

阁下

大德望△△翁△先生大人

伏蒙

高谊不鄙寒门忽闻冰言

喜出望外敬修寸字恭候

并将小孙三代年庚命名开列于后

金诺

恭呈

钧鉴

三代

讳

曾祖　△△祖△△父△△

以上亦同常式

允亲式

小辈与长辈用

姻

忝　眷晚△△△熏沐端肃拜

阁下

大姻望△△翁△老伯亲家先生大人

幸承

雅爱不弃末族捧接华札

中心欣慰敬修寸笺谨依

并将小妹三代年庚命名开列于后

台命

恭呈

钧鉴

亦照常式

求亲式

暨弟

忝眷弟△△△　△△熏沐端肃拜

暨弟　阁下

大德望△△翁△老兄　△△翁先生大人

不揣寒微仰攀

仆之小侄行△现年△岁学名△△婚礼未就愿与

名门伏以

令媛年△岁结秦晋之好合朱陈之欢欣谨占良辰

阁下之

恪修聘书恭承冰言敬求

金诺

上

△年岁次△月仲浣　良辰

下

允亲式

亦有兄弟者用

忝姻眷弟△△△熏沐端肃拜

暨弟　阁下

大姻望△△翁△亲家　△△先生大人

不弃葑菲俯赐揆食即辱

来鸿敢忘不夙伏以仆之小侄女△岁许聘于

令侄年△岁学名△△合下为室盟深肺腑

阁下之

恩荷云天肃修鸾简奉覆谨依

台命

金玉满堂　长命富贵

上

△年岁次△月仲浣　良辰

下

定亲帖

忝眷弟△△△熏沐端肃拜

阁下

大德望△△翁△老兄先生大人

不揣寒微

贵府求亲倘蒙

许诺恭候传启

好合二姓

求偕百年

上

△年△岁次△月仲浣　吉期

下

定亲帖

忝姻眷弟△△拜

阁下

大姻望△△翁△亲家先生大人

不揣寒微仰攀

高门奉承冰言

谨以许诺

青山不老

绿水长流

上

△年△岁次月仲浣　吉期

下

定亲笺

（一）

敬承冰语
愿结朱陈
特奉鸾笺
预定良姻
恳
上
大德望　△△公先生大人阁下

（二）

敬承冰语
愿结良缘
诹其吉日
以送锦笺
恳
弟△△顿首拜

（三）

伏以
辱蒙不弃
愿结朱陈之好
即遵冰语
允偕秦晋之欢
恳
上
大德望　△△公先生大人阁下
弟△△顿首拜

定亲又一笺式

（一）男家用

昨闻冰称

名门淑女

堪偕伉俪

俟后传柬

（二）女家用

今承瑶函

得悉令郎

愿结秦晋

预定良缘

母党称呼类

外甥孙称外公，愚外甥孙△△△顿首拜。

外甥媳请外婆，外甥△门△氏端肃拜。

外甥请外祖称，愚弭甥△△△顿首拜。

外公请甥孙，外祖△△△拜。

外婆请甥孙妇，外祖母△门△氏裣衽拜。

甥妇请妗母，甥妇△△△端肃拜。

外甥请舅，愚甥△△△顿首拜。

舅请外甥，愚舅△△△拜。

妗请甥妇，愚妗△氏裣衽拜。

请孙婿，愚岳祖△△△拜。

叔（伯）丈人请侄婿，愚岳叔（伯）△△△拜。

请女婿，愚岳丈△△△拜。

请表侄婿，愚岳叔（伯）△△△顿首拜。

姑夫请侄婿，眷生△△△拜。

请甥婿，眷生△△△顿首拜。

请叔（伯）丈人，愚侄婿△△△顿首拜。

侄请姑夫，愚内侄△△△顿首拜。

侄妇请姑母，侄妇△门△氏裣衽拜。

姑夫请侄，眷侍生△△△拜。

姑母请侄妇，从△门△氏母裣衽拜。

表侄请表叔，愚表侄△△△顿首拜。

表弟请表兄，愚表弟△△△拜。

表兄请表弟，愚表兄△△△拜。

请先生，门生△△△顿首拜。

请学生，友生△△△顿首拜。

现在泰安地区结婚时，用的“谢帖”和“请帖”都很简单。何为“谢帖”和“请帖”呢？谢帖是表示感谢的书帖，一般的指交情浅，送的添箱钱（俗叫小份子）少，这一类人家，只给他们个谢帖完事。“请帖”的对象是在添箱上花的钱或物比较多，所以用“请帖”，来了之后，上午喝面条，下午坐一遍大酒席。

结婚免不了送礼，送礼要记喜账，这牵涉许多称呼。喜账的称呼：

先生与学生、老师与门生称“友生”，学生对先生称“门人”，门生对老师称“门生”，门人之人对太老师、学生之子对太老师称“小学生”；长与幼称“眷生”“眷侍生”“眷侍教生”；幼对长称“晚生”“眷晚学生”“眷晚弟”；平辈称“眷弟”“眷小弟”“眷教弟”；同窗称“同砚弟”；有世谊称“世弟”“世侄”；有年谊称“年弟”“年侄”；出外对乡亲加一乡字；对同姓称“宗末”“宗生”，若序过酉，且以宗兄弟叔侄之称，皆不可用姓；岳丈对女婿称“眷生”“愚男”，女婿对岳丈称“子婿”“门婿”；母舅对外甥称“愚舅”，外甥对母舅称“愚甥”；表亲照尊卑表叔伯弟兄之称，本家叔伯，称“愚伯”“愚叔”，兄弟侄称“愚兄”“愚弟”“愚侄”，都不用姓。现在的称呼，只写新郎与新娘的名字，名下只写结婚留念或纪念，下款只写什么人赠就了之。多数人家，只把喜账记在账本上，什么称呼都不写，也不悬挂。

4.传红柬

由媒人将男女两家说得毫无意见，双方愿结成亲，接着送定亲通知书。送定亲书，是比较简单的仪式。只有媒人送就可以了。它的目的是为“传红柬”打下基础，免得送柬时出这样那样的问题。在这里双方感到媒人费的心血不少，就送物或钱酬谢他（她）。

男女两家换“聘启书”，俗称“传红柬”。这项仪式比不得上两项，在思想上很重视，经济方面要大方些，真得拿出九牛二虎之力去办这个仪式。民间有这样的传说：

从前，肥城有个大财主到泰山上给老奶奶磕头，在红门，财主看到一个长得俊俏的闺女，越看越感到相貌超人。心想：我要娶这么个儿媳，可以说心满意足了。立即对仆人说：“朝东坐着的那个闺女，你要千方百计地给我大儿子说成，如果事成之后，不仅有重赏，而且管你一辈子的生活！”仆人听后，灵机一动，真的把媒说成了。老财主对仆人说：“我不管女家的日月如何，我娶的是人，但有一点，在传红柬时，叫亲家请个有名望的人，否则，配不上我家是小事，让人笑话是件大事。”仆人把老财主的嘱咐告诉女家，女家表示一定照办。到了传柬的时候，女家去和当朝国老赵国林商量传柬的事，国林说：“此事我包下来，你光准备辆车就齐了。”赵国林骑上马到莱芜找国老张道一，让他一块去传柬，道一满口应承。到了传柬的日期，赵国林和张道一坐上车直奔肥城。迎客的一见二位传柬的穿戴不好。便对他俩说：“需更衣服，如果未带的话，我们离家不远，差人去拿也不迟。”他俩说：“不用换了，一换就麻烦了。”迎客的再三要更衣，他俩无奈找了间场园房子，把衣服换上，一出门，大家一看是一品朝衣，所有的迎客，连看的都跪在地上。后来，县长听说二位国老来了，急忙赶去跪下求情，他俩叫大家平了身，一同家去，谁见了谁跪下不敢起。他俩说：“我们不同意换衣服，怕给你们丢人，非叫换不可，这不是找麻烦吗？咱这是公事，可怎么办？我们还是穿上原来的衣服好。”边说边把衣服换下来，大家这才能陪着坐酒席。

由这个故事说明，传红柬在婚礼过程中是件大事。也难怪有些妇女在婆家受了气就说：“我们不是愿来的，而是红柬请来的。”

男女两家对传柬都很重视，尤其是男家，还得准备上等酒席，必须请名厨师掌勺。首先请会写红柬的人，然后请有名望的人陪客，同时请两个勤快的人帮忙，负责传柬。还得到处购买山珍海味，一句话，不怕花钱，越贵越好，只怕质量不高。到了传柬的那一天，早上写完柬之后，马上吃早饭，两个传柬人洗涮完毕，换上衣服，把红柬小心翼翼地放在一个长方木盒里，由一人挟着盒子到女家去。女家早有两位先生相迎，把客领到家中，喝完茶，双方拿出红柬拜后，把红柬交换过来，简单地弄几个菜，喝点酒，也有的光吃几个果碟了事。喝足吃饱后，又请着女家的两位传柬先生一起回来，总共四个人，到了男家没有其他事，光是吃喝。所设之席多数人家都是“八赶八带两大件”，有的四大件。“八赶八”是：四碟四盅、四盘四碗。大件有用大海碗、大汤盘的。在上菜的中间，女家来的先生得掏钱赏厨师，并赏几盒好烟，否则厨师不但视为失礼，而且连菜也不上了。通过传红柬就成了正式的亲，如果两家有了红白大事，可以行帖，传过红柬就和现在领了结婚证一样。

送“连命帖”，是定娶亲的日期。此帖的送法也比较简单，找个普通人送去，女家如果不收帖子，那就是不同意结婚日期。如嫌时间紧迫，陪嫁的东西怕做不出来；也有的怕年龄小，结婚后有些事怕顶不了。这一次不行，再送第二次，有的送数次才勉强留下，只要留下，男家这才放心大胆地做娶媳妇的准备。

5.迎娶

结婚的准备工作，男女两方都非常重视。男家为了娶媳妇，盖新房子、粉刷院子、整修锅灶、添置各种用具，全家人都需要做套漂亮的衣服，尤其是新郎，浑身上下必须换上贵重的衣服。新人床上讲究三铺两盖：铺毡、铺褥子、铺衬单、盖被子、压被子。请人套铺盖的时候，必须请双不请单，两个四个六个皆可，不论请多少，只要双就行，切忌请寡妇和少儿缺女的，还不能请病秧子，总起来说，请周全的人，并要注意单头日子不做，双头日子做为好，最好借个好日子做，讨个大吉大利。做枕头也得成双成对，两个长圆形的，一对长方形的，所用之布不能带白色，全部是蓝色，枕头顶用红布，绣上各式各样的花鸟飞禽，如凤凰戏牡丹、金鱼荷花、狮子滚绣球、海棠花、鸳鸯等。买扫地笤帚、扫炕笤帚都必须成对，甚至买尿盆也得成对。

女家花费的心血更多。嫁妆箱子专请木工师傅做，有大八件、小八件之别。大八件指：八仙桌子、条山机、藤床、大方橱、大柜、皮箱、屉桌、梳妆台。小八件指：大柜、小箱、抽屉桌子、椅子、脸盆架、小方杌子、衣架、搁机。较特殊的用十二件，其中包括大八件外另加四件：书画台、下棋桌、乐器长方桌、裁缝案子。家境差的只有一柜一抽屉。极个别的什么也不陪嫁，俗称“原身打原身”，其意走个净人。

为了使嫁妆衣服穿上既合体又大方美观，一般要请名师来做，有钱又有势的人家，大体上做以下件数：十身单、十身夹、十身棉、十身外衣、十身睡衣（也有的叫内衣）。并做被褥两套和陪两匹绸或缎了，还有的箱子内压金银和珠宝玉器以及名人字画等。有人说，“陪送闺女无凭据”，主要根据自家的家产而行。也有人说，“人比人气死人”，同样都是人，在陪嫁方面有花一两万的，有花百元左右的。有钱人家的闺女出嫁，送亲的有百余人。穷家的闺女出嫁，有时只用四个人。关于陪嫁，民间有这样的传说：

很早以前，有个财主和穷汉两家的闺女同时出嫁，途中遇到狂风暴雨，财主家的姑娘先到观音堂里避雨。接着穷汉家闺女也进庙避雨，不用说大地方都叫财主家占了，她就占了偏房。穷人家的女儿抬头一看，人家也是出嫁，东西堆积如小山，我只有一个包袱，不由得伤心落泪。也巧财主家的奴仆到偏房里看看，望见闺女抽泣，立时回去禀报给姑娘，富家姑娘立即叫人去问为何哭泣呢，问了许久闺女才说：“看看人家的陪送，我一无所有，心里能好受了，岂能不伤心哭呢？”仆人回去把哭的原因禀报给姑娘。姑娘将自己的一个口袋，叫仆人给闺女送去。闺女再三地拒绝，仆人跪下说：“你若不收，我没法回去交代。”闺女无奈收下，也没问出对方的名姓来。

雨停了，他们各奔前程。结婚一年多，下了大冰雹，不仅庄稼砸没，而且所有的房子都砸烂了。俗话说：“雨是一大片，冰雹一溜线。”受灾区是少数的，财主家的姑娘家便在遭灾的里面。姑娘和丈夫商量好，去给人家做饭或看孩子混饭吃。正巧她给口袋的那一家需要看小孩的，她就去当了佣人。主人告诉她，家里可以随便去，只有东堂屋禁止去人，你要切记，千万别到屋里去。过了半年，她和小孩在东堂屋门口玩，一没注意，小孩把画眉哨子从门缝里掉进去了，门虽然没锁，但不敢开门进，可是小孩打滚碰头地闹，不拿出来不行，她没其他办法，只得开门去拿，进门，看着桌子上供的二龙戏珠小口袋，仔细一看，正是自己当年送人的口袋。她拿着哨子就出来了，并且赶紧把门关好。从此，她愁眉苦脸的，被主人看出来了，就问她为什么不高兴呢？奴仆说家中受灾不能团圆，哪有不愁闷的，人非草木，都有情意。主人又追问，你到东堂屋里去过吗？她不敢不说实话，把拾哨子的事从头至尾说了一遍。主人接着问："在屋里看见什么东西？"姑娘说："进去不敢东张西望，只看见桌子上供着个二龙戏珠袋。"说着流泪不止。主人问："你为什么这么伤心？一定说实话。"姑娘把看见二龙戏珠的口袋一五一十地告诉给主人。主人听后，激动地说："你送给我这个口袋，里面盛的全是宝贝，我拿出来卖了一半，买了二十亩大地，又建了房子，才过上富裕生活，你是我的大恩人，决不能恩将仇报，赶快换上衣服，坐在上房，我得伺候你。"不久，给她买上十亩大地，新建一处房子，把她全家的人请来，过上幸福美满的生活。

俗话说："好男不图嫁妆衣，好女不贪千顷地。"陪嫁只不过是买个面子而已。真正幸福的婚姻生活，应该是婚后两人相敬相爱，勤劳持家。

娶亲的日期来临时，如果是女家送往男家，必须请抬轿的，抬嫁妆的，送客的及陪同人员，不下百余人。若要男家来娶女家就简单了，只找两个陪同人，两个送的人员，一个担下轿面的，一对跟轿的，一共不足十人。

男家办婚事，请一位红柜，一位记账先生，六个左右的厨师，帮忙人员少则几十人。头三天就得上人，搭厨房棚，搭候客大棚，搭吹乐小棚，写对联和帐心，安大灶蒸馍馍，租篷布、酒饭用具，搬客等。

娶亲的前一天，招待来添箱的客人，挂喜帐，贴对联，招待吹打人员，准备好几对纱灯，买鞭炮，借或租红毡，也有打扫洞房的和铺新人炕的。相传大伯哥铺炕最好，民间顺口溜说："大伯哥铺铺草，男女小孩往家跑；大伯哥上上炕，养活孩子一大帮；大伯哥扫扫炕，闺女小子一齐上；大伯哥铺开被，兄弟媳妇准来睡。"也有的说，"一扫金，二扫银，三扫扫来个聚宝盆""三扫两扫，扫来个白胖小"等。

到了娶亲的这一天，大伙忙得不可开交。这天要办的第一件大事，是到女家去抬嫁妆。此事有两个忌讳，一个是所有的嫁妆不能用车拉，只能用人去抬；另一个必须上午去抬。据说上午太阳徐徐上升，以后的日子有发势头，下午太阳缓缓下落，日子不能上升，因而，上午一定把嫁妆抬回来，不论去多少人抬，总是要双不要单，并要把人员配好架，有一个人扛一件的，有两个人抬一件的，大件四个人抬一件。女家早在庄外等着，抬嫁妆的到了之后，就领着大伙回家，这时女家赶快把嫁妆绑好，准备抬着走，并有人装起盒子，主要装灯台油盆，新人所用的东西，还要放上大葱、艾、盐、麸子，其意聪明伶俐活泼、恩爱贤惠和有福。一切准备好了，有人到屋里说："路怪远，多喝几杯茶免得路上渴。"意思是催抬嫁妆的走。俗话说，"人多嘴杂，心也不齐"。本来不管路多远，在女家光喝茶不管饭，有时也有人故意调皮说："肚子饿了，别说抬嫁妆，路也不能走了，非吃饭不可。"这可叫主家慌了手脚，近百人吃饭，一个人吃半斤面，还得五十多斤，不管如何，就得做饭，忙一大阵子，吃得很少，这种情况主要是嫌女家招待太差，故意斗气。

在回来时，女家把钥匙交给男家去的负责人。走到半路，打开柜，开开箱，找出烟和果品，你一口、他一块抢着吃，吃罢之后，青年们拿出新人的红绿衣服穿上，有的瘦，穿不上就披到身上，也有的放到肩上当垫子，好抬嫁妆。走起来花花绿绿的，和春节玩故事的一样，热闹非凡。从庄里走，惹得路人喜得合不上嘴。

下午吹打的来了，他们的人员也是双数，有六个人的，也有八个人的，由主家订人数，人多钱就多。先喝茶、吃饭，喝足吃饱之后，要开号（开始奏乐），主家必须先拿出开号钱和二尺大红布拴在大号上，否则不吹乐。

到晚上拜客去，实际上就是送谢帖。参加的人员，有新郎和两个陪着的小青年，一个撒谢帖的，有四个或六个打灯笼的，两个打锣的，连吹带打，在庄内走大街串小巷，每逢给人家谢帖时，新郎拱个揖。也有的光给帖，说说笑话而已。

撒完谢帖，全体人员回到家里，休息片刻，接着吹乐，到新人屋里，坐下就猛吹急打一通，不一会引来好多观众，有说有笑，热闹极了。这时再吹起大戏和小曲，并叫来的客人拿钱点戏，点戏要点娶亲的内容，不能点悲哀的戏。如点"全家福""全家乐""双人抬轿""百鸟朝凤""王小赶脚""十二表""牛郎织女”等。

闹完房，休息，等时辰去招亲。此时，家中里里外外地整理一遍，并把娶亲的请来。到了时间，有用两乘轿的，一乘抬着新郎去，另一乘轿内放一只公鸡。如果去一乘，轿里也必须放上一只公鸡。所去的人员一齐动身，决不能两两三三的，一进庄锣鼓齐鸣，有的人家迎进去，也有的人家不管，这样一来，难免闹出些笑话。据说有两家娶亲，也巧，男家是一庄，女家是一村。在娶亲时，不仅抬错了嫁妆，而且把新人都抬错了。到了拜堂之后，坐大酒席叙述名和姓时，方知娶错了人，幸亏一个庄，接着把新人交换过来。

陪闺女出嫁，财物上犯不了多少难，富裕了就多陪送些东西，生活困难就少陪送点，真正家里吊着锅子当钟打，不陪送也可以。可是梳妆就不同了，有好几个伺候着，有给新娘梳头的，有换衣的，穿鞋袜的，搽脂抹粉的，也有陪着她拉呱的……大家费了九牛二虎之力，妆整好了，新娘却哇的一声哭起来了，又得给她洗脸和化妆，不知多少次才勉强上了轿。有人纳闷，出嫁是个顶大的喜事，为啥哭呢？俗话说，“一辈子不出嫁是个妮”“不出嫁是个金布袋，出了嫁成了糠布袋”。意思是说在家是闺女，在娘跟前一切都随便，有些差错当娘的不会怪着。在过去当媳妇就不行了，不论干什么事都得小心谨慎，如有错误，轻者骂重者打，有时罚跪，任何人也讲不下情来，跪完之后，还得到婆母跟前赔罪。

轿子回到婆家大门口，不等新娘下轿，有两个闺女点着苘杆制的火把迎上去，点着个大火盆也迎到轿旁，还有一个闺女递给新娘一个鸡蛋似的铜盒子，俗称“递手盒”。下轿后有一对妇女驾住新人的胳膊，有好几条红毡，两个人倒换着叫新娘向家走，其意表示纯洁连土都没沾。同时，新娘把心口窝的小镜子朝外，表示一心向家，没有其他想法。在拜堂时，新娘给天地和老人磕头。此时，锣鼓喧天，鞭炮齐鸣。

拜堂完毕，两个闺女领着新娘入洞房。接着把新郎叫进屋，盛上两碗面条，每人一碗，俗称“下轿面”。传说喝了这碗面条，两人才会一心，如不喝会别扭一辈子，因而，非喝不可。这时把送亲的男客请到房里喝茶吸烟，把送亲的女客请到新人屋里座席。在喜宴期间，不仅新郎去让酒，男方家长也得让。在这席上不能猜拳行令，显得不文雅，另外，时间上也不允许。俗话说，“腾出筐子来好盛杏”，就是说，还有很多的亲友要吃大酒席。

散了席临走时送亲的必须见见主人说套客气话。凡是夜间送客都是平辈的多。在这里说话要谦虚简明，不必絮絮叨叨地说起来没完。懂事人家的孩子，见到主人该叫婶子的就叫婶子，请安问好，然后说："俺妹妹年幼很不懂事，也没学出针线活，表婶子你得操心教育她。"主人说："媳妇过了门就是一家人，别说干什么都行，不会的话我来教，你们回去告诉老人，我拿着媳妇决不亏待。"说完这套大道理的话，才能辞别。如果有的小青年送亲，不懂事，在和男家谈话中说："俺姐可巧哩，会插花描鱼，也会剪飞禽走兽，在家中无有不夸的，您算闹着了，娶了个好媳妇，今后准享福。"这种说法，帮忙的人听会后说："哪有自夸自的，真个半吊子。"总之不怨孩子，而怨老人粗心，事前应当教孩子，去了做哪些事，说什么话，这样一定不出偏差。

新娘进了洞房之后，要老老实实地坐在床上，不能下床拉尿，得坐一天多，并要缝一条裤子，其意是把财物都装起来了，以后丰衣足食幸福百年。有人很纳闷两天不上厕所能撑得住吗？常言说，"摁倒挨的打，饿了能忍饥"，姑娘在出嫁头十天就不敢吃粮，只吃鸡子和栗子，在上轿时，再渴也不敢喝水。

6.婚后礼仪

婚后第一天，必须到坟上去祭祖。新郎新娘两个人用盒子抬着供，有一人拿着席，在磕头时铺地上，以免脏了衣服。上坟不能步行，或使大把车子，或用独轮车子，用轿车的是极少数，坐车时还不能只是新娘坐在车上，还要有嫂子陪着上坟。推车子的不是平辈就是晚辈，他们没点正经事，哪里有石头就往哪里推，路旁有沟也向里推，有的新娘吓得不敢坐车子，他们不肯放她，硬拉上车子走。到坟上从上而下的坟头都得磕头，并在每个坟顶上压上块四方小红纸，表示大喜。

第二天，娘家来叫"二日"，叫时不能去早了。多数是吃了中午饭去叫，去的人员都是小青年，分工也很明确，车子上有一推一拉，加个配车子的共三个人，回来连新娘共四人。有一对"叫客的"，拿着灯笼或提灯，准备回来用。

这里有一忌讳，“叫二日”必须黑天走，怕看见坟头，意思是白天怕鬼望见新人来胡纠缠，所以都是落太阳才走。“叫二日”也有使轿的，那就举动大一些，抬轿的最少4个人，一般是8个人。这次新人坐轿和娶时那一夜大不相同，现在没什么忌讳，不戴蒙头红子（盖头），也可以随便说话，过湾和庙时，扔点过路钱，用轿的主要目的是面子上好看。

到第三天，新娘家“送三日”。此日男女双方家庭都要买名贵菜，请特级厨师，请相当有名气和声望的人陪客。女家要买上四牲礼：鸡、红鲤鱼、猪肉、海参。参加去送的必须是新娘的父亲与叔叔或大爷。去送的时候，如果新娘坐轮车，需要个小孩子配车，女家一般去6个人送，如果用轿送，最少也得10个人。总之，不论怎样去送，没有一定的形式，都是根据自己的地位与家产而定。

婆家的人吃了早饭，扫一遍院子，屋里的装饰品用鸡毛掸子扫了又扫，茶具洗涮多次，摆得整整齐齐。并差人看新人是否来了，不知来回地跑多少趟，才把新人盼来了。迎客的急忙整理一下衣冠，恨不得一步迈到跟前，见面之后，都笑眯眯地互相问好，接着把客让到头里往家走。到了客厅，先有人介绍认亲家，然后坐下拉呱，也有喝几盅茶之后才认亲家的。这没有一定的规矩，早晚皆可。

是日虽然是会亲家，但主要是和陪客的长谈。谈话不能胡吹海谤，句句要有分寸，要谦虚。两亲家谈话时互相客气，真是哪句话得人心，才说哪句话。女家亲家说：“我对孩子太溺爱了，教导无法，不会做活也无礼貌，多给老兄和嫂子添些麻烦。”在这里，不能耍小聪明，要用些暗示的话来衬托自己的本意，在过去有知识和懂事的老人，从小就教育孩子要懂得“三从四德”，现在一般多教育女儿要孝敬老人、夫妻互敬等。

这天喝酒，在时间上自由些，可长可短，精神上也不多么紧张，可划拳猜宝等，虽然如此，但是那些文明人，只是喝几杯敬酒，决不节外生枝。酒足之后，要上饭，有时客人要两三次饭都不上，其意是恭敬客人，想叫多喝几杯，有的主人喝起酒来忘了要饭，这样就会让人家说不懂礼貌了。三日结束后，两家才一块石头落了地。

结婚之后，还有“叫六天”。这次不是娘家叫，而是外婆家叫。去叫时，用辆独轮车，一推一拉两个人，再用个小孩配车子，共三个人即可。去了之后，有光喝几杯茶，搬着客就走的。敞亮人家就不同了，炒菜煎鱼又是煮肉，弄桌子菜，吃喝好了才让走。搬去之后，有住三天的，叫“送九天”，也有多住几天的，送十二天，再多住就不行了。外婆家送客时，买上四样礼物，送回之后，男家要好好伺候。

再往后就是送对月，两家对这次的搬送也非常重视，男家准备好酒佳肴，女家买礼相送，在形式上和招待上，与前面大致相同，不必详述，送了对月以后，两家才平心静气地过日子。

旧社会有种说法：“不怕天，不怕地，只怕当媳妇。出了嫁没自由，和坐狱一样。”如走娘家时，哥哥弟弟去搬，有的主家根本不叫上客厅里去，叫在大门一旁的小屋里等着。婆婆同意媳妇回娘家，就叫小姑子去告诉一声，“来搬你了，赶快收拾一下走”。听到个走字，巴不得一步迈到家，立即整理包袱，到上房先给财神磕头，然后给老人磕头，爬起来打开包袱让婆母查看，翻过来调过去扒好几遍，见没可疑的东西便说：“带的针线活还少点，再带上二斤棉花纺纺。”带活倒不要紧，一个人做不完，可以找人帮着做。归心似箭，可是就是不说叫走，光呆呆地站着，老是望着她的面孔，不敢拉别的呱，只得反复问，可以住几天回来？婆婆拉着漫长脸说：“住半月，到那一天别说摊上下雨刮风，就是下冰雹也得来，否则，别怪我脾气不好！”听着开了恩叫走，哪管三七二十一，到门旁屋里叫着哥哥就走。一进家门就大哭一场，劝下来之后，不吃也不喝，睡上两天，爬起来，急急忙忙做活，带很多的活，哪能做完，都是找上帮手才完成任务。

过去当童养媳的更有说不完的苦处。凡是童养媳，女家都穷得要命，经常吃糠咽菜也填不饱肚子，有时要饭也难以维持生活，没有其他办法，就给闺女找个主当童养媳。俗话说：“狗生的狗疼，猫生的猫疼，不生的不疼。”也有的说：“隔一皮差一皮，自己的孙子不如儿。”何况是旁名外姓来当媳妇呢？加之贫穷，哪有好饭给她吃，什么剩汤剩饭，都留着叫她吃，还不断地撵她做些零活，稍有不称心，打过来骂过去，怕外人听着了，不叫哭一声，不让她出门，大人有事，就把她锁在家里，到晚上睡觉因没被子，婆婆搂着。相传有个中年妇女，要着饭去看当童养媳的闺女，到了大门口，听着孩子上气不接下气地哭，想进去吧，弄不开门上的锁，只好劝孩子千万别哭了，你哭一声如刺娘一刀子，再说你老人快回来了。不劝还哭得差点，一听到母亲的声音，这闺女哭得更厉害了。急得她母亲碰头抓墙，大家看到此情况，非常可怜她，有人越墙把小妮子带出来，她给大伙磕了两个头，再三地谢了恩，之后跟着娘飞也似的跑了。公爹回来，便对妻说："这件事情算不了大问题，邻居要问孩子，就回答她年龄太小，成天哭着想娘，看着怪可怜的，先叫她回去，以后再来。若她娘来看孩子，就硬说你已把孩子叫去了，怎么倒打一耙呢？有句俗话说得好：好汉也打不出村去。还有她的便宜赚。"可见当童养媳确实难。童养媳如果患了病，不但不给治病，而且公婆还会说："人吃五谷杂粮哪有不生病的，不用吃药，干点活出了汗就准好了。"

娶亲之后应做的一些事情：

对月之内，新人屋里不能空着，如果男的在外工作走了，必须由小姑子去陪房，若是新人让接走，新郎也得叫着小弟去陪房。在旧社会娶媳妇什么限制都没有，哪怕孩子刚10岁，就能娶亲。13周岁就得了儿。以前的夫妻都是女方大，时常弄出些笑话来。

旧式婚姻，危害很大。比如"休妻"，一提"休妻"，女方的家长与亲友就得胆战心惊，最头疼的就是这一招。休妻的原因，古代归纳为七条，称为"七出"，其内容大意是：妻子不能生育可以出，妻子淫佚可以出，妻子对公婆不孝顺可以出，妻子饶于口舌可以出，妻子偷窃可以出，妻子妒忌丈夫小妾可以出，妻子有病可以出。有的删去"饶舌"，补添"私蓄财产"，继续凑为七条。其实，凡是休妻的没有穷人，全是富户人家。有这么个顺口溜："媳妇是盆洗脚水，蹬了这一盆就是那一盆。"传说有一富户人家，老是看着媳妇不顺眼，休人家吧又抓不到过错，就想出一计策，趁媳妇到外面做活时，把早预备下的一双大鞋放在她床底下，快天明的时候，叫开媳妇的门，嘴里一片声地喊叫："不好，有坏人！"接着到处找，到了床跟前摸出大鞋来了，急忙跑到院子里大喊："可了不得，有坏人！"四邻八舍都跑来看究竟。这么一弄，大家都知道她邪淫万恶，男方借此机会就写休书。女方有口难辩。俗话说："捉贼要捉赃，拿奸要拿双。"虽然没双，但是有赃证在，还有什么话可说。别说是个出嫁不久的女子，就是那些说快书的也难以插嘴。在此情况下，女的真正走投无路，只好自杀。因为被休，不知有多少媳妇投井跳河，服毒而亡。

7.特殊婚俗

买卖婚姻

旧社会买卖婚姻，原因是多方面的：一是摊上自然灾害，在家实在不能维持生活，只得给闺女找个主，换点钱或粮食来度日。在那时穷人家说不上媳妇的很多。媒人一去说媒，哪怕油锅里的钱也要抓来答应这门子亲。定亲之后，到娶时可简单了，什么都不陪送，去个净人就行，吃顿饭就算成亲了。二是有钱有势的人家虽有媳妇，但不生孩子，为了传留后世，就花钱买个妾，叫她生孩子。三是把奴仆买下当二房或三房，甚至当四房。其目的是叫她死心塌地地劳动。四是指山买磨，进一步地说就是欺骗穷人。传说泰山东南坡有个村子，村中间有个叫黄平的，是个小商贩，赚上两个钱就花四个。他经常到汶河一带卖水果，每趟都是叫闺女拉着车子帮着卖。日子长了就与一家姓赵的混熟了，把闺女许给他当了儿媳妇。从此，吃住都在他家，零零碎碎地借了不少的钱。过了两年，男家提出结婚。男家把娶亲的日子订下来后，请了许多人忙里忙外，到了晚上，去娶亲，围着黄平住的庄转了一整夜，也没找着主。第二天早晨，有个拾粪的问他们：“你们是哪里娶亲的？敲锣打鼓的一直轰隆了多半夜！”娶亲的回答：“来娶黄平家的闺女。”拾粪的说：“他已领着全家下了关外。”大家听后，没精打采地回来了。主家恼得病了好久，没娶着了媳妇，差一点把命搭上。

指腹婚

这类婚姻在旧社会与买卖婚姻恰恰相反，两家都是有钱有势的，同时关系都非常密切。两家妻子已怀胎，先把婚姻订下来。如果一家生男孩一家生女孩，就可以成亲。如果都生了男孩，就结拜为仁兄弟；若要都生了女孩，就成为干姊妹。假使一家生了两个妮，那一家只生一个男，不来了问题了吗？好办，有的从两个妮里挑选一个结婚，另一种方法可以都娶，从而才有“大姐二妹”之称，一直到新中国成立前也是这个称呼法。虽然亲姊妹跟了一个男人，但是仍然会不和睦，经常闹纠纷。

一枝两不绝婚

什么叫“一枝两不绝”呢？旧社会是指兄弟俩只要有一个生儿子，就不算绝户。譬如：有兄弟两个，老大有媳妇无儿，或者老二无儿，总起来说，兄弟俩只有一个男孩，都想不能断了后代。此种风俗是一个儿娶两个媳妇，固定在一家一个，谁家的媳妇生了孩子就归谁家。男的到两家轮流住，时间有五天的、十天的，也有半月的。两个媳妇伺候一个男的，这个男人的日子却很难好过，不能说和坐牢房一样，却也是不自由，心情难得舒畅，如果吃住到了期，从大份家到二份家里，晚去一霎也得打架，身上所穿戴的都得换下来，放在一边，到下班再换上，到大份家也是如此。最严谨的是在这家班上，不能随便到那一家，有特殊事情经妻同意之后，才敢去办理，否则就得吵架。过了年看岳父母，不管在谁家的班上，一家一年，买礼随人出钱。还有一个最头疼的事，生孩子绝对不会平均了，也许这一家生两男一女，也许那一家只生三个闺女，甚至一个也不生，这也算不了奇怪事，有的妇女一辈子不生育。可是“一枝两不绝”就来了麻烦事，虽然是一个父亲，但不能把男孩子平均分开，如想要过去一个，不能空口说说，还必须立过嗣单。

神婚

相传，牛郎织女、许仙白蛇、王小与龙女，以及抛彩球成亲，都是神婚。泰山一带，有靠求仙、算命结成婚姻的。旧历的正月十九日，是白衣奶奶的庙会，富家的闺女就诚心诚意地做一双或两双小绣花鞋，并做上几碗供，到庙会的那一天，有人陪着闺女到白衣庙前烧香，同时磕个头，和尚因为收了供，就念上几句经。据说，有一个闺女的嫂子跪在白衣神跟前叨念：“白衣奶奶有灵，多得给俺妹操心，找个好主，以后保证给您上大供和换袍。”话音刚落，有个小青年说：“用不着求神，俺庄里的好小伙赛牛毛，合着眼摸一个也不错。”女方哪肯愿意，三吵两吵，打起架来了，年轻人无知，一拳把闺女打到墙上，把头碰破了，接着来了几个人，逮住小伙子，有人说和，罚了两桌子大酒席，还得给白衣奶奶换袍。而姑娘家呢虽然头被打破，但仍不能忘了白衣奶奶，只怕她生了气主使姑娘一辈子找不着好主。还有一个故事，现在还流传着：

王小家中很穷，靠打鱼来维持生活。有一天，他在河里打回家一条鲤鱼，全身和金子一样的黄，眼睛格外红亮，还不住地掉泪，王小心想，此鱼不凡，既不能吃又不能卖，放了它最好。第二天，他端着鱼走到河边，把鱼放到水里，鱼就在河里翻了几个个儿，迎水而上，不多时到了龙宫。原来这条小鱼是龙王的女儿，回宫后将放它的经过从头至尾详详细细说给老龙王听。老龙王听后，不断地赞扬王小的品德好，以后一定重赏他。过了半月，龙女在梦中指点王小，要他赶快到东海去找她，并说："去了给你什么珍宝也不要，只要条几上那个牙牙葫芦，那葫芦就是我。"并再三地嘱咐不能超过10天，如果去的话，到了东海边一喊龙女，就有人把你迎进龙宫，切记莫误！

王小醒来一想，虽然是个梦，但很符合自己的心愿。于是准备了钱和吃的，立即起了程。到了东海边一望，白茫茫一片，一眼看不到边，浪头像高楼一样，一个接一个地响着，让人心惊胆战！王小心中暗想：别说无路，有路也不敢进。他按龙女嘱咐的话，大喊了龙女数声。霎时分水夜叉拨开水出来了，对王小说："老龙王有请。"王小捏着把汗跟着进了龙宫。龙王见了王小，非常高兴！就把龙女叫出来见救命恩人。虽然在里边吃喝玩乐都特别好，王小却挂着老母亲的生活，要求回家。老龙王让龙女们拿出许多珍宝，送给王小，他都拒绝了。龙王说："龙宫里所有珍宝，你只要要我一定给你。"王小说："凡是宝器、钱我都不要，只要你条几上那个牙牙葫芦。"老龙王有言在先，要什么都行，不给他的话难以开口，就勉强答应了。龙王并说明，此葫芦是我心爱的闺女，你对她的恩天高地厚，也是天配的姻缘，同时教给王小葫芦的用法。王小接过葫芦谢了恩，分水夜叉把王小送出海来。

王小按龙王的嘱咐打开葫芦，龙女出来念了仙法，他们马上回到家中。不到半月家里添置得像家大财主的样子，县长从这里路过，一看这所房子与众不同，便下轿进院去看，进门就看见龙女长得和仙人一样，县长起了不良之意，一心想把龙女弄到手，就给王小出难题，所有的奸计都被龙女破解，并把县长烧死了，最后王小和龙女过上了幸福生活。

改嫁

由于旧道德的束缚，改嫁是个相当难的事。旧的礼教在泰安地区影响根深蒂固，过去念善书、鼓书的艺人都宣讲旧礼教。他们通过鼓书演唱，告诫人们如何教子长大成人和操守家业。诸如教儿子一定要安分守业，叫他早入学，下苦功读书，下苦力学会耕种，外出时，不能行凶，要和睦乡邻。接着讲，女亡夫守节孝要认真，孟姜女哭长城，守节心稳，到如今称烈女潼关为神。守节孝可以进天宫，在里边享清福。也有那背儿女暗校夫君，这是无耻妇没良心，淫乱妇失去了人伦，这类人死后，要进地狱受各种刑，以后只能转生飞禽。

这样宣讲以后，对人们影响很深，民间还编出些谚语和顺口溜，“好马不备双鞍羁，烈女不嫁二夫男”“云彩里的日头，晚娘的指头”“有了晚娘，就有晚大”“没狠心不能当晚娘”。另外，妇女们到一块就谈节孝，还拿鸳鸯为例说，如果猎人打死一只鸳鸯，那一只没白没黑地叫，叫到死为止。飞禽都有这样的情感，何况人呢。由于这种种认识与说法，一般的妇人都怕改嫁对不起死去的丈夫，有的怕众人羞辱。在农村，妇女改嫁所遵循的条条道道很多，忌讳相当繁杂。改嫁的人一是死了丈夫的，二是离了婚的。改嫁总会引来人们七嘴八舌。这种现象也是自然的，因为她们前一窝后一块，在财产上情感上有很多缠绕。女人改嫁走时不能从正门走，一是从阳沟，二是越墙而过。其意不是正人君子，已成了下贱人。从正门走怕扑了门神不吉利。女的临走时，摔一个吃饭碗，不回头一直走出家，意思不是这家里的人，从此断绝来往。摔碗不能明目张胆的，要暗暗地摔碎，如果这家人知道了容易吵架。如果是死了丈夫的，还有一个忌讳，快到出门时，拿着一把切菜刀，到丈夫的坟头上，左三刀，右三刀，前三刀，后三刀，表示夫妻之情一刀两断，不是夫妻永不来往。砍完后爬起来一直跑回家。改嫁中的忌讳还有，如女方走时，一定在屋里烧几张纸，表示一火了之，永远井水不犯河水。

现在，经过政府的宣传，人们尤其是寡妇本人都解放了思想。改嫁在城市里比较简单，只要两个人志同道合，就可到政府登记上，自由结合。

合伙婚

旧社会合伙婚是指两个男人娶一个媳妇的婚俗。说起来什么事业合伙办都行，恐怕两人合伙娶媳妇办不到。富家子弟能娶两三个媳妇，难道穷家就娶不起一个吗？一句话都是为穷所迫，才走这条路，否则只好打一辈子光棍。虽然合伙，但不能公开，以其中一个男性为主，另一个是暗的。有了小孩归明的，暗的可以叫叔叔或大伯，两家的生活都由女方操持。做单衣、棉衣，摊煎饼，包包赶赶，赶集上店，连坡里的农活她都能去干。虽然如此，但不让说合伙婚，只怕影响后代的名声。

逃婚

逃婚，也是泰安地区旧时流行的习俗之一。比较普遍的原因是，男方家庭很贫穷，虽然双方的孩子都情投意合，愿结成夫妻，但女方老人坚决不同意。女儿向父母求情说："您老人家经常教育我，贫富是命中注定，咱不能嫌贫爱富，如果不同意的话，不是表里不一吗？古人常说：'好男子不论分产业，好女子不争嫁妆衣。'我认为这句话说的有道理，嫁人应当不分贫和富，只要是品质好，这就是最好的条件。"但不论怎么说，老人们就是不点头，有什么办法呢？两人只好商量，逃到关外去结婚。俗话说："叫花子咬牙，穷发恨。"女方的老人，一听说在外私自结了婚，急得暴跳如雷，觉睡不着，饭吃不下，好像犯罪一样，不敢见人。对亲戚朋友说："我没脸见人了，我当没了这个闺女吧，一辈子不和她来往，如果进门我一定用棍子打出去。她不知道丢人，我不能随着她胡作非为，叫人瞧不起。"他们在外过上几年，生上两个孩子又回来。俗话说："人都有见面之情。"一见到闺女做父母的往往一切往事都不提了。

灵前棚婚姻

旧时这种习俗是这样的：两家早就订了婚，也传来了大柬，可以说成了亲；不幸男家的母亲突然患病死了，没有其他人做饭吃，又得缝又得补，连洗洗衣服也是个大困难，只得两家商量好结婚。这个形式非常简单，什么嫁妆衣都不能要（有以后补钱或物的），把闺女送去即可。在送时有的用车辆，也有的用轿，上轿时戴上蒙头红子，坐在轿里，不能说话，新娘必须穿上一身红棉衣，在夏季再热也得穿上。到了男家也不痛快，在灵前磕个头，立即换上孝服。见了主人既不能说喜庆话，又不能拉悲哀的呱。

填房

旧时有不少人认为改嫁和填房是一码事，不过说法不同罢了。实际上是不同的。离了婚或者死了丈夫的妇女，另外嫁人叫作改嫁。姑娘找个死了妻的男人，就叫“填房”。作填房的闺女常对自己的父母有怨言，过去有媒婆来说媒，父母不嫌人长得不好，就嫌家产不富裕，这样一来，才把闺女耽下了，年龄大了只得做填房。这类亲，亲连亲的很多，如大闺女结婚后，生了两个小孩得病死了。岳父母看看女婿与小孩都挺好，只怕另娶个媳妇，小孩就落在地下，只得托人把二闺女许上，结成夫妻。也有的姐姐长期有病，小姨子去伺候病人，日子长了和姐夫好上了，姐病故了就跟了他。

娶养老女婿

娶女婿又称入赘婚，是最难办的一件事。人们轻视入赘婚，男家凡是有一线希望也不愿倒插门。入赘，必须改名换姓，有了小孩也不能再改回来，等于闺女出了嫁一样；还怕亲戚朋友以及街坊看不起，无能才当养老女婿，好像低人一等，所以，有人宁愿打一辈子光棍，也不做过门女婿。女家也是如此，闺女找养老女婿非同小事，必须慎之又慎，反复打听对方的品行。

连婚

旧时连婚也叫“靠婚”，这类婚姻都是因家庭很穷，兄弟们又多，不好说媳妇才走这一步。以前，生五六个男孩的家有的是，家里不富裕，费了九牛二虎之力，给老二说上媳妇。结婚不几年，老二病故了，媳妇不想上别处改嫁，也不愿回娘家，日子长了和老大有了感情，请人走走形式，就跟了老大。世人常说："兄弟媳妇嫁大伯，高升一级。"也有的跟了小弟，不论和谁配偶，没人干涉。

到结婚时，不给亲友送信，也不设筵席，只是请两个办事人和一家一户，随便吃顿饭，说说笑笑就成了夫妻，死后都是和后来的丈夫合葬。

七、丧葬礼俗

在泰安一带，人们有了困难求人时，往往说："用人真不易啊！和小八辈一样。"这句话的来历，就是从发丧说起的。如果是老人去世了，在一年内，子孙就只好低着头，不打听事，不乱说话，更不能大说大笑。不然，让人笑话说："死了老人不心疼，不孝顺。"尤其出丧不久，死者的子孙逢人就叩头，哪怕对小辈的或年龄小的都要叩头。

旧时，凡是老人年龄在50岁以上，当晚辈的就盘算着给老人们准备后事，做寿衣（送老的衣服），打棺材，修建墓地。富贵人家预先将墓修建好，材料有用腰花玉的，有用石匣的，并刻上各式各样的花纹，像活人住的厅房一样美观。棺材分厚薄，木质分孬好，有六寸、四寸、三寸等，多数用柏树或楸木。穷人家死了人用石砌坟墓。棺木大部分厚两寸五、两寸，多数用柳木，至于太贫困的人家用席卷箔盖，挖个土坑即了结。备寿衣也不同，富家大部分是用好布料，多是丝、绢、缎，但照路衣和手帐必须用绢做成。还要备些老人在世时喜欢的金银首饰、花鸟树草、烟布袋等物。

如果是母亲去世，有人领着孝子，赶快到姥娘门上磕头报信。报信后立即回来，等着姥娘家来人查验尸首，大多数是当舅的和妗子来，来了和接天神一样招待，他们仔仔细细地验了尸，这才坐下来说上几句话。此时所有的外甥都跪在舅舅的面前，如果平时不孝顺，当舅舅的重则拳打脚踢，轻则骂个狗血喷头，小辈谁也不敢犟嘴。这时办事人一边帮腔批评孝子，一边劝说来客。等来客允许了如何发丧，才算了结。也有的人挺孝顺，当舅的不叫跪着，到屋墙角听训话。舅舅说："你们平常很孝顺，不但让老人吃喝好，而且听说，没有惹老人生气，要不老人能活这么大年纪吗？再说，人有生就有死，寿限到了就算钱埋起来也救不了她，说实在的，我没什么意见，更没有什么要求，请里柜多费心，看着安排，怎么办，随你们办就是。"俗话说，"富儿不可穷葬，穷儿不可富埋"，有粉谁不往脸上擦。甭说别的事情，死了老人孝顺的，当舅的不但不生气，而且还能夸奖一番，显得大伙都好看，丧事也就好办了。不孝顺的孩子，挨了打骂，还弄个人财两丢，叫办事人员费些口舌，在时间上与物质上都得浪费，还得丢人。

泰安一带丧俗有一定特色：

（1）一般人家死了人，必须“吃馍馍喝豆腐汤”。这句话好些人不解其意。人们经常可以碰到这种情况，病人到了危险的时候，街上的人闲拉呱时，就说，某某人快叫大伙“吃馍馍喝豆腐汤了”，这就是快要死人的意思。

（2）民间认为不管职位大小，也不管辈分高低，只要父母死了就像有了罪，哪怕见了10岁的孩子也得给他磕头，如不磕头，大家就说不懂事，对老人不孝顺。

（3）孝子不但守灵，而且吃喝睡都不能离开灵堂，更不能饮酒，不能吃鱼肉，以表示孝心。

（4）老人死了，孝子不能穿得整整齐齐的，必须趿拉着鞋，表示虽有腿，但不能行路，只有在家里守孝；女的不能梳洗打扮，只能披头散发，痛哭流涕。

（5）出丧后，灵屋里不能空了房，最好儿子们在放灵柩的地方搭铺睡觉，主要是使人感到还没离开老人。传说死人的灵魂，在“五七”之内不离开家。还有一个含义，如果空了房，以后住人一定害怕。

（6）发丧之后，立即到姥娘门上看长辈，有的买礼物，也有空手去的，其意把发丧的情况汇报一下，尤其说明经济的收支状况，以免放心不下，这一趟俗称“谢纸”。

（7）俗话说：“娘子死了跑满街，老爷死了没人抬。”意思是说，女的死了，亲戚、朋友、街坊邻居，都跑去看男的，发丧时都买着重礼去看；如果是男的死了，都不愿意凑前，能躲就躲了，有人去的话也是极少数。

（8）老人咽气，不论泼汤或出殡，所有孝子一定要哭，否则外人会耻笑。也有的人说：哭一场也不当啥，活着时还不如给老人买点好吃的。话倒不错，哭也是孝心的一个方面。俗话说得好，“人不伤心不落泪”。

丧事中的方式、办法、礼节、忌讳等，在泰山一带并不统一，但基本程序是一致的。丧俗中封建迷信成分较多，至今在民间仍有较大的影响。

1.咽气

俗话说，“人怕死，鬼怕托生”。人临死时大多数心善嘴软，处处表现出谨慎，同时害怕，跟前不叫离人，尤其是生前宰牛、驴、骡马的和杀猪剥狗的，更加害怕，有时喊：“可了不得！牛抵着我了，狗咬住我的腿……快来给我打打它们。”这都是生前常杀些牲畜造成的恐惧。快咽气时，必须把全家的孩子叫到面前看上一眼。传说，如果有一个子女不到，就不容易咽这口气，死了的话也不合眼，必须由人给他捏上，否则不会合上眼，表示有心事未了。人死后都要烧草纸（火纸）。人死了为何烧纸？据传说人死了就到另一个世界去了，同人间一样，也得用钱，给死人烧纸就是给死人钱，这与烧元宝，烧扎的房子、家具、牲畜等是一样，让死者到另一个世界去享用。

传说烧纸有个来历。从前有个穷秀才，家里死了长辈，没钱买棺入殓，只好放在屋里，后来有个朋友问他为何不下葬呢，穷秀才爱面子，虚荣，便说为了孝顺父母养育之恩，舍不得下葬，愿意在家守着多看几眼。那个朋友一听真有道理，放的时间长，更加显得孝顺。

有一年夏天，一个县官死了老娘，觉得天热难以放时间长，可是放不长时间，怕别人说不孝顺，他就让一个和尚看守，这个和尚也是无奈，一天比一天臭味更加难闻，便烧草来解味，后来又烧了些草纸去味，待天亮时，县官来看，见满屋是烟，便问和尚为啥烧纸呢？和尚灵机一动不敢说去味，编了个瞎话说：“这纸是当钱给老人到另一个世界去花用的。”县官一听，很有道理，为了对老人的孝顺，烧纸当钱，更显得对老人的孝顺。这事后来慢慢传开，人们也就照样死了前辈都烧纸，以示更加孝顺。

人的死法不一，有得慢性病，也有得急性病，还有的不吃不喝能撑四五天的，就是常说的“死人不死气”。当小辈的看着怪难受，也没有什么希望，民间有给病人喝醋，叫他快咽气的做法。临咽气时，如果死到里间屋里隔着梁，必须用个大公鸡，用绳子拴住它，从屋里梁上拉出来，等于把魂拉出来，不然死者的魂永远出不来。死者咽气后，赶快在外间屋搭灵床，叫“灵箔床”。此床的搭法：三根板凳，一领箔。箔是高粱秸做的才行，玉米秸、竹子做的不能用。因为高粱在所有庄稼中是最高的，用之对子孙后代会有好处。据说搭了灵箔床的板凳安不住腿，所以在平时好掉腿的板凳，人们都说：“好像搭了灵箔床的板凳。”

死者咽气之前一个时辰就得先穿好寿衣，咽气后盖上寿被，盖上蒙脸纸。人死后为啥在脸上盖张白纸——蒙脸纸，这里有个传说。在周朝有个叫周姬旦的人，他能说会算。有一次，他家女仆人请周公给儿子算一下运气如何。周公便摆开八卦一掐算，大吃一惊，他对女仆人说：“不好！明日午时三刻是你儿子的死期，快备后事。”女仆人吓得不知如何是好，跪在周公面前求告，帮助救她儿子一命！可周公说是天意，谁也救不了的。女仆到处奔走，希望有人救她儿子，走到半路上遇见一位姑娘，这姑娘一看她哭得十分可怜，便上前问道：“老人家有何伤心之事？”这时女仆人告诉姑娘说：“明日午时三刻，是我儿子的死期，怎不伤心呢？”姑娘问：“是谁告诉你的？”女仆人回答道：“是俺主人周公给掐算出来的。”姑娘一听，说：“别哭了，我给你个好办法，可救你儿子。明日午时前，叫你儿子躺在牛槽里装死，脸上盖一张纸，等过了午时三刻后就平安无事了。”女仆人听后连忙下跪，并问姑娘家住址和姓名，要事后重谢。姑娘回答她：“桃花庄，叫桃花女。”第二天，女仆人照姑娘说的，叫儿子躺在牛槽里，脸上盖着一张纸，果然到了午时三刻后，平安无事。从此，民间代代相传，在死者脸上蒙上张纸，就是盼望死者再复活过来的意思。

除盖蒙头纸，还给死者一根打狗鞭子，一个手褡子，里头装上一岁一个的葛针，准备过打狗庄用。接着灵箔前设一小供桌，上边放上一盏长明灯和一盘打狗饼子，并放上一碗小米饭，饭中插上谷草，按死者的年龄一岁一根。还要备一碗清水放到门枕上，以上这些设置都有它特殊的含义。例如，为何放一根打狗鞭子呢？传说狗的性情是善良的，也挺温和，对人忠诚，它和人的接触最早，能帮助人们做些有益的事，帮着人打猎、守夜看家、看护小孩及鸡、鹅、鸭等。据说狗对人做的最大最好的一件事，就是向老天爷求粮。在很早很早以前，所有的庄稼都结好多穗，收的粮食大囤满、小囤流，到处扔的是粮食，还有让人憎恨的个别人拿着白面饼给小孩当擦腚布和接尿。此事叫天爷知道了气得直打哆嗦，一气之下，下一道旨意：叫所有的农作物只长秸子，不许结一个粮食穗。这样一来，时间长了不把人们都饿死了吗？这时，狗就跪下苦苦地求老天发慈心。老天为了狗，就勉强答应只结一个穗，并再三地嘱咐收了粮食之后，人和狗共同享受。但收了粮食，人们就翻脸不认账了，叫狗吃人们的大便。狗只好从此开始吃屎，虽然有了冤仇，但狗总是善良的，把这口子气忍了，只是到阴间要报这个仇。相传阴间里有个打狗庄，灵魂一到此庄狗就拼命地咬，说啥也不让过庄，因此必须准备一盘子打狗饼子，走到打狗庄狗咬时，一手用鞭子打，一手扔带葛针的打狗饼子，只有这样做才能过去打狗庄。这就是打狗鞭子的起源。

再如设在灵前的小米饭和饭上插的草，俗称“倒头饭”。相传，三国时候，荆州东南面有个打猎的，枪法百发百中，此人忠孝两全。人穷了大号不响亮，都叫他狗剩。他干其他事没本钱，只有靠打猎来维持生活。有一天，他到荆州去卖猎物，在半路上碰上了诸葛亮，诸葛亮对狗剩说：“今天你不仅会卖个好钱，而且能有人管顿大酒席。”狗剩听后认为和他开玩笑，很不在意，就向前走去。进了城，走了一小段路，有家娶媳妇的，就把他的猎物全部买下。狗剩一看，主家忙得不可开交，就主动帮着大伙干些零活，一直忙到天黑才收拾得整整齐齐。接着主家让狗剩坐了大酒席。饭后拿着钱，给母亲买了点好吃的回了家。

隔了几天，狗剩又挑着猎物到荆州去卖。也巧在路上又碰到诸葛亮，他对狗剩说：“今天比不上那一天了，你一定打死人。”狗剩心想我从小不打仗、不骂人，怎么会打死人呢？简直瞎胡说，头也没回挑着猎物就走了。

刚走到城门不远，来了一帮子玩把戏的，手中牵着马、狗熊、小狗、小猴等，引来好多人看，真是街多宽，人多宽，三挤两拥，把狗剩挑的猎物挤下来一头，正巧担子头上的铁尖，插死衙门里的一个听差的。不管有意无意，出了人命就不好说了。这样狗剩被逮起来送进衙门。县官说：“先重打四十大板，听候处理。”狗剩在监狱里受各种刑倒不在乎，就是念念不忘母亲，唯恐老人饿死了。因而鼓了勇气，对看狱的说：“我需要回家看看母亲，哪怕回来就杀了我，我也心甘情愿！”看狱的一听是个孝子，就一五一十地禀报给县官了。县官沉思了一会儿说：“为他是个孝子，许他半月的期限，如果到期不回来，罪加一等，到那时别怪我无情。”

看狱的一字未改，把县官的嘱咐告诉给狗剩。狗剩归心似箭，拔腿就跑。到了家中母子抱头大哭一场，母亲问狗剩为啥进的狱呢？狗剩把用扁担头铁尖穿死人的事详细地说了一遍。母亲听后低头想了一下说：“既然那位先生知道你有大灾难，很可能他有破解之法，何不去求他试试呢？”

狗剩听罢一想，甚感母亲言之有理，马上动身去找。说也巧又正好碰上诸葛亮，狗剩来不及说话，扑通跪在诸葛亮面前，求他指点怎样破解他的罪。诸葛亮伸手把狗剩拉起来，微微地笑着说：“你要真心实意地信我的话，不花分文就能破解了。”狗剩连声说：“一定好好地听指教。”诸葛亮又说：“你赶快回家挖个五尺长、二尺宽、三尺深的坑子，里头准备好半个月的吃食，就躺在里边，并叫你母亲做碗小米饭，到十天后撒到你的身上，同时弄些谷草一岁一根盖到饭上，如果你老老实实地照办，保证能解除此灾。”

狗剩谢了恩，立即回家按诸葛亮的嘱咐去办，官府里一查，狗剩到了日期，怎敢不回来呢？到了观星台上一观，此人已死了，只怕观中有错，又到观星台观察，狗剩死了是毫无疑问的了，身上都有一层蛆，从此官府不再追究了，狗剩安然无事，还是打猎。

从那时候起，每逢死了人，就做碗小米饭并按死者的年龄插上谷草，也求得死者能复活。有的人说，这个做法虽说不起什么作用，但对死者的家属来说，能起个安慰，一心盼望能再复活，这就是一碗饭一把谷草的来历。

人死后门枕上为什么要准备那碗清水，这碗水的最终目的是代替迷魂汤。传说人临死渴得要命，到鬼门关见了迷魂汤端起就喝，再转投人间时一切事情都不知道了。此事是真是假呢？传说有个叫王静的人，在世上看到好多人做事形形色色，有的存恶心不干正经事，淫人妻子，破人婚姻，坏人名节，谋人财产，也有的奸盗邪淫真是无恶不作，好爱奢华，不重勤俭，还有时杀人放火，男盗女娼，这种人岂能天容地饶呢？还得落个万人之骂！王静是一个忠孝之人，凡事必须利于人，守王法，孝老人，尊长者，爱兄弟，信友朋，舍药施茶，戒杀放生，修桥补路，公平交易。因为他平时心地善良，必然积善逢善。他在病故时，菩萨旨意：临咽气之前一定喝上一碗清水，能防止死后喝迷魂汤。

结果王静去世时，照菩萨的嘱咐去做，走到迷魂汤跟前，一点也不渴，看管迷魂汤的也没过问，他就顺利地过了此关。从此人临死时，一定准备碗清水，好免除喝迷魂汤。

2.入殓

死者停止呼吸，如系男性则经子女亲视入殓，如系女性，则要报请娘家人，等娘家人看验尸体允许后方可入殓。娘家人最有权威，否则挑个刺，或拿个错，丧事就办不成，因此，不论谁对娘家人都得高看一眼。

入殓时男性和女性有差别。

凡男人，有功名者和有钱者，可穿蟒袍挂玉带，到了清朝穿前补后罩之礼服，戴便冠蹬朝靴；民国时期穿长袍马褂。铺盖“福”字“寿”字的被褥。

凡女人，有诰命者，可戴凤冠霞帔，无封赠者穿团凤袄，扎百褶裙，头戴首饰或金或银或玉，要看丧主情况而定。盖寿被，铺寿褥。

男子死后口中含金或玉鱼，用酒浸棉团由第一孝子（长子无者类推）给死者净面后，由帮丧人从灵木床（也有叫灵箔床的）抬入棺材内，全家人静视啜泣。再由帮丧人（男女老少皆可）手执马勺（木刻的舀水用具）敲扣停灵之门外上楣，并大声尖呼：“××人要上西南啦！”其音惊人，随之全家丧嚎。接着木匠再叫全家人，围着棺材看死者最后一眼，马上用大钉子把棺盖钉牢。

随后在木棺前摆设供桌，供桌上面摆上五福三牲祭品（鸡、鱼、肉为三牲，炸豆腐片、炒白菜等五种炒菜为五福），并设两碗面叶。以前有个忌讳，给死者做供不能用面条，传说，因面条扯扯拉拉的不顺利，怕给子孙后代带来纠缠。上供用面叶，是因为花草树木都靠叶子长，以后不仅人口兴旺，而且有好日子过，所以给死者上供用面叶最好（出殡后上供，也可以用水饺面条）。入殓至此完毕。

3.扎材

相传帝王将相死了之后，是用一对活的童男童女陪葬。由于陪葬童男童女十分残忍，后来民间就用纸扎人和其他物品代替，这就是民间关于给死者扎材的来历。扎材需要准备架子料和各种纸张，并由艺人去做这件事。这项工作从表面看挺简单，实际做起来相当复杂。架子料，可以说是五花八门，一般人家用高粱秸、苇子。有钱有势的就不同了，除了用麻秆以外，还用藤子、铜丝、铝和铅等。用纸方面，一般使用粗纸、细白纸、带颜色的纸。有钱的人家，不仅使用一般的纸，而且使用桑皮纸、竹纸和带蜡的五色纸。从前“扎材”大致有两种形式，一是定做，用钱买；二是雇扎匠到自己家里扎。这里边也有几种规定：有论件的，有论工日的，也有管饭或不管饭的。

“扎材”不只出殡用，到“五七”也要用，多数人家，在出殡用得多，到“五七”数量就少了。“五七”的纸扎大多是闺女们买的。用扎材不是统一的，都是根据地位和经济状况来决定，一般家庭，扎些牛、马、箱子、放牛小子、摇钱树、聚宝盆、鸡、鸭等；富户人家就有许多讲究，在衣食住行上都有周密的计划和巧妙的安排。首先扎童男女各一对，一对女仆，数个男仆。为了好使唤，都给它们起上名字，男童一般起名顺利、平和、小牛、小狗等，女的起名多为大瓶、小瓶、翠玉、春兰等，男仆起光和、顺从、出力、平静。住的方面，有阴阳宅之分，内有大厅房、客厅、餐厅、东厅，卧室两旁设有女仆室、男仆室，还有门楼与各式各样的亭子。在交通方面，扎得特别多，汽车、火车、轿子、自行车、摩托车、东洋车、独轮车，水路上有大小船只，可以说应有尽有。厅内的装饰更是惊人：名人的字画，大将用的武器，使用的家具全是金、银、玉、铜、磁、珊瑚、陶器，陈列得非常耀眼。

扎材有专门的扎材匠，他们的技术相当高超，扎出来的物件和人物，活灵活现。如金山、银山、疙瘩山、摇钱树、八仙桌子、条山机、飞禽走兽等，和真的一样。

出殡时所有的扎材，过去讲究不能用车运，也不能用车推或者用担挑，只能全部用人拿或者由两人抬着。成百上千件扎材，主家和亲戚哪有这么多人，过去一般是雇用穷苦人家的小孩拿或抬扎材，现在已经不太讲究，也有用车拉的。

4.守灵

老人死后，富裕人家守灵到“五七”(35天)后，举行三天的丧仪再出殡。若“五七”逢秋夏之季，为防尸腐，得另停灵一闲屋中。在此期间，由一油漆匠侍候在家，用黑油漆在棺外刷漆，在“五七”之内有的刷到九遍，可照出人影来。凡是孝子皆分卧守灵在死者两侧，铺草枕坯以报父母养育之恩，守母灵者更甚之（母生孩子坐在干草和土坯上）。“五七”之内闭门守灵，概不会客，灵前供桌上香烛不断，特别是棺材头一盏长明灯（菜油灯或花生油灯），昼夜不熄，俗名“照尸灯”。传言若是灭了灯，就是断子绝孙的预兆。棺前需要放个泥盆子，俗称“老盆”，供烧纸用，还得在出殡时摔碎。

摔老盆还有个来历。相传有一个读书人，叫张和，娶妻生了一个男孩，刚满月其妻病死了。不久，张和又续娶了个媳妇，很贤惠，对孩子照料得比亲生的还好。不料，孩子长到三岁时，张和又一病身亡，撇下孤儿寡母，日子越过越苦，娘家人都劝她改嫁别再活受罪了。可是为了这苦命的孩子，谁劝说她也不改嫁，娘俩苦苦过日子，盼望孩子长大就好了。日子虽说过得紧巴，可做母亲的对孩子一点也没难为着，从不让孩子缺吃少穿的，专门买了个泥盆放在床头柜上，备些瓜果梨枣等放在盆里叫孩子吃着方便。日子长了，这孩子习惯了，饿了，想吃什么就伸手到泥盆里去拿。孩子慢慢长大了，送去上学，很聪明，十几岁就中了秀才，很快又中了举人。这一年，本应进京去赶考，不巧母亲重病卧床不起，他抛弃考场，白黑守在母亲床前，请医生，煎汤药，熬困了就在娘的脚头上趴一下合一合眼，结果不到一个月的时间，母亲就病死了。他哭得死去活来，不吃不喝，看看柜顶上的空泥盆，更是号啕大哭，十分伤心。邻居好心人劝他把泥盆摔了就能忘下，可是他不愿意。就在母亲出丧那天，他跪在娘的棺材前头顶着盆子大哭，三哭两哭就昏过去了，泥盆子也“啪”的一声摔碎了。从此，只要父母亲死了，儿子们到发丧那天，跪在棺材前用头顶着泥盆最后摔碎，以表孝心。

每日三餐灵前供桌上摆上酒、菜、饭，以表示孝心。孝子孝眷叩头，每晚上举哀，孝子昼夜不能离开灵堂，防止狗猫从棺材钻过，怕引起诈尸。除了孝子孝眷守尸之外，还得请个阴阳先生，专治诈尸。还有的请两个或一个守尸者，有的请来之后，光管酒饭，也有论天要工钱的。

5.丧祭

丧祭第一天，治丧人员在开祭前，在灵前搭好棚子，摆上供桌，地上铺谷草。执事人员，分里外柜、司书、司账、喝礼相、司礼生、家人男女执宾、厨师、司炉、帮忙差役等，大丧局不下百余人。

里柜，权力最大，在丧祭中掌握丧主的全部经济管理、资金支配，有开支和采购的大权，特别是计划办理酒席，购买治丧品，一切经济大权都归他掌握。另外里柜必须有个助手，俗称“帮柜”，他的任务是记账，有些小事替里柜指挥一下，或亲自跑跑。

外柜，负责吊丧事宜。设账桌于门前街棚，最小的丧局只设一张账桌。外柜管理收吊丧费、丧帐、挽联、花圈、祭品、香烛、领取穿戴的孝服，指挥出殡等安葬过程中诸仪式。

丧祭中孝子、孝眷丧服制作：

（1）孝子。身穿长孝大袍，俗称“白大褂子”。以一丈二尺白布为标准，不能用剪子，俗称“拉孝”，得用手去扯。若用剪刀，怕剪断后代的根苗。也不能锁边，全部露着线茬，道士大领，用白布条当扣子系上。

头戴麻冠，全用竹条编成，顶上有一向前弯的鼻状用麻拧成的梁子，冠的两旁有用绳拴系的白棉花团，戴上之后，正好垂于两耳之外，表示一心思孝，确实没有私心杂念，也就是悲哀到两耳不闻外事。冠前有芝麻穗，正垂于两眼之间，表示哀思致眼昏花之意。不视不见，专心思孝。冠后耷拉着麻带至肩背，俗称“披麻戴孝”。一般孝男戴白布缝成的“孝帽子”，近亲服戴道士形的，远一点的服戴木铣头的帽子。

老人死了儿女们都要戴白孝帽子，帽檐长遮盖眼，帽子两边还拴着两朵棉花团儿。据传说是孟姜女千里寻夫，最后终于在长城脚下找到了丈夫的尸体，哭得死去活来，将长城哭倒了。秦始皇听后十分惊奇，便亲自去见孟姜女，一见钟情，看到孟姜女人才出众，相貌迷人，偏要娶她为妻。当时孟姜女提出说：“要娶我为妻可以，但必须答应三个条件，一是买棺做衣，二是披麻戴孝送葬，三是到江上进行水葬。”秦始皇为了得到她，便一一答应。这一天，秦始皇披麻戴孝亲自送尸江上水葬，此时孟姜女趁秦始皇不备，纵身跳入江中。秦始皇十分恼怒，没捞着妻子，反而白白当了儿子，觉着没脸见人，就在帽子底下塞上一块长长的帽檐，遮住眼，在帽子两边拴上棉花朵子，意思是对外边说什么也看不见听不到了。后来成为死了老人戴上孝帽，任别人说什么，做什么事也不听不闻，即使自己家里的事也顾不得过问，所以才请里柜料理家事，孝子一心只表示孝敬。脚上穿白布孝鞋，讲究些的，若父母双亡，得全部盖严前鞋脸，突出两道布梁，俗称“双鼻孝鞋”。若有活着的一位老人，切不可全盖，可以在鞋后跟留一指宽的竖缝，前面突起单梁，俗称“单鼻孝鞋”。

腰里扎的孝绳，必须是用麻拧成的两股绳，系结于正中腰，两根绳头稍拖拉着似尾状。

手执的“哀杖”，用鲜柳树棒，长约30厘米左右，不能剥去皮。除了柳棒做哀杖外任何木棒都不行。有句俗话说得好，“槐栽疙瘩，柳栽棍”。柳棒的用意是：用完后插到坟头上能生根发芽，对后代来说能兴旺。用白纸剪的细穗以花纹状粘于棒上，俗称“哭丧棒”。哭时弯着腰手执棒于地，还可以作护灵武器使用。孝子为何用柳木枝子作为哀杖？在民间有这样一个传说。

很久以前，有个柳大娘，丈夫去世早，一人守着两个儿子过日子。慢慢两个儿子长大成人了，柳大娘省吃俭用，好不容易给两个儿子都娶亲成家，日子过得还算平安。可是有一年突然闹了大旱灾，颗粒不收，全家人难以维持生活，为养家糊口，两个儿子便外出做苦工，家里只有柳大娘和两个儿媳妇。俗话说：日久见人心。大儿媳妇很孝顺婆母，天天给婆婆端饭送水，扫铺叠被，百依百顺；可是老二媳妇好吃懒做不孝顺，对嫂子这样孝顺婆母心里还很不高兴，时间长了便有害人之心。一次，她趁嫂子不注意，将毒药放在婆母饭碗里。按往常都是嫂子先端给婆母吃，婆母一碗饭没吃完，就感觉难受，出虚汗，大媳妇吓坏了，老二媳妇闯进屋里责怪嫂子害婆母，一时说不清，柳大娘自感不行了，就让媳妇把邻居杜大娘叫到跟前说：“人心隔肚皮，谁下的毒药害我，说不明白，待我死后就让她们在我坟头上各插一枝柳木棍，谁插的柳枝死了，就是谁害的我。”不几天柳大娘真的死了，杜大娘按柳大娘生前嘱咐的话，叫两个儿媳妇在坟头上各插一枝柳棍。结果大儿媳妇插的那枝发芽活了，老二媳妇插的那枝死了，人们都知道是老二媳妇害死的婆母。从那以后，在民间流传在坟头上插柳枝的习俗，以表示对死者的孝顺。

（2）孝眷。孝眷包括：死者的妻子、孝子之妻、闺女。头戴塌尖，用三尺白方布，不能锁边，蒙在头上，有余者盘在脑后和头的两侧。然后用“裼子”（扯四指的白布长条对折为带状）布茬朝下，从额上中间分开，往两头两侧背在脑后系好垂于背下。若是闺女，朝下的白茬，在前额一段得向外上卷，表示未婚妇女。若是未娶媳妇来守丧，得在“裼子”的外面中间横系一根大红绒线绳，表示未婚媳妇。

（3）“五服”之内的男女，都必须戴孝。如在鞋上缝白布，叫“做服鞋”。按二至三服（亲兄弟、姐妹算一服，叔伯兄弟算二服，以此类推），服鞋的后跟留多宽，取决于血缘关系的近远。到了五服就不穿服鞋了。俗话说“已出了五服”，其意亲戚关系已经远了。

（4）未婚的女婿来吊丧，除了穿孝服之外，所扎之腰绳（一般的是用麻皮搓成绳扎在腰上）不能用麻绳，得用蓝布长条折成带状系于腰间，以示未婚婿。未婚贵客吊丧后，要有专人好好地伺候，也得摆席，一般客10个菜，招待他得20个菜。有时在贵客方面也弄出笑话来。

相传有个小青年订了婚不到一年，不幸岳父病故了，需要去吊丧。这个小青年的父亲心想：我和孩子去岂不是两全其美吗？一是和孩子做伴去吊丧；二是看看亲家婆。到了第二天真的一块去了。分别祭奠后，有陪客把他爷俩领进客厅，把老人让到上坐，将新女婿让到下坐，爷俩一上一下难看显丑。有句俗话：“父子不同席。”何况该女婿在正副座位上出了笑话，按道理女婿该坐上首，可是他父亲坐在了上首，这样一来可出了热闹，便成了“老女婿，小媳妇”。许多人都去看新女婿长得如何，大家伸头一看，惊奇地议论：怎么找了个老头子女婿，这是个啥道理，莫非老头子是个有钱的富翁。也有的说，人家故意找个大女婿，俗话说得好，“大女婿知道疼媳妇”。这件事七言八语地便成了人们的笑料。

6.开祭

请“点主官”。点主官是专门点亡灵牌位的人。需请在社会上有威望者，或中了秀才、举人的人，官职越大越好。其他随从人员一般帮丧的即可。家人穿大黑领长衫或白领、白长袖，头戴黑色圆顶偏垂的球形帽，足蹬黑靴，抬着绿呢子四人官轿，去点主官家接点主官。点主官身穿功名官服，端坐轿内，后跟着骑马的家人，来到丧主门前，丧主家全体孝子、孝眷，男左女右跪在大门两旁，吹鼓手奏乐相迎，一直把点主官迎到客厅。

招待茶点以后，点主官迎门坐于案后，由一对和尚和一对道士（俗称一棚道士一棚僧），分列门外面对点主厅，手执法器奏乐。孝子孝眷面朝点主官跪列门外，呈上“亡人牌位”。亡人牌位多用木刻，上写亡人的姓名。由点主官手执朱笔点于木牌位之顶端，表明可以开始吊祭了。然后孝子捧牌位送至灵前棚祭案中间，就可以吊祭了。接着点主官开吊，点主官步行灵前，后随众孝子、孝眷，由“喝礼相”在案旁喝礼，诵“跪拜，叩首，祭酒，上香”之词，家人搀扶点主官三拜九叩后，孝子孝眷分列两旁举哀陪叩，然后入客厅宴请，之后，再如迎来之仪礼，把点主官送走。

丧家门前都要搭很大的过街棚。“外柜”设棚内。四壁准备挂丧帐、挽联、花圈、扎材祭品……过街棚必须冲街之两侧，向外站立两位纸扎的“开路神”，一个黑脸，一个白脸，俗称“迎护神”，高两米五左右，头用纸浆塑成如现在的大头娃娃，竖着大眼睛，貌似凶煞，顶盔带甲，背插四面战旗，身穿战袍。把这样的傀儡套在一架木框上撑起来，人可以钻入袍内，肩起套架，两腿正在神的腹部，腹部挖有两孔，用来向外看路。大神两袖下垂，袖中垂绳之下端系一木头大拳头，走起路来，前后摆动，拳头开路，传言：“若被开路神之拳击中的人，有大灾大难，不死也得脱层皮。”因而人们都躲着它。

喝礼相在孝子面前权威最大，不论怎么喊，如何说，都必须听他的。由此还闹出一些笑话来。相传，有一喝礼相，想喝喝孝子出灵，突然看见个大闺女，长得特别漂亮，头上挽着个油光的大笾角，看上去很美丽，不由得口中喊出大笾（爬）来了，孝子们一听到“爬”字，都从灵室之中爬出来了。喝礼相一看这可怎么办呀！哪有“爬”这一项呢？幸亏他机智，又喊了个“爬”，孝子们都按顺序又爬回去了。不管怎么样，当时喝礼相没丢了丑。

灵棚搭在大门里，设上一张桌子，放几个座位（板凳），按吹鼓手席准备。来吊丧者听丧乐进出灵棚。吹鼓手最大的忌讳是不给妇女吹丧乐，据说吹了不吉利。丧乐在开号前，必须要“开号钱”，至少5元，还得要二尺白布拴到大号上。灵棚中设有和尚和道士的席位，吊丧的人和孝子按丧乐伴奏举哀谢拜。

埋葬死者的墓穴必须事先砌好。有钱人家的墓中随葬品很多，也很讲究。棺材头上，用石头雕刻的大厅中，有石桌、石柱，内用白锡打成的桌、椅、几、凳、床、帐、壶、碗、盘、灯盏等，桌上放一小口袋面粉、一坛茶叶和一坛白酒。

7.吊祭

在丧礼的第一天上午"点主"以后，至第三天上午，是亲友吊祭的日期。亲友吊丧时，必须先在门外路棚的"外柜"上报告与丧主（或者说与死者）的关系，以及自己的村名、姓名，然后取出"奠仪"——丧帐、挽联、花圈、火纸——俗称白平，若有祭品、扎材等礼品一并交代给外柜去安排，外柜要一一记在本子上，按其亲友近远，大小辈来穿孝服，由执事人导入灵棚行祭礼。在外柜棚里要写好对联：

先书亲朋来往仪　礼尚往来。
再著宾主接交情　嘉宾云集。

凡参加吊祭的亲友在外柜上记好账，领到孝服先去客棚饮茶等候，由执事人领入灵棚去行祭礼。客棚里也写满各式各样的对联：

愧无旨酒敬高客
幸有杯水候嘉宾
愧乏清泉莲须美
聊供井渫竹桑香
横幅：聊慰烦渴

梅花松风清几席
白云红桑绕壶觞
流水高山思故友
素车白马咏嘉宾
横幅：吊者六悦

饮茶片刻，由执事人带领到灵棚去行祭礼。灵棚照样有一定规格的对联：

无端能酬三载愿，

堂前床空悲痛常啼一夜雨。
需此欲尽百年心，
户中心戚梦魂不断五更烟。

在丧葬礼仪上，吊祭是整个丧事中的重要环节，吊孝不仅仅是有钱有势就能办到的，它有一定的规范和严格的要求，俗话说："亲戚有远近，朋友有厚薄。"通常是看与死者的关系，来决定吊礼和祭品。

祭品有"三牲祭""五牲祭""十大碗祭"等，人们必须按吊祭者的不同身份使用礼仪。

三牲祭可分为大三牲和小三牲祭品。大三牲祭品指猪头、鹅、鱼，小三牲祭品指肉、鸡、鱼。送三牲祭礼的必须是姑妈去世，娘家人做；或岳父母去世，由女婿做；再者舅父母去世、岳祖父母去世，也可以做三牲祭品去吊唁。同胞姐妹去世，做十大碗祭即可。像姐夫去世，不应做祭，送去奠礼挽幛即可。一般亲友或平辈的朋友也不做祭品，只用奠礼帐子即可。

祭品的使用安排也是很讲究的。如女老人去世，娘家门送来的祭品不许随便动，必须等送灵走后方可择用。岳父母去世，女婿送的祭品，可选一个好的礼品作为送灵之用，其余可择用。

凡有资格送三牲祭礼的均要写奠帖。如：

谨具：

挽言一章，真香一炷，玉镯一对，大锭一联，鲜肉一方，鲜鸡一只，鲜鱼一片，面点一盘，细粉一盘，洁酒一尊，奠仪十元。

奠敬

子婿敬挽

五牲祭品类似三牲祭礼品，只是在样数上比三牲祭礼多两品、重一些。如：整猪、鹅、羊、鸡、鱼。奠礼帖为：

谨具：

挽言一章，真香一炷，玉镯一对，挽联一副，冥套四盘，纸擢一对，金山二座，银山二座，疙瘩山二座，表里二架，奠礼五元，汤鹅一只，羊蹄一肘，汤鸡一只，鲜鱼一片，细粉二盘，清酒二尊。

子婿敬挽

“什锦全席”俗称“十大碗”。奠礼帖为：

谨具：

什锦一案，果品八色，花圈一架，青纱一挂，黄钱树一对，箱子一对，鸡一对，奴仆一个，奠仪贰十元，白平一束。

子婿敬挽

以上格式，一般不能随便乱改，其内容不能生搬硬套，有什么东西就写什么。如果品八色，有的只有大碗就不能写果品八色。果品八色，多数是四干四鲜，干是指糕点来说的，买上四样糕点分别放在四个盘子里；四鲜要在夏秋两季可用现成的：香蕉、橘子、苹果、大桃，不管什么水果只要凑上四样即可。如在春冬两季水果不够充足，就用萝卜来刻成四样水果，并染上色，看去和真的一样。凡送三牲礼、五牲礼、十大碗者都有厨师跟着前去吊丧，厨师的任务是摆设祭品和看护祭品。回来时，丧主家的办事人，必须压上赏钱，也有的压上两盒烟。

送花圈和帐子也有讲究。帐子的书写，如有姻亲称“亲家”，无亲写“世弟”“愚弟”，师徒称“徒弟”，同学称“同窗”“砚兄”，仁兄称“如弟”。舅与甥再拜，不写“顿首”。师生称“门人”，世谊称“世弟”，岳父与女婿称“眷生”，内弟与妹夫，写“眷弟”“内侄”，姑夫写“眷侄”，同岁称“年兄”“年侄”，表亲称“表敬”“表兄”“表弟”。本家称“伯”“愚伯”。

挽联的用料与内容。一般富户人家用绸缎，普通人家用斜纹和平面布。挽联的内容是根据死者的身份、品德来创作的。

在祭奠方面，分长、平、晚辈，也有远近之分。如祭长辈外婆和外老爷、舅、姑母、岳父母，都需要磕九叩礼，先吊后奠及举哀。晚辈去吊丧时，到账桌前先递上所带祭奠礼帖，司书接过去，让司账逐条记完。看着记得没有差错，就坐在司账桌一旁等候祭奠。此时，不管什么样的祭，帮丧人抬进灵棚摆好，有花圈或有青纱帐，该摆的摆上，应挂的挂好，接着有执宾领着进灵棚行吊，一般磕四个头，磕七个头、九个头的俗称“七叩礼、九叩礼”，有的只磕一个头，再进灵室哭灵。但如果死了姑，不能直接哭“姑”，必须哭“娘”，若死了舅，要哭“爷”，否则人家说不懂礼情。哭两分钟以后，执宾连劝带拉走出灵室，再走到司账桌一旁坐下等着奠祭。执宾进院领白大褂子、白孝帽子、腰绳和服鞋布等。领后放到传盘里端着，后边孝子和孝眷哭着跟到司账桌一边。执宾就喊“××村庄的客”，孝子跪下磕个头，吊丧者若辈很小，也要跪下磕个头还个礼，一般做个揖即可。等穿戴齐孝衣，执宾将他领到灵棚，行奠礼。奠者到灵案前，肃立作揖，跪下磕三个头，平身向前小步跪下，上香、祭酒，奠酒完了之后，又磕三个头起来，后退一步，肃立作揖，再磕三个头，起来之后，做个揖。这就叫九叩礼。行礼完毕，离开灵棚站在外面，等孝子出灵谢客。孝子走出，执宾喊“谢客”，孝子跪下磕个头，客作揖或磕头还礼，这时执宾领着客到大棚里喝茶、吃饭。也有的九叩礼，立好做个揖，一连磕四个头，起来上香，奠酒后磕一个起来，退到原位做个揖，再磕四个，加起来也是九叩礼。如死者是表叔、表大爷、表哥等，可行七叩礼，即：肃立做个揖，跪下一连磕三个头，平身向前，小半步跪下，上香、奠酒后，只磕一个头，起来之后，退回原位立稳，做个揖，再磕三个头。五叩礼，前边磕两个，中间磕一个，后头磕两个，共五个。妇女们不管辈大小只磕一个头，再到灵室里哭一场而已。

出殡时在过街大棚里进行祭奠，必须进行肃立，举哀。哀止，才行叩拜礼。如果要摔“老盆子”，则等所有的亲朋都奠祭完毕，有人喊一声“起灵”，吹鼓手吹三声大号，此时，摸起“老盆”往孝子头上一放，举起来，必须将盆子摔碎，如果摔不坏，立即用脚踢碎，否则不吉利。

8.出殡

在祭品的第三天下午，把灵床抬出门外，罩上棺罩，孝子烧完起棺纸，双手捧起烧纸盆（老盆），等吹完三声丧号后，由孝子、女婿或侄女婿、外甥摔碎老盆。摔时，要准备一条毛巾，防止烙手，如摔不破时，要用脚剁碎，否则对下一代不利。接着，在举哀中抬棺材，这时有两个开路神在前开路，抬着灵楼，孝子在棺前领丧，这就是所谓的“摔老盆，驾灵车”。所有的孝眷后跟，棺前后有和尚、道士和吹鼓手奏响法器丧乐，再后面是旗牌、伞、扇、花圈、祭品，最后是亲友送丧者，每人手拿一根香。棺材对联往往是写：自此佳城方会聚，逍遥黄金屋，别有天地；从今仙境任逍遥，快活白玉堂，羽化登仙。长睡不计日，金童前引路，魂魄以安；再醒知何年，玉女送西天，洞天福地。

在送葬的路上，有些亲友专门搭“路祭棚”，棚用过街席遮盖，每到此处，必须停灵祭奠。孝子叩首跪谢后，再起棺去墓地。

发丧时还要泼汤，一般泼单不泼双，有泼三次的，也有泼五次的。泼三次的是在死者入殓后，泼一次叫“倒头汤”。发丧时泼两次，上午一次，下午出殡时再泼一次。最后一次叫“圆汤”。发丧到墓地时，孝子孝眷要哭，回来时就不能哭了。如果再哭，怕死者心神不安，绝不能哭。泼五次是指死者死后的头一天泼两次，到发丧时泼三次，即早上一次，中午一次，出殡时再泼一次。泼汤时，用具不能手提，也不准挑，而是由五服之内的侄子或孙子抬，俗称“抬筲”，筲内只放少量清水和一把小米子，意思是不让死者的灵魂喝迷魂汤，喝清水，放小米是盼死者能复活。

9.安葬

安葬时，有安葬文，格式、内容如下：

谨以清酌庶馐之仪，哭奠于吾母之墓道前，曰呜呼！云山漠漠，松柏苍苍，牛眠得地，马鬣呈祥，神鬼呵护，鼯鼠遁芷，吾母葬此，既吉且安康，兹值安葬，敬陈酒浆，神其有知，来格来尝哀哉，尚飨。

灵棺抬至墓地，祭拜完毕，掀起棺罩，将棺木吊入墓穴。这时由孝子孝眷察看棺放的是否合适，如果孝子提出不当之处，帮丧人马上调整，得到允许后才能“盖实”。接着在乐声、哀声中，将所有的扎材一火焚之。

在焚烧的扎材中，死者若是妇女，由出嫁的闺女出钱扎个“老黄牛”。传说，妇女生孩子时，血水冲犯“三光”（日、月、星）有了罪，下阴间时要喝污水，由老黄牛代替喝，以表儿女对母亲的孝心。死者要是男的，需要扎匹马。相传古代跑急文都是用马，因为它跑得快，而且有耐力，死者有了马骑，在路上不仅跑得快，而且有些鬼魂不敢打扰。

墓穴盖好盖实之后，由孝子首先举锨，铲土扔到棺盖上，然后掩埋。此时所有的孝眷跪着，看着把坟埋好，最后把哀杖都插到坟的周围，如哀杖少，光插到坟的前面也可。等一切整理完毕，所有的孝子孝眷爬起来，拾上10块左右的土块，放在孝衣上兜着回家。走到门口，早有人点着谷草火、准备好白面馍，只要孝子进家必须烤一下火，然后吃口馍馍。到家后，把拾来的土块好好地放在粮食仓或粮食瓮里，其意是有几十亩土地种着吃喝不犯愁，对后代来说，已安好根了，以后永远有好日子过。

10.重丧

如果一块死两个人，民间俗称“重丧”。这是很不吉利的，必须破解，否则，对于后代来说，会在心理上造成沉重负担。重丧的破解法是：打个小棺材，大约50多厘米长，35厘米宽，高30厘米，油漆好，到出殡时，把小棺材放到大棺材顶上，抬着一同葬埋了。

另外，出殡时，在棺材前头，撒上一碗麸子，叫儿媳们拿着笤帚扫到自己的孝衣里兜着回到自己的屋里，倒在粮食瓮里。相传，如果这样做，后代在生活上就不犯愁。破解时，有时由于儿媳妇多也往往闹些纠纷，她们顾不得哭孝，却暗暗地把麸子一扫而净，结果有的妯娌看到棺材头上扫的似镜子一样，互相间会打起架来。

11.犯天七

犯天七，是指死者从死那一天，在“五七”之内，逢七的日子，如初七、十七、二十七，都是“犯天七”。传说，“犯天七”是阴间失火的日子，若不设法去破解，就会将死者的灵魂烧死。因此，不论谁摊上“犯天七”，必须按死者的年龄，一岁糊一面小白旗，并准备一个筛子，一桶水，到“犯天七”的这天早晨，围着坟头插上小旗，同时还念道：“一岁一杆旗，亡人犯天七，阴间失了火，阳间来救你。”然后，将筛子扣在坟顶上，把水倒在筛子上。这样即可摸起挑担，拿着筛子，不要回头，一直走回家去。

12.守孝

中国人历来讲孝道，特别是父母亲去世，更是以“孝”为先，谁也不想担“不孝”的骂名。具体到丧葬礼仪，守孝更是重要的一环。但无论怎么办丧事，都离不开经济状况和地位身份。如穷苦人家发丧以后，不出三天，就得下地劳动，或做生意，赚几个钱糊口，否则，饿着肚皮怎能蹲着守孝呢。一般人家，只是在“五七”之内守孝，可穿孝服，不随便走亲串门，只能待在家里，回忆去世的老人一生所作所为。到了夜间，要在老人的坟头守墓，表示与亲人形影不离，也是防止坏人盗墓。有钱有势的人家守孝，名堂可就多了，有守半年或一年的，多者甚至守三年。

守孝的忌讳特别多，不准走亲访友，不许到娱乐场所，不能赶集进大城市，更不能站街头闲谈和说笑。因为老人病故是莫大的悲伤，不能取乐，只有老老实实蹲在家中。另外，不能杀鸡、宰牛羊、吃肉，不可穿皮衣，以此表达对老人的一片孝心。

民间还流传着一些守墓的故事。据说以前有户人家，主人叫铁算盘，他娶了个媳妇，平常把她安排得没点闲空，生活上对她非常刻薄，有一天，趁家中无人，她到鸡窝里拾来个鸡蛋，放到锅里煮熟了，刚剥完皮听到婆母回家来了，不能细嚼慢咽了，把鸡蛋一口就吞下去了，哪知竟将她噎死了。没病没灾的死了，娘舅家能罢休吗，两家经过协商，最后要了些贵重的穿戴和棺材，还扎了许许多多的扎材，才发了丧。没想到盗墓的贼消息非常灵通，到了夜间去盗墓，破开坟后，打开棺材的后板，钻进去，照死者胸口就是一拳，并说："还我的衣服！"没想到这一拳打出去，死者口中的鸡子被震下去了，竟又复活了。

以往财主家在夜间守墓，主要是防盗墓。一般是花钱雇穷人守墓，雇人有好几种：一是光管夜间，白天没责任，这一类工资少。二是长工或短工白天黑夜都守，工资稍高。三是长工们白天给地主家干活，晚上去看墓，工钱较高。总之，在守墓方面，没有一定的规律。穷人家的墓根本不去守，一来没时间，守不起，二来穷人死后，墓里也没有什么贵重衣物，没财可发。

泰安民间，老人病故后，还有"吃服"一说。"吃服"是讲人死后，还要穿一段时间的孝服。穿孝服时间的长短，分亲疏远近。有句俗话说："老爷奶奶死后，吃花花服。"意思是说，过了"五七"或"百日"以后，可以穿点淡红衣服，戴点色不重的绿色。可是亲生的儿女就不同了。富家子弟要穿三年白鞋，扎白带子，白衣领，帽子疙瘩上也得换上白的，使用的器具也不能五彩缤纷，换上白色的或黑色的。春节写对联，不能使大红纸，而必须用蓝色的纸。

在民间观念中，老人在世要尽忠尽孝，这样才问心无愧；要不尽忠尽孝，人虽在世，但其心已死。也有的认为：一孝能遮百丑，人若不孝，不可交。总起来说，老人在世不尽孝，老人死后儿女也得落个骂名，所以，人们对于"吃服"都是诚心诚意的。

13.做"五七"

做"五七"除了和发丧有相同之处外，还有许多不同之处，如要写"五七"帖（见下页）。

『五七』帖式

考　府
显△　君於△月△日寿终仓促归宅未谒明禋今於△日设灵追
妣　太
荐忝在
戚谨以期

辞『五七』帖

昨蒙垂吊
曷胜哀感
五七赐奠
概不敢领
谨以
辞预

做“五七”的忌讳尤其多。按天数是35天，但不能到足足的天数，必须得提前做，只要过25天即可。也不能做跨年头年“五七”。如在腊月十五左右死的，年前只落了半个月，也可提前做“五七”，不能跨两个年头。凡来的客不能猜拳行令，主人也不能去敬酒，如果死的是女老人，娘家人必须在正房坐首席。坐首席也得懂礼貌，屋里不论安几桌，首席都得照顾其他桌的吃喝，绝不能个人吃饱喝好就走，其他人也不能随便走，必须等首席走出门，其他桌上的人才能走，否则，就失礼了。

在做“五七”的头一天，离泰城近的就到蒿里山上领魂。必须是死者的儿子或孙子去领，并且穿上一身孝服，做一个常钱拿着好领魂，需由一位老人领着去。到了蒿里山上，先讨签，看看在哪一司里。在讨签当中花招可多啦，据说一个筒里有两种签，有轻重之分，在摇时先出轻的后出重的。另一种签上有暗号，为的是叫有钱有势的讨个好签，多得几个赏钱。穷苦人讨的多数是坏签。好签有什么用呢？主要是死者的灵魂不仅不受刑，而且在衣食住行上特别好。而坏签就恰恰相反了，有的下黑沙地狱、粪屎泥地狱、穿筋地狱、挖眼地狱，有的被刀砍斧剁，爬刀山下火海。

抽签后，到司里去领魂时，先烧上纸香，然后扔常钱在地上，边捡边叫死者称呼，最后兜着常钱回家。

所有的孝子孝眷，早已在门口或庄外等候着，一见回来了大家就号啕一场，迎了家去把常钱放到死者的牌位上。灵牌的写法：男的写显考某某之灵位，女的写显妣某某之灵位。马上烧上几个菜和做点面食，放到供桌上，意思是赶快敬敬老人。休息一会儿，孝子们进行抱香，谁能在常钱上抱住，说明老人喜欢他，也显得孝顺；如抱不住说明老人讨厌他，也不孝顺。其办法是孝子在常钱上竖着放香，放住是孝子，放不住则是不孝之子，然后舍到杆子上。在割纸时纸边都有刺，如果用力放香，刺就被压倒了，因而抱不住香，要轻轻地去放，好多纸刺能把香含住，这就是抱香的窍门。

上林的时间和发丧那天大有差别：出殡都是下午，而做“五七”，必须十二点以前。关于做“五七”，还有个传说：

在做“五七”时，有个执事的，想显示出他的才能，亲朋到齐后，就喝起大茶拉呱。有的富亲戚拿出钱来，点吹鼓手吹戏，吹的内容自然是悲哀的，吹了几出，执事人感到乏味，心想，光在家里吹吹打打的没有什么意思，不如从庄里转一遭，显得办事人也懂得多，越想越感到光彩。于是，把死者的牌位放到传盘里，又找了张伟人像放到牌位前，叫个帮忙的端着传盘，所有的死者家属跟在传盘后面，吹鼓手在前吹着从大街小巷里转。凡出来看的人无不感到惊奇！这是弄的哪一套，是给伟人做“五七”，还是给死者呢？再说死者的牌位也不能随便端着去游街，这不仅画蛇添足，而且是犯大忌。这件事说明两点：一点是民间旧俗不能随便乱改，另一点使用礼仪一定要适当，不能乱来，虽说礼多不伤人，但用多了也不妥。

14.立碑

死者被埋葬之后，要造坟、立碑。立碑，是一件大事，不是轻而易举地就能办的。要请有名石匠，还得备好料石，花费自然相当大。而立碑的仪式仅次于发丧。立碑的主要目的，因经济地位的不同而有所区别，富裕者想举世闻名，万古流芳；一般老百姓则是想让四里八乡的人知道是张三、李四家的墓，并教育子孙后代，不要忘记老人的坟。也可以说墓碑只是个记号而已。

墓碑的式样除大小不同外，还有龟驮碑、龙头碑、道士帽碑、秃头碑等不同样式。碑石的原料差距更大，有玉石的、铜的、大理石的、花岗岩石的等，碑文都是根据死者一生的所作所为来撰写，撰写碑文尽量请有功名的人。大多数墓碑没有碑文，只在碑的正面写上“先考（先妣）×××之墓”，并署上立碑人的姓名。

立碑除找一个好日子外，其他事项和发丧大同小异。

15.迁墓

迁墓是丧葬习俗的重要组成部分。造成迁墓的原因是多方面的。有的因为买到称心如意的墓地进行迁葬；有的原来夫妇两人死时葬到两处，后迁葬到一起；有的原来死在外地，暂葬到外地，以后设法迁回故土；也有的原来家中贫困，把墓地卖了，后来过富了，再把墓迁到风水好的地方。

迁墓的具体做法是，必须打个棺材或买口棺材，这个棺材比发丧用的棺材小一点。有的长两米左右，也有的长一米，宽六十厘米，高四十多厘米，用漆刷好，棺内的两旁有的挂上绸子，当作墙围子，里边一定铺上棉花或海绵，也有的铺上褥子，主要防止骨尸放不稳。

等这一切准备好，就可挖坟取骨，这叫“破坟”。在破坟时，不能让死者的尸体见太阳。所以要在头一天，在坡地扎一个不见天的布篷或者苇席棚。具体扎法是，埋上四根柱子，上边架个田字架，放上几领箔能遮住太阳就可以。若家里穷扎不起席棚，一是趁太阳还没有出来时，就把尸骨取出，再就是弄领秫秸箔或席遮一下也可以。

迁墓有很多忌讳，如在破坟时，孕妇不能参加，一般妇女也不能近前，破坟时必须先烧纸和香，并炒三个菜上供，跪下祷告几句，说明迁墓的意义，破开坟以后，用好白酒喷洒池子，意在杀菌后再动手拾骨，往棺材里拾骨尸时，亲儿女不能拾，生怕泪掉在上面，传说掉上泪对后代不吉利，怕眼泪冲了福，需要远一茬的亲戚去拾。凡参加人员都得戴手套和口罩，嘴里最好含上酒，预防毒气伤人。富人家多数雇人拾。等骨尸放好后，子孙们要仔细地检查，看放的合适不合适，如有不称心之处，马上再摆布，直到满意为止。之后，才把棺盖扣严。发丧时用白纸谷豆子，而迁墓时用红的，大多数直接抬到新林进行祭奠。这一天不管在新林旧林所举行的仪式，与发丧仿佛，来的亲友买些礼品，穷人家只找几个人或自己的子孙动手，把坟起过去，大家喝场酒就完事。

迁墓和新林的安置不是简单的事，事先要请街坊四邻吃一顿酒席，表示如果在迁墓发丧时，损坏点庄稼，请大家有所原谅；另外，还请四邻多操心，如有小孩到林里毁坏林树、香炉、供台、桌等，要加以制止和管教。林路小或没林路的坟地，不论价钱高低，一定买条宽路，否则，四邻不让进棺。迁墓后，要垒林墙，有的用乱石砌两米左右的墙，有的用石头砌半米的台基，上边用砖垒成花墙；也有的栽上一圈灌木当林墙。林墙、林门口用石头雕刻些动物看大门，如狮子、骆驼、大象、马、狗之类，也有的雕些人物像，当装饰品。路的两旁栽上松柏树，表示林的威严。林里盖两间小屋，叫看林的住，看林的人都是花钱雇的，有合同制，有的包五年、十年的，工钱有的是按年支给，也有的是租种林地当作工资。

看林的多数是鳏人，少数带着家眷同居。他们的主要任务是看护林中的所有东西，其次，到清明和十月一日，帮着上坟添些土，再就是有发丧的，给打池子的炒菜和烧水。如果林中受到严重的损失，看林人不但要受到严厉的批评，而且得赔偿，甚至被解雇。

富户人家选好坟地后，还要请风水先生看风水，有人说："先有吉人，后有吉地。"意思是说，只要死者在世上做些善事，后代就会出现好人才，就能做大官。大部分的人认为："先有吉地，后有吉人。"和上面说的恰恰相反，其意是只要把死者埋到好风水地上，后代就能升高官。对于风水的事，民间流传许多故事，例如：

有一位风水仙（即风水先生）专看阴阳宅。相传他的本领相当大，人们都想请他看风水，但他一般都拒绝。凡请他看过阴阳宅的可以说百无一错，万无一失。

有家老财主，很有财势，家中人丁兴旺，就是不出大官。财主就这里访，那里问，怎么才能解决不升官的问题。有人告诉他，有位风水仙看得很准。于是，他就把这位风水仙请了去，先茶后酒，吃罢了饭，财主领他到老林里看风水如何，风水仙到了之后，围着林子转了一圈，说林倒不错，不过周围都是坟，直接影响着他家的风水，应该迁个新林才能出有名望的人。

接着领他到一块大平原地里看，风水仙搭眼一看说："此地盐碱太严重，不宜发芽生根，不宜设林。"财主立时领风水仙到了一个岭前怀的一块正方形地里。风水仙站到地当中，东张西望，又南走北逛，沉思了一会儿说："此地确实是块宝地，以后埋上人，哪有不出大官之理！"财主说："东南上有两堆坟，我感到很不利，怎能说是块宝地呢？"风水仙说："不怕鬼守着，就怕鬼瞅着，在林的前头，有一两个坟没关系，而在林后就不行了。"并说："如果我告诉你把坟埋到什么地方，保证出大官，可是对我极为不利，我就会双目失明！到那时，我大人孩子的生活该怎么办呢？"财主斩钉截铁地说："一切费用我包下来，一定叫你丰衣足食。"风水仙信以为真，当时告诉他从哪里开始埋葬。

过了几年，财主家的老人病故后真的按风水仙嘱咐的去做，说来也奇巧，果然出了大官。可是，风水仙的眼睛真的瞎了。起初财主家招待风水仙真正无微不至，后来逐步地招待的差了。风水仙就叫孩子拿着大镢和小瓮子到林上破风水。在坟后刨道深沟，灌上石灰水与信石（毒药），然后在坟前垒道小墙，把小瓮子放在墙根，并打上水，最后把墙推倒，把小瓮砸碎，让水都流出来，接着在供台桌子上摔个黑饭碗，不能回头一直跑回家，其意不仅没水喝，而且没了风水，连饭碗子都打了。此后不久，这家当官的果然犯了大罪，差一点被砍了头，最后是削职回了家。由于破了风水，风水仙的眼睛自然也好了，继续拾起他的旧文书，还是当风水仙。

16.舍林子

舍林子，指小孩死后的埋葬方式，又叫"特殊林"。小孩死后，给他穿好衣服，用干草包好，用绳子捆上两道或者三道，请个老者，自己抱着，到舍林子里不用埋，扔在地上就回家，一般小孩的尸体被狗吃、被狼拉走，极少数烂到地上，臭气难闻，胆小的人不敢路过，小孩更是吓得不敢凑边。

有人怕生了小孩不长命，就到舍林子里捡些破烂布，回家拼凑起来，给刚生的小孩穿上，民间说这样孩子可以长命百岁。也有的私生子，产下来之后，暗暗地扔到舍林子里，这样做为了不暴露目标。还有的外地穷人，死后无处葬，就用箔和席，埋在舍林子里。

17.白帖及其说明

横写丧帖帖式

（1）请本家长辈议丧事

×月×日洁酌　仰

恳

×号×伯指教

苫块族侄×××稽首叩

（2）请异姓执事帖

谨占　　×月×日恪具豆觞敬迓

台从仰恳

指教惟冀

届期光临曷胜哀感

右

启

大砚德×翁老先生台下

孤哀子×××稽颡拜

（3）请母舅议丧事帖

谨占　×月×日恪具豆觞奉迓

台贺共卜

窆期惟冀

届期光临曷胜哀感

右

启

×舅尊前

苫块愚甥×××稽颡拜

（4）请相礼帖

谨占　×月×日洁治乔稷哭奠

先严/慈柩前大礼未备奉迓

文旗借重

冠裳惟冀

届期惠临曷胜哀感

右

启

大文×元翁老先生大人阁下

孤哀子×××泣血顿稽颡

（5）请先生择葬期帖

谨占　　　×月×日肃具豆觞恭候

台驾祇聆

卜教惟冀

届期光降存殁均感

右

启

大德忝×翁×先生大人台下

自称呼×××顿首拜

（6）小祭礼单（封面写礼单）

谨具：

冥资一份　　绫帖一幅

清香一束　　叁牲一案

鲁酒一樽　　荤馔一席

神光一对　　赙仪几元

奉引

尊敬

称呼×××顿首拜

竖写丧帖帖式

报丧帖

痛维　不孝△△△

考府　正

显△　君享年△岁于本年△月△日△时寿终　寝　等亲视

妣太　内

合殓停柩在堂昕夕不安兹泣卜本月△日△时肃奉灵辆安葬

於村△祖茔之次即于是日治丧候唁忝在至戚谨此讣

闻

孤哀子△泣血稽颡率齐期孙△五月曾孙△牧泪稽首

期服兄弟△统期服侄△功服侄孙△△△牧泪稽首

功服兄弟△统功服侄△缌服侄孙△△牧泪稽首

缌服兄弟△统缌服侄△祖免服侄孙△牧泪稽首

请客议丧

谨占△月△日寅理豆觞奉迓

台驾祗聆

教益伏冀

光临殁存均感

右启

上

大德望△△公△先生大人阁下

孤哀子△△△泣血稽颡

请执事帖

孤哀子△△△泣血稽颡

恳

烦

上

大德望△△公△先生大人『差名』△月△日△时驾临为感

请相帖

孤哀子△△△泣血稽颡

恳

烦

上

大德望△△公△先生大人冠裳典礼于△月△日△时驾临为感

请点主帖

谨占△月△日寅理豆觞奉迓

文旌祗聆

鸿教届期

赍临曷胜衔感

右启

上

大德望△△公△先生大人阁下

孤哀子△△△泣血颡稽

请祀土帖

谨占△月△日寅理豆觞奉迓
驺徙祇聆
鸿教届期
贲临曷胜
右启
上
大德望△△公△先生大人阁下
孤哀子△△△泣血稽颡

恳点主帖

谨占△月△日洁治豆觞奉迓
文旌藉重
鸿题
荣光宗佑曷胜铭感
右启
上
大德望△△公△先生大人阁下
孤哀子△△△泣血稽颡

恳祀土帖

谨占△月△日洁治豆觞奉迓
驺徙藉重
祀典
荣光泉壤曷胜铭感
右启
上
大德望△△公△先生大人阁下
孤哀子△△△泣血稽颡

请僧帖

谨占△月△日寅理山蔬奉迓
宝杖祀聆
纱偈伏冀
光降曷胜
右启
上
大禅师△号上人莲座
孤哀子△△△泣血稽颡

请道士帖

谨占△月△日洁治清茗奉迓
仙仗祇聆
元诲伏祈
光降曷胜欣荷
右启
上
大真人△号△法师先生鹤驾下
孤哀子△△泣血稽颡

闭丧帖

考 府 正
显△ 君享年△岁于本月△日△时寿终 寝泣於△月△日△时
妣 太 内
成服即于是日治丧侯唁△时掩柩忝在至戚谨此讣
闻
孤哀子△泣血稽颡率齐期孙△△△曾孙△牧泪稽首
期服兄弟△统期服侄△功服侄孙△△△牧泪稽首
功服兄弟△统功服侄△缌服侄孙△△牧泪稽首
缌服兄弟△统缌服侄△祖免服侄孙△牧泪稽首

对于帖式的说明

（1）录各式帖心

坤丧帖心

封鲊训廉	遗奠增悲	钟礼郝法	花香玉宇	痛等西河	坤惠流芳
瑶池月冷	午望归宁	姜被夜冷	德叶珩璜	地卜牛眠	思齐思媚
西赴瑶池	淑德犹存	淑德流芳	慈孝并著	翠水云归	坦德可风
瞻望慈云	姜任遗风	临风陨涕	风追仪唐	情可能已	泪洒西山
燃须难忘	慈惠可式	燃须难再	悲由性生	陶孟比德	痛性尚石
音容宛在	里不拜冬	闺阁典型	仲氏余痛	母仪可风	仉范可表

湘江月冷　月沉辉留　陆流礼法　高登女儿　坤归真泉　德配曹孟
孟母留迹　德并三江　女宗共仰　名高两观　德怀安坤　终温且惠
驾鸾西游

乾丧帖心

望重乡党　合乡同悲　仁厚堪师　尚有典型　玉楼早台　丹成羽化
羽化登仙　哭宜失声　吾将安放　山颓梁坏　素车白马　木坏山颓
一朝千古　神归紫府　帐寒几冷　作范九原　责善无人　望重山斗
渭阳情深　泪洒西州　霜催玉树　善诱无人　渭阳生悲　白水山空
泪洒琼瑰　遗范千秋　雁序蓬莱　对赠生悲　空邻投赠　德并西山
天阁修文　香山添座　驾鹤西游　月且高评　泰山共颓　岱岭云深
山高水长　西游帝京　香山可十　典型犹在　哭奠中堂　玉埋名留
泪洒磐石　抱痛西山　雁行失序　风流顿尽　玉润难田　埋玉伤情
西门寂寞　冰清永怀　乐极生悲　泪冷血热　西域添座　砚德长存
御龙西归　作霖九原

挽父子同殁帖心

聚顺瑶池　荣聚九原　随侍泉台　携子登仙　抱入牛眼　慈孝并著
作述云间　偕子西游　堂构辉生　鹤驾追随　作述永垂　与子皆隐
诗礼庭空　涕泗滂沱　一经遗教　望重两难

挽母代子帖心

风追绵山　携子登仙　慈母傍芳　玉彩并辉　慈孝并举　任文同归
顾复九源　汲水进脍　田往子随　坤升震随　奉母西天　尝吐泉台
仙游埋玉　锦山同归

挽师帖心

山高水长　木坏山颓　万里作赋　立云情深　冰清永怀　德并泰岱

挽婆媳同殡帖心

九原聚顺　携赴瑶池　视善仙台　文媚并著　姑引仙游　风追崔唐
承欢泉下　风带雏飞

挽姐妹帖心

燃须难再　洒泪千行　燃须增痛　仲氏余痛　除服费忍　堪思同蒂
上书难再　娣归望断　煮粥难开　曲歌清溪　哭逞幽灵　挥泪两阶

挽岳父帖心

冰清辞尘　岱岭云深　望重二龙　冰清永怀　品重二程　甥馆增悲
德星堂空　泰山峰颓　岱老双颓

挽姑夫帖心

赏怀明通　诗教永怀　指座无人　恩籍三业

挽妗母帖心

泪洒泉台　痛等渭阳　复泣渭阳　扶灵悲痛

挽女婿帖心

情同半子　玉面难回　情何触卫　泪洒东床

挽甥帖心

一朝千古　后来之芳　宅相谁成　余情何报　对题生悲　痛信早逝
无望未秀

挽幼辈帖心

玉楼早台　忙汝早逝　早登仙界　昙花一现　玉琼逍遥

挽母舅帖心

西州兴恸　泪洒西州　咏诗泣别　痛深渭阳　西门抱痛　泣回西州
渭阳情深　终成宅西

挽外祖父母帖心

双星归元　乾坤合德　南极星陨　述书吞声

挽朋友帖心

山高水长　无伯入楚　玉树凋残　桂枝痛落　风雨永怀　愧乏麦舟
登堂何拜　痛等失帖　如载二年　过庐念旧

挽姐妹丈帖心

葬雪情深　帐寒几冷　痛姐妹夭　致奠挥泪

挽兄弟帖心

风流顿尽　玉箫声断　被暖九原　式好瑶池　德并西山　式好兄弟
雁随云间　夷齐西归　守阳偕隐　荆花通落

（2）各种丧事对联匾联

挽曾祖对联：

一梦不回肯堂肯构追往训，

九原可作我祖我父有余哀。

嗟祖父云亡致使一身承两氏，

痛罔极未报权将五月补三年。

挽祖父母对联：

绪重缵绍种德精心空仰赖，

恩同顾复含饴系事痛回恩。

薰献忆当年哭向洋中空洒泪，

饴合如昨日梦依膝下那分香。

大匾：痛谷靡饴

小匾：春露秋霜

挽祖母对联：

念祖德而增悲空流血泪，

思含饴以抱痛徒帐白云。

机痛当年因父断，

饴悲甘日为子含。

忆往年祝哽祝噎终养意难期百岁，

痛此日设报设婆含饴不复觇重慈。

挽祖父联：

恪守宗祧绳祖绪仰承父志，

哀陈宴饯慰先灵聊尽孙心。

承重代先严而泣哀麻弥深悲痛，

宅忧偕叔父以治窀穸永慰精魂。

杖履犹存思音容而已杳，

灵辆将驾望云树以生悲。

德帐风寒睹衣裳而抱痛，

虚堂月冷抚几杖以生悲。

古桐松柏清同竹，

言可经论行可师。

视无形听无声我父之形身安在，

僾乎见忾乎闻若子之见闻中虚。

训忆趋庭无望闻诗闻礼，
谋贻作室倍伤肯构肯堂。
穗帐云封天涯望断亲何在，
空堂月冷血泪声干梦不成。
白马素带愁入梦，
青天碧海笑招魂。

挽母联：

获昼依然念鞠我酬恩无地，
手绵犹存陟岵不闻嗟子语。
杼抽宛在断机无复唤儿声，
机杼未忘二月春风挥血泪。
萱堂在望空意慈颜留懿训，
草心难报惟血泪余仰春晖。
稽颡有哀频呛地，
瞻颜无依但号天。
陟岵不闻嗟子语，
分干无复唤儿声。
口洋空留不忍怀棬之再饮，
萱帏已闭难将奁镜以重升。
风木生悲陟岵不闻嗟子语，
诗礼犹在过庭无复唤儿声。
五夜含悲想当年为我留砚，
三更抱痛伤今兹代父承祧。

小匾：云惨风凄　致敬致哀　泣血樵心

大匾：陟岵增悲　谁为画获　抱恨何衣

挽父联：

偻见佐闻此日如亲笑话，
秋霜春露他年空忆音容。
泪洒三秋之露灵椿已杳，
伦增半塌之书手泽徒存。

双挽父母联：

此身空洒高榆泪，

何日能申寸草心。

手泽犹存哭眼泪，

仪容宛在痛唯心。

慈竹当风空有影，

晚萱经雨不留情。

鹤驾难回终隔云山家万里，

猿肠易断那堪风雨月三更。

言犹在耳灵魂杳杳归何地，

孝罗忘心音容隐隐若在兹。

亲颜杳矣不知魂魄归何地，

子心哀哉若有音容在目前。

碧水青山谁做主，

落花啼鸟总伤情。

挽兄弟对联：

云路仰天高谁使雁行分双影，

风亭悲月冷忽教荆树萎连枝。

挽夫妻对联：

数十年相予持家无可议也，

二三子为汝泣血何忍闻之。

井血空存中馈无人谁做主，

织机永断此身有过不闻规。

衰老谁怜七旬叟，

悲欢应恸九泉人。

妻丧对联：

春风桃李花开夜，

秋雨梧桐叶落迟。

廿载相随必敬无违娴母教，

一朝永诀追思往事痛予心。

匾：

机残月冷　鸡鸣留音　杆冷风清

匾门辕：

东来紫气　西赴瑶池　勉当大重　湘江月冷　珠宫烟销

父母匾：

泣送东郊　疑风痛致　木有余哀　失持衔悲　恩同顾复　尽哀尽情　云惨风凄

附录

泰安农村丧俗志

山东泰安地区农村葬俗近几年虽有所改变和更新，但大部分还保留了旧的丧俗习惯。

旧时，凡是老人年龄在五十岁以上，当晚辈的就盘算给老人们准备后事，做寿衣（送老的衣裳）、打棺材、修建墓池。富贵人家预先将墓池修建好，有腰花玉的、石匣的，用石头或砖砌好，并刻上各式各样的花纹，像活人住的厅房一样美观。棺材分厚薄，木质分孬好，好的有六寸、四寸、三寸，多用柏树或楸木；大部分为两寸五、两寸，多数是杨柳木。穷人家死了人用石头砌坟墓，甚穷人家用席卷箔埋，挖个土坑即了结。备寿衣也不同，富家大部分是用好布料，多是丝、绢、缎。但，照路衣和手帐必须用绢做成，还要备些老人在世时喜欢的金、银首饰，花鸟树草，烟袋、烟布袋等物。

待死者快咽气时，还要拿着耕地犁子骑在屋脊上大喊“×××快回吧！”称为“叫魂”，同时要急速给死者穿衣服，不论死者是男是女，必须穿单不穿双，不论死在什么季节，都要有棉衣。病者在垂危时，不能死在房里间床上，要放屋梁外间，用木板或其他东西搭一个灵床，意思是让死者的魂别留在里屋，免得后人害怕，不敢住了。咽气前要将备好的单、棉衣全部穿好，衣服不钉扣子，全是用布条系上，表示后继有人，有带子之意。待咽气后放在灵床上，死者的身下铺黄纸（草纸），身上盖白色布单子，这叫“铺金盖银”，意指死者到了阴间有享不尽的荣华富贵。

死者停在灵床后，灵床前点一盏“照尸灯”，昼夜不熄，意思怕死者到了阴间因黑暗而害怕。灵床前还要放一个小泥盆子，也叫“老盆”，待出殡时摔碎。还要摆个小桌在灵床前，并摆上供品，表示死者还能继续用。灵床两侧儿女要昼夜守灵，也叫守尸，右男左女，右侧从大儿子、次子依次排跪，左侧从大媳妇、大闺女依次往下排坐。

死者停灵期间，一般泼汤三次。泼第一遍汤，有赞礼者携带香纸在前，二人抬饮马桶（一般用铁水桶，内放水和小米、麦麸），吹鼓手吹打前行，众孝子随后，到土地庙哭奠（向当地神报到），奠毕，将桶内水泼在地。第二遍泼汤，孝子手拉哀杖（用白纸剪成花牙贴在鲜柳木棍上），头戴麻冠，身着孝服，腰系麻绳，弯腰赤足，两耳塞棉球，边走边哭喊。女的如儿媳则披头散发，身着重孝，手拿哀杖，号啕大哭；男孝子到土地庙哭奠。第三遍汤是最后一次，孝子在土地庙哭奠后，怀抱引魂幡（用火纸剪成条状贴在小木棍或秫秸上）回到灵前跪哭，一一跪谢亲友与执队。然后孝子给死者“净面”，用碗盛酒，用棉花蘸洗死者脸面，洗毕将碗摔碎。再用镜子或香从上自下照死者尸体，称为“开光”，照后将死者入殓盖棺。

同时，在这期间要安排好丧事的操办。丧事的处理丧主一般不过问，主要靠里柜掌管。丧事的大小、形式、要求、人员安排使用、出丧帖、经济收支、生活安排等均由里柜来决定。如老人一去世，要安排已婚的闺女到婆家去逃服；如果死者是女性老人，里柜必须领着死者的儿子到他姥娘家去跪门叩头，待他舅父行恩后，方能回家商定发丧的一切事宜。这时由里柜与丧主研究，确定发丧日期、规模大小。尔后由里柜写好讣帖，派当差的人逐个送去，向亲戚朋友报丧。在此，里柜还要领着孝子去“恳”（意指恳求）帮忙的人，帮忙的人来后，由里柜安排差事：有到坟地去挖修、整理墓池子的，有送丧帖的，有接送客人的，也有搭棚子、买菜、做饭、烧水的，有借桌、椅、凳所需用具的。另外，还安排好男、女各两个领客的，主要负责领客奠祭行礼（任丧事司仪）。女知客还要负责孝服、附白鞋、穿孝服等事宜。

出殡这一天（也叫发丧），里柜在丧主大门外设一张桌子，专门接待来吊丧者和记账，凡是亲戚朋友来吊孝的，一般按亲友的关系来确定花钱多少。至亲可送三牲祭、十大碗、四鲜果、联等。一般亲戚朋友和街坊记上个账就回去了。至亲要到灵前叩头行拜。这天，灵堂内灵柩停放在堂屋室内，门口挂竹帘。门外灵棚内正中摆一供桌，供桌上除摆供品，点燃香烛外，并供奉死者牌位，若男者牌位写“先考×××大人之灵位”，也有写“先考×××大人之神位”；若女者写“先妣×孺人老太君之灵位”。供桌两侧由本姓侄、孙等分别下跪，陪着吊孝的客人叩头行拜。凡到灵前吊唁者，由司仪引路，一般近亲叩九个头，也叫“九叩礼”，远亲、朋友叩七个头，也叫“七叩礼”，均是单数。待叩完头后，司仪（也叫“提号的”）马上向屋内守灵的喊：“谢客！”这时，由守灵的大儿子带着出来叩头还礼，然后再回到屋里守灵。守灵的女人不出来，即使有女客叩头行拜，守灵的女人也不出来还礼，因为女客叩完头必须进屋哭几声才出来。男客一般不进屋，只有女婿进屋哭几声。

出殡前，需要送到坟上的亲友，里柜要安排吃午饭，留下吃午饭的客人，在午饭前由里柜领着死者的大儿子，逐个给人家叩头，也叫“恳”，意指给你叩个头，请贵客辛苦些，帮助送到坟上去。

出殡一般在午饭后，将棺材抬到大门外或街头上，棺材上要放一只大红公鸡，意思让鸡领魂。这时，儿、媳、女及亲属都披麻戴孝全部出来，跪在棺材前大哭。并将供品（包括女婿送来的礼祭）一并摆在桌上，所有送到坟上的亲友，再重新叩拜一次。然后准备起棺之前，大女婿拿着泥盆（老盆）在死者大儿头上一顶，随吹鼓手的大号声摔碎老盆。随之，丧事司仪大声喊“前后，起灵！”棺材抬起，棺材在前，吹鼓手、儿、媳、女及亲友随后一起哭喊着送往墓地。

送往墓地一路上男客要扶着儿子，女客（大部分是出嫁闺女的婆家人、媳妇的娘家人）扶着媳妇和闺女到墓地。至墓地，墓前设供桌再祭，祭毕将棺入墓穴，孝子给亲朋众客执事人等一一跪谢。入穴后填土掩埋，聚成圆锥形坟头。随后儿、媳、女围着坟头转三转，再将“纸古斗子”插在坟顶，哀杖插在坟半腰周围（表示儿、孙的多少），儿媳、闺女的哀杖抛在路旁。走时儿、媳、女每人用白布上衣包上一把土带回家去，进屋还要坐在盛五谷杂粮的布袋上。

葬后要进行三日祭、七天祭（共五七）、百日祭和周年祭。死者从去世那天起到第三天，举家上第一次坟（即圆坟），直系亲属用衣兜土绕坟正转三圈，倒转三圈，将土倒在坟上，堆起坟头，摆祭哭奠。到第七天（一七），儿、媳、女带着供品、香、纸到坟上烧纸、叩头。每七天上一次坟，依次类推到“五七”。“五七”这天（即去世三十五天，大部分提前）比较隆重，也是丧事全部了结的日子。这一天照样请里柜、厨师和帮忙的人，协助料理一些事宜，迎送客人、借还桌、椅、餐具等。亲友可带些贵重的礼物，如酒、肉、鸡、糕点等。

死者是男的还要扎匹马，死者是女的就要扎头牛。意思让死者在阴间继续劳动和生活。扎黄牛的钱必须是闺女出，以示孝。当天上午，可到坟墓上，摆上供品，叩头行拜，将扎的这些东西全部烧掉。晚上可大摆酒席，招待来宾。第二天，丧主再请来里柜、外柜和帮忙的人以表示感谢。至此丧事算全部结束。在“五七”内，还有一风俗就是见人就叩头。俗话说：“死了老人就没辈了。”也不许随便去走亲串友，少出门，少叩头。到一百天（称百日），死者的亲属同样带上供品和纸、香到坟上祭奠。同时在这一百天之内，儿、媳、女及近亲有很多忌讳。如不许理发、剃头，要穿白鞋。帽子和上衣都要缝上白布边；女的不许穿红戴绿。此间尽量不办喜事（娶亲、嫁女），就是遇上过年贴对联，也要用灰、蓝色的纸。总之，不能用红，以示孝。死者逝世每到一周年（称忌日），儿、媳、女及亲属可携带祭品，到墓地祭祀（一般在三年之内），以示纪念。

死者还有一个“犯天七”传说。所谓“犯天七”，就是死者咽气那天遇上阴历某月的初七、十七、二十七，都属于“犯天七”。据说遇上“七”这一天，阴间失火，能烧毁棺材。但可破解：用白纸糊三角形小旗，死者有多大岁数糊多少杆小旗。从去世的日子算起，到第一个初七夜里十二点后，鸡叫前，带着这些小旗和一桶水、筛子到坟墓上去，一面将小白旗往坟上插，一面嘴里念道：

一岁一杆旗，
亡人犯天七。
阴间失了火，
阳间来救你。

然后将筛子扣在坟头上，把水桶的水倒在筛子上，就算解救了“犯天七”，死者可安全无恙了。

新中国成立后，葬礼已日趋简化，既保留了区域性、民族特色，又能符合人民群众的意愿。目前更可喜的是实行火葬，一般亲属戴黑袖章，开个追悼会，一天即可结束。这种丧俗深受群众欢迎，这对于发展我国民族传统文化事业，具有一定的积极作用。

（原载《民俗研究》1988年第3期，作者：李伯涛）

八、社会礼仪民俗

泰山一带的民众，自古受到齐鲁传统文化的熏陶，十分注重礼仪。除生养寿诞、红白喜事依礼行事外，在社会交往、生产生活过程中，也有诸多礼仪民俗事象为民众广泛遵守，现择要介绍如下。

1.待客迎送礼仪

泰安地区的群众很重视迎送礼俗，有客人来到，主人总是亲亲热热，从内心里欢喜，说话行事都是十分恭敬。而客人也是谦虚谨慎，态度和蔼，像回到自己家中一样。如果某一天家中要来客人，这一天清晨起来，主家便里里外外打扫干净，洗刷好饭菜用具，擦净门窗和桌椅，摆好凳子。早饭后，差人在大门外或村庄外等候客人的到来。只要望见客人来到，立即跑回家报给老人，到大门外迎候。见面之后，先作揖或握手，然后相互问好。接着客人在前主人在后进入正房，再相互让座，无论怎么让，总是宾客坐上首。接着就是拿着雪白的湿毛巾，递给客人擦手擦脸，也有让客人在脸盆里洗手洗脸的，洗完之后，主人将水泼到外面，不能让客人泼洗脸水。客回到原位，主人双手递烟，并打火给客人点烟，同时让客人吃瓜子或糖果，客人不吃，别人都不能先吃。给客人倒茶水时，一是要倒的比较浅，俗话说：“茶要浅，酒要满。”二是双手端起茶碗递给客人，客人自然也得双手接过去。在交谈中，主人不能随便打断客人的话，应注意客人的身份与职业，一般是随和客人谈些有兴趣的话，以活跃气氛。

喝茶有很多礼节和忌讳，在八仙桌上放茶壶，壶嘴必须朝前，切忌朝向客人，如壶嘴朝客人，就意味着水泄客人，极不恭敬。水烧开了，只能送到客室，不能亲自往茶壶里面倒，只有陪客的人才能往茶壶里冲水。给客人倒茶不能用左手，只能用右手，这样可用左手遮在茶壶的一旁，表示尊敬客人，客人站起来或用右手遮在茶碗另一旁，表示给主人回礼。开水冲进茶壶内，不能马上往茶碗里倒，必须停一会，才能给客人倒茶。倒茶时要看人数多少和茶壶的大小，若人多壶又小，可斟浅一点，或者只给客人和陪客的斟，决不能将茶壶里水斟空了，那样这壶茶就全瞎了。如客人多，也可用两套茶壶。饮茶时，要注意不能随便泼茶根；若喝一碗就往地下泼一次茶根，主人就不再给倒了，认为你喝足了。若茶喝乏了，无色无味，不能带着残茶叶放新茶叶，这不仅是为了味道好，也是对客人的尊重。

过去富裕人家有一种习惯，他们为提高身价，将新宜兴泥子茶壶装进黑豆，或放进水在冬季冻碎，然后再让锯锅的锯上一些铜锯子，有的一把壶能锯上一百多个小铜锯子，越是锯的多，越称心，也说明越富裕。

还有这样一个传说。有一家穷人，不知费了多少口舌，好不容易给儿子说上媳妇。到了送礼那一天，到邻居张大爷家借了把茶壶，拿到家，在洗刷茶壶时，一面洗刷，一面念道：张大爷喝茶幸亏是怪在行，茶壶的脏物都堆成山了。就这样费了好大劲将茶壶的茶山刮掉了。待客人走后，便欢欢喜喜地给张大爷送了茶壶去，一进门碰见张大爷便说：“亏你喝茶怪在行，茶壶里的脏物快成山了，我费了大半天才给弄干净，你可使个干净壶吧！”张大爷接过茶壶打开盖一看，举起茶壶就摔了个粉碎，并嘟念着：“我这一辈子算完了，没指望啦！养了好几十年的茶山叫你给破坏了。”转身回到屋里自己生闷气。

由此说明，旧的饮茶风俗很讲究茶具和饮茶方式。

午饭前的待客习俗，是客人饮茶后，由陪客人领着到大门外逛一逛，其一是客人观景并方便一下，其二是主人家安排酒桌排好位子。待客时午餐比较简单，吃面条、水饺、糕点等，也可以炒几个菜。饭后吃水果时，先给客人削果皮，然后用水冲洗，再让客人吃。同时也可以安排些娱乐活动，如象棋、麻将、纸牌等。下象棋比较讲究，让客人使红子，因为红颜色象征着光明和胜利，也是尊敬客人。在走棋时，也得先让客人走，即便是吃客人的棋子也得先告诉客人，甚至第一盘有意输给客人，这样做也是照顾客人。

下午座席说法较多。把客安到上首之后，下边的人员按辈分和年龄排着坐下。如果客多就难了，按年龄和辈分又不行了，还得按亲戚的远近，新亲或者老亲戚都有区别。安客的礼节很多，有的人认为只要坐到上首，哪怕不吃不喝，也很荣耀。有的人坐不了上首，赌气跑了，给主家没脸。端上盅筷，先给客人挑双好的，也得选一个既大又好一点的盅子，并把卫生纸放在醋坛子上，以备擦盅筷用。在喝酒时，大家都拿起酒盅子等上首先喝，下边才能喝。

喝酒是由主人倡议，然后带头喝。搛菜则是上首领头。等上完菜，坐上首的说："随意搛菜吧！"这才个人愿吃什么，就挟什么，总之吃喝都得听上首的指挥，决不能随心所欲。

吃完饭，所有的客到外边站一会儿，让家里把桌子整理好，闷上茶，也有的称冲上茶或泡上茶，都是一个意思，只不过说法不同。客人回来喝茶，拉些家常，互相说些客气话。主人家说："今天粗茶淡饭的，炒几个菜也是少油无盐的，请原谅吧。"客人说："别说菜饭这么丰盛合口，就是凉水温成热水也挺好。"俗话说："人敬水也甜。"这些话都是礼节，不这样就会被认为不懂事！客人走时，主人不仅送出大门，而且送出很远，显得更亲热和有礼节。

要去做客时，必须衣帽整齐，过去的帽是指礼帽来说的，衣是指大褂子说的。如果自己没有可以向别人借用，否则会被人看不起。同时要买些礼物，最薄的礼：买几斤油条，称两斤糕点或买十几个烧饼。这种礼俗叫"迎门笑"。

进大门见到主人，先问好，然后走到正房。若是晚辈和外甥、表侄、表孙等不能坐到上首，要坐在偏位子上。喝茶时要先给长辈倒茶，然后再给自己倒。俗话说得好："外甥走姥娘家、侄走姑家不能充客。"不论吃饭喝酒都得亲手干，还得给老人们干。临走时，必须向老人们说："今天您老人家，忙里忙外一定很累了，需要休息了，天也不早了，我得回去了。"如果不说，爬起来就走，好像生了气的样子，那就真失礼了。

年节以后，泰安地区还有互相请客的风俗。请客和陪客不是一码事，陪客是伺候人家，一切得依着客人的所作所为。而请来的客，是被招待的，坐在席上光吃喝，什么事情也不让他做。形式上挺简单，因时间紧迫，多数只吃一顿饭，早、中、晚皆可以。过去，有的人拿出几瓶子酒或几斤糕点，也有的拿出一条烟和一包花糖，把大家请来，尽情地吃喝，尽量地使大家愉快。

过去请客，虽然说男女都有请的，但男女不能同席。多数只请男客，有的单独请女的。民间讲究男女不能混杂，因此，请男就不请女，同样请女就不请男。

盖了新房迁居，叫乔迁之喜，亲朋好友要赠送礼品，如名人字画、茶壶、茶杯、炊具等。

平时人们见了面打个招呼，早晨遇见就相互问早晨好，饭后，一般问吃饭没有？还有客气地让跟到家里去喝茶、坐坐，这都是生活中的习惯。如骑自行车、骑马、坐轿见熟人必须先下来，恭敬地说话，特别是进自己的村庄时，要在村外就先下车。自然，出村时也得到村外才能上车，不然就是没礼貌，没教养。人们常说："马大、骡子大值钱，而人大不值钱。"

2.庆贺丰收

"庆丰收"是农民看到当年大丰收，就主动地献钱捐物，组织戏班子，进行庆贺。

有的村是请戏班子连唱三天戏，也有的请说书的、耍杂技、玩猴的，也可到集镇上买些供品、鞭炮、元宝、纸、香和酒肉菜等，敬天地、敬龙王、敬风婆婆。敬罢跪拜后，大家便男一桌、女一桌在一块饮酒，也有的将饭菜做好，按人分开，带回家去，全家一起吃喝。

这一天，群众像过年一样，梳洗打扮，穿上新衣服，在饮酒中，你说我讲，高高兴兴。有的老者说，大丰收，粮食多，是老天爷给咱的。有的年轻人说，不对！是咱自己干出来的。另一位年纪大的老人说，小伙子，不信老天爷可不行。我给你们讲个故事：很久以前遇上个大旱年，老百姓饿的到处逃荒要饭，不知饿死多少穷人。群众想到龙王庙去求雨，可是没一分钱，便去求财主拿点香火钱。可那财主心狠，怕风调雨顺，百姓有饭吃。气呼呼地说："我不求天，不求地，旱涝都不怕，我敢与老天摽摽看。我种上五十亩芝麻，五十亩稻，五十亩谷，只要有一样收了，就吃不了，饿死你们这些穷小子！"他这狂言不仅欺人，还欺天。说也巧，玉皇大帝差龙王专门往他芝麻地里灌大雨，几天就把五十亩芝麻全淹死了。俗话说得好，旱收芝麻，涝收稻。接着又嘱咐龙王不要往他稻田里滴一个雨点，结果五十亩稻苗全干枯了。同时又差风婆婆到他谷子地里去刮大风，将谷子扑过来扑过去，一会儿，便将五十亩谷子扑倒在地，一粒粮食也没收到，只收了一堆烂柴草。玉皇大帝自言自语地笑道：

先涝你的芝麻，
后旱你的稻，
大风推倒你的铁杆草，
看你还敢和我摽！

听完，惹得大家哈哈笑，都争先恐后地说啊，讲啊，真是热闹非凡。

3.庆贺五辈同堂

过去提起“五辈同堂”这一词语，人们就会乐得开心。街坊、邻居，甚至全村及镇上的人们都会喜笑颜开地赞许道：真值得庆贺！庆贺方式和做寿相似，不过预先请人把五辈子的人画出来（现在是用照相机拍下来）作为纪念，也可赠送人。庆贺时，座席有不少习俗：平时父子不同席，陪客吃饭，晚辈不管多大年纪，必须站在一旁慎重地伺候客人，还得应声应叫，否则就失了礼。来的客人是长辈，或者平辈，都必须到上首就座，主人只能在一边陪着。这一点和做寿有点不同，寿日不管来的客多么大，寿星本人坐在上首，如果客人不懂这一礼节，认为自己是客人，又是长辈，让我坐就坐吧，那就丢了人。“贺五辈同堂”可以父子同席。其他事，父子同席、坐首席都不行。

庆贺“五辈同堂”喝酒时，划拳有许多的忌讳，有的忌“五”，不划五，如果喊出五来就是输了。有的带“好”的，不喊“好”也是输了。有三拳二胜的，有的一拳输了就喝酒。还有的忌讳，伸大拇指时不能朝天，要斜着，否则是英雄主义，很不恭敬人。划二的时候，不能用大拇指和食指表示，这样伸叫虎口，不礼貌，而要伸拇指和小指。划三的时候，不能伸大拇指、食指、中指，因伸出此三指似手枪，表示心狠毒。而要伸大拇指、中指和小指，这个伸法不但有礼貌，而且也好看。另外，还有失拳，如一方喊八个，但只伸了两个，就是对方伸五指，二加五等于七个，所以失拳，就得罚酒。划拳有个当官的，官一般从上首开始，按次序都得当当。如果不会划，可以喝四个酒，把官让了，也可让别人替划，但输了本人要喝酒。一次有划四盅酒的，也有划六个、八个、十二个的，总之划双不划单。

4.庆贺医生

在农村中，有的医生医术相当高明，治好了不少疑难病症，群众为了感谢医生，便主动给医生送匾。匾的内容大都写：

妙手回春，起死回生，
手到病除，华佗妙术。

如果送给好几个医生就应写：

医宗双传，济世活人。

送匾时也得写对联，内容是：

道明圣贤书千卷，理辨君臣药一囊。
乾坤结就长生药，日月炼成不老丹。
好药扫开千里雾，灵丹点破一天云。
青囊已得华公秘，香花先占董子春。
眺得白云间采药，引起明月静烧丹。

庆贺医生和庆贺“五世同堂”仪式大致一样。

5.庆贺开业

初干买卖行或过年后，不论是茶庄、布店、文具铺、金银首饰等店，都必须开业，也叫开市。开业举动很大，在那一天，不仅亲戚朋友来送礼物，而且街坊邻居也来参加庆贺。大一点的商店得用整猪和羊，鸡、鱼也必须用整的，凑上五样当供品。并贴上崭新的对联，尤其大门口贴上鲜艳的“开业大吉”“开市大吉”。门上的横批多数写：财源茂盛、招财进宝、生意兴隆等。门条：四面来财、八方进宝。门心：福如东海长流水（或：生意兴隆通四海），财源茂盛达三江。一切准备齐全，专等各路的客人来庆贺，庆贺时主要的事项就是拜财神。传说：财神是三国时蜀汉大将关羽，因他是山西人，供桌不能朝西，只怕财神回老家，就难以发大财，所以，除了西，其他方向都可以。

开市之日，到大门口悬上彩旗，挂上一对或两对大纱灯。屋内有裙子灯和转灯，并挂上一只大镜子，还有些风景和人物画，里里外外摆设的像天宫一般的美丽。在拜财神时，鞭炮齐鸣，锣鼓喧天，比娶媳妇热闹得多！

拜罢财神，随便坐下谈天，专等喝茶吃饭。中午只有四个盘吃馒头，忌面条，说做生意不利落，吃馒头能“发”起来了。下午正规席，都是十个菜（四个盘、六个碗）俗称“十大全”。在主家让酒时，先喝四个，叫“四季来财”；后喝十个，叫“十全福禄”。

做生意使用的对联

横批：

新生骏业，大展宏图，

日进斗金，以义为利，

根深叶茂，大发财源，

生意兴隆，日进万金，

财源茂盛。

门心与门条对联

营实业财源恒足，承时机其道大光。
百货风行财政裕，万商云集高声欢。
货殖乘时太公胜算，懋迁有道管子遗风。
奇货可居制权独擅，多财善贾商战称雄。
发福生财，堆金积玉。
万民便利，百货流通。
货如轮转，财源广进。
文明经商，礼貌待客。
百货风行，万商云集。
八路进宝，四方来财。

开业送匾联和屏风的特别多。八幅子屏内容一般多写《醉翁亭记》《登泰山记》等，四幅屏内容多为唐诗。

6.过继

过继儿，也叫过房儿。本人膝下无子，便可以用过继的形式解决继承和养老问题。一般是找最亲近的，三服之内的比较合适。如果条件不成熟，可以找五服或九服以内皆可，本人愿意过继孙子也行，总之由本人去决定。

从前，过继儿或孙子是桩大喜事，也很值得庆贺。过继儿孙既能不断后代，还能让孩子一心一意地帮助老人做些家务事和奉养父母等。庆贺的形式严肃隆重。在过继儿的那一天，必须将四邻八舍与村里有名望的人物请去，所有的亲朋都拿着厚礼来庆贺。

过继儿，不是把孩子叫过去，大家吃顿饭就完了，而是需要写个证据，俗称“过继单”。单有两种：一是过继单；另一种是承继单。两家各存一份。它的写法如下：

过继单

立过继单人×××因 胞兄××× 叔弟××× 膝下乏嗣无后，恐其支派无顶，现经处事人等说妥，情愿将我×××之第×子现年××岁，学名××，过于胞 兄 弟 ×××为子，顶其支派。自过继之日起，我×子之一切生活教养以及成其家室，均由承继人负责管理，别人无权干涉，承继人的一切产业等均归过继子所有，其他人无权争执，事出双方情愿，均无反悔，空口无凭，立过继单为证。

×××

处事人

×××

×年×月×日　同立

承继单

立承继单人×××，因膝下乏嗣无后，今经处事人等说妥，经双方同意，愿将胞 胞兄××× 叔弟××× 之第×子，现年××岁，学名×××承继与膝下为子。自承继之日起，一切生活教养成家立业，均由我负责，至于我所有之房基产业，所有一切家具使物，均归继承人所有，管理和使用，别人无权干涉，事出双方情愿，永无反悔。空口无凭，立承继单，永远为证。

×××

处事人

×××

×年×月×日　同立

既有“过继”，也有“逐继”之事。所谓逐继，就是过继的儿或孙，有不孝之心，好逸恶劳，横行霸道，无恶不作，屡教不改，甚至走向犯罪，株连九族，老人也可提出逐继。虽说逐继不是一件喜事，但也不能一句话就把孩子退给他亲爹娘，也同样把办“过继单”的人和亲戚请来商定，当双方提出的条件成熟，方可给过继的儿或孙一小部分财产，待两家都同意后，将“过继单”当面一火焚之，从此，断绝父子关系。

7.认干娘

有的人讲：认干儿和认干娘是一码事。其实大不同，认干儿是以娘为主，认干娘是以儿为主。这是什么道理呢？认干儿的说法有好多，鳏寡孤独之人，怕老年之后无人照顾，就去认个干儿好有个寄托；有的平时两家的关系挺好，就收孩子为干儿，在情意上进一步地加深。认干娘就不同了，一般是因为小孩不长命，或者说怕担不起大福大贵，必须认干娘。认干儿和认干娘，大多数是为了密切关系，想沾光取巧的还是少数。

认了干儿以后，除了亲儿之外，谁也不如他近。仅举一例：干娘或干爷病故了，必须披麻戴孝，手执哀杖跟在亲儿后边到土地庙去泼汤，还得守灵与送谢客磕头，并且吃三年的服，和对待自己的亲老人一样。

认干娘的条条框框也不少。干娘必须买下锅碗瓢勺，还得给干儿做漂亮的衣服。到认干娘的那一天，把以上所买的东西都送给干儿。干儿不仅要给干娘买些贵重的礼物，而且做一套衣服，做的裤子尤其叫人好笑：裤子很肥大，并在裤裆中留一个大窟窿，准备到认干娘时使用。当干娘穿上裤子，把小孩放在裤裆里，叫他从窟窿里钻出来，就等于生下来，如果孩子较大，就叫他从干娘的腿衩下钻过去，也等于落了草，这就等于亲生的孩子一样。凡是干儿的奶名都是干娘起的：带生、带有、带常、带福、带田等。也有的为了小孩长命，起些小动物名：小牛、小马、小狗，甚至起些难听的：王八、坷子、狗剩、坏蛋、孬蛋……都是为了孩子的兴旺而起的。

九、岁时节日民俗

中国的岁时节令是按阴历行事，不同的地区岁时节令的内容、形式基本一致，但也有差异。泰山一带的岁时节令主要有：春节、元宵节、清明节、端午节、六月六、七夕节、中秋节、重阳节、鬼节、腊八节、小年、年三十等。

1.春节

春节，古称元旦，俗称“过年”，为一年之始，也是一年中最大、最隆重的节日，历来最受重视。

春节习俗最初只是人们农事习俗中的一部分。在西周、春秋时代，就已有这方面的习俗资料。从《诗经·七月》中即可看到，年末岁初是人们颇为重视的一个时节，在这一天里，人们祭祀鬼神、祖先，庆贺当年的丰收，祈求来年的丰衣足食、粮谷满仓。此时，也是劳动群众开展各种社交娱乐活动的好机会。

正月初一，也就是“大年初一”，从年三十夜“发祃子”开始，焚香燃蜡，鸣鞭炮，放花筒，供奉、叩拜天地神位。然后，煮水饺，争取早吃饭，出门去拜年。

早饭后，男女老幼进行梳洗打扮，穿上新衣服，新鞋袜，尤其是女的可穿些红、绿等带色彩的服装，头上戴些花，姑娘辫子上可扎些红头绳。小孩则不分男女，均可穿戴花衣服、花帽子，但绝不许穿戴有白色的服饰。如果是年前家里死了老人或孩子的，可戴些绿、蓝、灰色饰物。

打扮完毕，男一伙，女一帮，成群结队去拜年，首先给年龄最大的长辈去拜年叩头，长辈除说些鼓励的话外，一般都要给“叩头钱”，也称为“压岁钱”。然后再到四邻百舍去行礼叩拜，相互串门问安。

初一这天，忌讳较多。

一是从“发祃子”开始，就不许随便说笑，要多说吉利话。如，煮水饺时，若有破了的，不能说“破”或“坏”，而应说“挣了”或“发了”。小孩若打碎了东西，在这一天不会遭到训斥，老年人会说：“岁岁（碎碎）平安。”

其次，妇女在这一天不许动针线活或其他活落。不然，以为一年不吉利，造成活落多，妇女能累死的。

三是在“发祃子”中所烧的香纸灰、鞭炮皮、糖果皮等垃圾，不能打扫。否则，就是扫财，将家里的财富扫到门外，家中将出现败家子。

其四是吃的水饺馅，必须是素的，若要吃鱼、肉等馅，预示一年不素静。

五是不许有理发、洗脚、刮脸等动刀拿剪的行动，否则在新的一年里将不利索，会出事故。

春节是喜庆的日子，在这举国欢庆的时节，家家户户都要在大门、后门、堂屋门以及东、西、南屋门、栏门等处贴春联。

初二这天，照样同初一的活动内容一样，三五成群串门拜年，晚饭后，端着供品到大门或坟头烧香焚纸，去送年三十晚上请回家来过年的老爷奶奶（指已去世的）回去，俗称“送家堂”。

初三，清早起来，要立即将院里外、室内打扫得干干净净。这一天，走亲看友的往来不断。在泰安地区，走亲访友，一般用竹篮子，里面放五六斤挂面，七八斤鲜肉，一对白鳞鱼，五六斤粉条或粉皮、糕点等。到亲友家，一般是中午吃面条，稍候片刻就开筵席，临走时，将礼物大部分留下，但必须压回少量礼物放在竹篮里，拿空篮子回去不好，不吉利。

初四这天，“贵客”走动的多。所谓“贵客”就是指当年结婚的新女婿，新女婿带的礼物比较贵重，大部分在春节前先送到岳父家中，到初四这一天，只是小两口去即可。但是，新女婿头一年去看望岳父母，一来不熟，怕失礼，二来怕闹新女婿玩，吃了亏，所以必须配上一个小青年（最好结婚的，有一定社会经验，比较老练）同新女婿一起去。同样，岳父母家也要找些有经验的人陪新女婿饮酒吃饭，也是怕新女婿吃不好，喝不足，怕开玩笑过度，让新女婿吃了亏，得罪了新女婿。另外也怕闺女在婆家吃亏。所以，招待新女婿，责任重大，深不得，浅不得，俗话说：真不是个好活落。

初五，俗称“五麻沾”。这一天，一般不走亲看友，主要在家包水饺吃。

从初六起，照样走亲访友，直到二月初二才算结束。初六后走访的亲友往往是老亲戚、老朋友，比较担事。

2.元宵节

元宵节，又称上元节、正月十五，是春节之后的第一个大节日。在我国古代的语言习惯中，元为始，宵为夜，元宵就是一年之中第一个月圆之夜。

正月十五，属于初春时节，正是万木复苏，江河融冻，春耕春播的前夕，勤劳质朴的先民们由于对风、雨、霜、雹等自然现象不理解，为了使农作物获得丰收，保证一年风调雨顺，只好转而祈祷并不存在的月神，以慰藉自己的心灵。芸芸众生用各种仪式虔诚地祈祷，年复一年，周而复始，终于诞生了元宵节。人们的乞求看似愚昧无知，从科学的角度来看是一种迷信活动，但从另一方面看，其中也包含了千百代的祖先对自然的认识和探索。谚云："正月十五雪打灯，当年就有好收成。"

气候、土质对农作物的成长有直接关系，历代劳动群众根据初春的天气状况，创制了一些行之有效的农耕方法。北魏著名的农学家贾思勰在《齐民要术·杂说》中提道："正月望夜占阴阳，阴长即旱，阳长即水，立表以测，其长缩，审其水旱。表长二尺，月影长二尺，以其大旱；二尺五寸至三尺，小旱；三尺五寸至四尺，调适，高下皆熟；四尺五寸至五尺，小水，五尺五寸至六尺，大水。"

南宋马端临在《文献通考·家讳考》中也提到，上元日晴，主……春少雨，又宜百果。谚云"上元无雨三春旱"，又云"雨打上元灯，云罩中秋月"。正月十五既然作为占测一年丰歉与否的标准，那么对主管丰歉之神进行祭祀也是理所当然的了。如汉武帝时代，每年元宵都十分隆重地祭祀主掌阴阳变化的太阴神，而且连续数日，通宵达旦来祭祀。

正月十五占测丰歉，祭祀神祇，直到清代仍是节日的一项重要内容。历代变革，必然会出现一些新的习俗。最初只是单纯的祭祀，以后逐渐张灯结彩，并举行各种娱乐活动，并有延续至今的名吃"汤圆"。张灯结彩始于东汉佛教的传入，因为佛教中把火光比作佛之神威，所谓“无量火焰，照耀无极”，本是纪念佛祖释迦牟尼的。据传，在西方的12月30日，正是东土正月十五日。释迦佛祖就是在这一天降伏魔怪的。此日需举燃灯法会。隋唐以来，元宵盛况更加扩展，除赏灯外，还有拔河、歌舞、猜谜等娱乐活动，可称之为中国的狂欢节。

中国是一个恪守礼教的国度。一年之中，人们唯唯诺诺，恪守礼法。所谓“非法不服，非道不行，道路不同，男女有别”。劳作一日之后，只有关门闭户，自享天伦之乐。这种气氛，这种社会，恐怕无人不感到沉闷、压抑。这种感觉往往是潜意识的。现在有了这样一个机会，不但宵禁解除，而且到处灯火明亮，人拥车塞，一片歌舞升平之象，人们长时期被压抑的冲动和激情猛然迸发。一时间忘却礼俗法规，回归自然。

为庆祝元宵节，人们除制作各种彩灯之外，还在院里院外贴满各种对联。这时所贴的对联大都与月亮有关，同时反映当时都市的元宵盛况。

正月十六日，提倡“爬桥”。所谓“爬桥”，是指在早晨刚起床或吃过早饭之后，三群两伙的到村外河沟的桥上来回走一趟，就算是“爬桥”了。有的还专门扶着老人去“爬桥”，以兆示来年身强力壮，永远健康。

在农村，整个正月，男不耕，女不织，主要是走亲访友，互请吃喝，凑在一块玩，说笑讲故事。有些文艺爱好者，还自发举办文艺活动。如。“玩故事”就是其中最重要的节目。“玩故事”只是一个统称，故事队虽是自发的，但组织得很有条理。每个节目的编制也各不同，有一些是很有新意的。有锣鼓队、划旱船、赶毛驴、踩高跷、顶伞、孟老虎、男女对唱、舞龙、舞狮、打花棍等形式。内容大都是自编自演的，像男女对唱、顶伞、孟老虎都须随机应变，见什么编什么，编什么唱什么，有时并没有什么实际内容，只是惹得观众哈哈一笑而已。

3.二月二

二月二日，俗称“龙抬头”，这一天也算是孩子们的节日。二月二，吃豆粒，孩子们拿着自己的豆粒，向同伙们炫耀并交换着品尝，豆粒有炒的，有煮的。有的脆如梨，有的酥似饼。农村的习惯是，清早起来后，用簸箕盛草木灰，围着房宅外，周遭撒一层灰，俗称“打簸箕”。生活中，比喻人们处世好、团结人，使用的歇后语就是：“二月二打簸箕——围（为）得好。”同时，还要在院子内用簸箕打上几个圆圈，中间放上几把五谷杂粮，用石头压起来，表示一年大丰收，粮满囤尖。

4.清明节

清明节，人们的活动是扫墓、春游，在泰安一带还有登泰山、逛庙会。群众登泰山多数是进香，有的给泰山奶奶（碧霞元君）换衣服，有的许愿、请愿或还愿，也有上山拴娃娃的，各有所需。这一时期，还有三月二十八日的庙会，庙会位于泰山脚下，一般持续八天至九天，庙会期间十分热闹，物资丰富，市场繁荣，有台戏，有杂技，有魔术，有马戏，既是一个娱乐场所，又是一个贸易市场。

5.端午节

端午节，历史上又称“端阳节”“重午节”等。因为古代“五”与“午”相通，“初”与“端”相通。故“初五”即“端午”。这一节日的来历是所有节日中最不明确的一个，数千年来，众说纷纭，莫衷一是。传说最初起源于战国时代，在古人眼中，五月是一个恶月，而五月初五更是恶月中的恶日。端午这一天即是阴阳交错的恶日。战国时，人们认为这一天多瘟疫、鬼兵、毒气，生子不祥，东汉人也认为：“五月五日生子害父，生女害母。”自战国起，无论南方北方，都盛行端午避邪驱鬼，祈福禳灾的活动，但东汉以来，南北方逐渐形成了不同的习惯，北方主要是以驱鬼避邪为主，活动单调。只是家家在这一天会在门口插上艾草以避邪，并互相送粽子和鸡蛋。而南方的民俗则不断注入了新的娱乐性的内容，开展形式多样的龙舟比赛。龙舟赛，传说是为了纪念著名爱国诗人屈原。“举世混浊而我独清，众人皆醉而我独醒”的屈大夫被迫投江后，远近乡亲皆划船打捞屈先生的尸体，并把粽子、熟鸡蛋扔到江中，目的是让鱼虾吃饱以防伤害屈原先生的尸体，表达了当时群众对屈原的爱戴之情。以后逐渐形成了群众所喜爱的龙舟比赛活动。泰安一带现在仍有过端午吃粽子、插艾草的习俗。

6.六月六

“六月六，看谷秀”，到了这时候，农活基本忙完，比较清闲。各种农具也都收拾起来。这一天的习惯是：做母亲的多买块肉等礼物去看嫁出去的闺女。俗话有“六月六，换块肉”之说。或者叫闺女回娘家来住几天，很好地歇一歇。另说这一天晒了衣物、书籍可防虫蛀。虽说此时处于农闲时期，但庄稼仍很需水。此时往往“三天一小旱，五天一大旱”，遇到旱情，每个村庄的群众都会自发组织祈雨。祈雨的人，头上插着柳枝，敲着锣，打着鼓，成群结队拥向龙王庙。龙王庙多贴有对联，如“风调雨顺民安乐，海晏河清世太平”“祈一方风调雨顺，祷圣德速施雨泽”等都是较常见的。

7.七夕节

自汉代以来，七月初七一直蒙着一层美丽而又神秘的面纱，牛郎、织女七夕相会，这个千古不衰的爱情神话传说，曾使多少人嗟叹、艳羡、迷惘，又让历代多少风流才子、闺阁少女们尽情地编织了梦幻般的憧憬与希冀。

牛郎即牵牛星，织女即织女星，由于历代男耕女织，人们逐步将牛郎、织女两星说成人格化的神，把人间从事纺织的妇女、从事耕种的壮男，比作织女与牛郎。旧时，男女婚姻极不平等，造成许多男女之间的痛苦，有的甚至走向绝路。青年男女向往婚姻自由，内心都想冲破这封建枷锁。七夕相会的传说就是人们不满封建礼教的一个见证。传说牛郎织女相爱，遭到王母娘娘反对，王母娘娘在二人之间划了一条天河。两人的至情感动上苍，每年阴历七月七日，喜鹊搭成跨越天河的长桥，牛郎织女从桥上相会。因此，每逢七夕，泰安一带的少男少女就会走出家门，成群结队去看牛郎织女相会。

8.中秋节

天上月圆，人间团圆，中秋节是一个团圆节，出门在外的人总会在这一天赶回家。这一天，家家户户都备酒买菜，改善生活。最主要的是买月饼，还买苹果、梨、桃、葡萄等水果。吃饭后，全家人坐在院子里圆月，摆上月饼及各种水果，一面吃着水果，一面讲故事，唱民谣，老年人往往教给儿孙们唱：

月奶奶，割韭菜，
割了韭菜包饺子。
包了饺子给谁吃？
你一碗，我一碗，
吃没了，再去端。

泰山南麓有八月十五看闺女的风俗。节日前家家户户买上月饼、鲤鱼之类的礼物，驴驮担担儿，纷纷去看望自家刚出门的年轻闺女或出嫁多年的老闺女。这个风俗习惯究竟从哪年哪月开始的不知道，据说，当初是从老天爷那里学来的。

相传泰山老奶奶是老天爷的闺女，玉皇大帝的妹子。她长得眉清目秀，心地慈善。她不爱天宫爱尘世。自从来到泰山以后，苦心照管着山下的百姓，使这里年年风调雨顺，五谷丰登。“泰安神州，十年九收”，人们编了歌谣歌颂她老人家的功德。这件事传到老天爷那里以后，他老人家很高兴，决定在泰山脚下秋收时节——八月十五下凡来看闺女。你瞧，中秋节晚上那东方的圆月，据说那是老天爷送给泰山老奶奶的月饼。再看中秋节前夕，山下南湖里的鱼儿纷纷沿河逆水北上，一夜间，泰山南麓大大小小的河流里挤满了成群结队的鱼儿。跑在最前头的是金光耀眼的花翅儿，它们一跳几尺高，争先恐后朝河流的源头——泰山奔跑，那也是给泰山老奶奶送的“礼”鱼儿。

老天爷每年八月十五来看闺女，这儿的群众八月十五也看闺女。中秋节晚上，人们把“看闺女”送来的鲤鱼摆在天井的矮桌上，一敬天，二敬地，再敬泰山老奶奶，祈求她老人家保佑家家户户自足有余（鱼），来年有个更好的年景。

9.重阳节

九月九日，重阳节。

古人认为九是阳数，日、月都逢九，所以称之为重阳。这时天高气爽，群众喜爱登山、钓鱼、外出旅游等活动。泰安一带的习惯主要是登山进香，给泰山奶奶换衣裳。三月二十八日的庙会是给泰山奶奶换夏服，九月九则是换棉装。同时，那些请愿、许愿、拴娃娃等各自所需的活动，一般在这个时间里去泰山办妥，入冬后就无法上山了。

在新中国成立前的泰安，农历九月初九，有登虎山祭奠“眼光奶奶”的习俗。

虎山是泰山前怀里中溪东侧的一座小山。北面是箭杆峪，南接工人疗养院，西靠虎山水库。虎山的山顶比较平坦，那时，顶上有座小庙，庙里的泥神就是“眼光奶奶”的塑像。传说，她神威很大，能使人们的眼光明亮。每到重阳这天，人们吃过早饭，便带上祭品、食品，登上虎山，到眼光殿里给“眼光奶奶”烧香、烧纸、摆贡品、磕头、许愿，借以乞求“眼光奶奶”保佑全家都有一双明亮的眼。

祭奠完了“眼光奶奶”，便到附近风景点游览。先到王母池、八仙桥、吕祖洞等处，并争着喝上几口王母泉的甜水，传说喝了“王母娘娘”的蟠桃汁化成的水，能延年益寿。中午，再三五成群地聚集在王母池东侧的河岸边饮酒、就餐，边吃边观赏秀丽的山水。午后，又成群结队地到红门、万仙楼、经石峪、白鹤泉、岱宗坊等景点，一观赏各处的名胜古迹。沿途，人们都买些山果，如柿子、核桃、软枣、葵花、梨等。小孩们除了自己摘些酸枣外，还要大人给买拔不倒子（即不倒翁）、哗啦棒槌等玩具。

新中国成立前，人民的生活是很困难的，残疾人的生活更是目不忍睹。红门至岱宗坊沿途，有瘸腿的、双目失明的、聋子、哑巴等乞丐，衣不蔽体、披头散发，在道两旁呼叫乞讨，叫声很是凄惨。

新中国成立后，随着人们生活的改善，迷信神灵的已大大减少，乞讨者也已绝迹。党的十一届三中全会以来，人们的生活，得到了迅速改善，这一登高的传统节日，则另是一番景象。人人都喜欢在这秋高气爽的丰收季节里，登高望远，观赏虎山秋色。

在鲁中山区有首民谣：“九月九，家家糗，谁家不糗过不有。”它告诉人们，当地群众有九月九（重阳节）做食年糕的习俗。

这种糕是用黍米或粘谷米做，加上豇豆、花生米、大枣（有的还加上地瓜或老南瓜）等，糗得稠而不干，用筷子夹食。吃时再放上糖，具有粘、甜、香的特殊风味，十分可口，营养也很丰富。鲁中山区群众很少有吃甜食的习惯，糕却例外。除九月九糗糕外，每年的八月十五，腊月初八，不少人家也有糗糕的风习；给老人做寿、盖房子上梁时，都要糗糕。这些习俗也都由来久远了。

10.十月一

农历十月一日，民间称为鬼节。这一天，都要备好供品、香、火纸等，祭祀祖先。传说是给死去的亲人送钱和准备过冬的衣服。

11.腊八节

十二月初八，民间称为“腊八”。这一天清早，一般用小米或江米、大米放上枣煮粥喝，称“腊八粥”。有的年轻人清早爬到树上去冻一下，意味着一冬不怕冷，象征身体结实。腊八节，本是佛教徒的节日——成道节。传说释迦牟尼曾晕倒在一棵菩提树下，被一个放牧的女童发现，女童为了救他，便用牛奶煮成稀粥来喂他，佛祖释迦牟尼醒后，沉思了很长时间，随即成道变成了佛。从此，佛教徒就把每年农历腊月初八定为“成道节”。每到这一天，佛教徒们便煮些稀粥或吃些粥类的食品来纪念。后来，不信仰佛教的人也随着过这个节日。延续到今天，已成为固定的节日习俗。

12.小年

腊月二十三日，俗称“小年”。从这一天起，就意味着已经进入到过年阶段。在这一天，要将“灶王爷”的画像贴在锅台上，同时用糖瓜祭祀“灶王爷”。传说“灶王爷”是玉皇大帝专门派来管理人间烟火的神。俗语：“二十三，糖瓜粘。”

灶王爷又称“灶神”“灶君”，他不仅管理各家各户的灶火，还被广泛地作为一家的保护神而受到崇拜。各家都是将灶王爷像贴在做饭锅台上，神像上还印有一年的日历，并写着“东厨司命主”“人间监察神”“一家之主”等字，这都表明灶王爷的特性。

灶神从年首到年末，始终守在家中，以保护和监察一家人，直到每年的腊月二十三日升天，去向玉皇大帝报告这一家人的善行或恶行。然后，玉皇大帝根据灶王爷的报告，再将这一家在新的一年中应该得到的吉凶祸福等命运交于灶王爷手中。因此，对一家人来说，灶王爷的报告至关重要。

所以，在送灶神上天时，一家人围着香火叩头，并念道："上天了，上天了，请你上天言好事，等你回来降吉祥。"这一天，家家户户不但要重新贴灶王爷的像，还要在新灶君像两边写上对联和横批，如：

万户米盐皆入目（横批）
大矣哉一家之主，
神圣乎五祀为尊。

品居五祀首（横批）
东厨司命财源主，
北极奉天福禄神。

一家之主（横批）
灵光司火德，
正气格天庭。

13.年三十

腊月三十日，也称为"年三十""除夕""春节"，是全年中的最后一天。这一天特别忙，除准备好鸡、鱼、肉、青菜等，还要将缸里吃的水打满，把院子打扫得干干净净，挂家堂、年画、贴对联。

堂屋里挂家堂之后，两边的对联一般写：

祖德宗功千载泽，子承孙继万年青。
祖宗凭依在德，子孙对越惟诚。

在大门、二门、后门、院子里一般贴这样的对联：

春风先到五侯家，九天日月开新运。
芝兰得气一庭香，万国笙歌醉太平。
桃李成荫四海春，春风堂上初来燕。
三春佳气在楼台，四面湖山春意明。
春风掩映千门柳，芙蓉夜月开天镜。
翠掩重门燕子飞，连云翠黛王涯画。
苍山松老鹤千年，水光山色翠连天，
花落一池春水生，奇石尽含千古秀。
风生碧涧鱼龙跃，月照青山松柏青。
天增日月人增寿，春满乾坤福满门。
福禄寿三星共照，平为福万事亨通。
福如东海长流水，寿比南山不老松。
大有年五风十雨，新春月万紫千红。
迎喜迎祥迎大吉，接福接禄接平安。
百鸟多情留我住，青山不语笑人忙。
又是一年芳草绿，万紫千红总是春。
万象回春新雨露，五云捧月灿烟霞。
一年景物又重新，三春桃李木皇染。
万里风云北极生，爆竹一声辞旧岁。
春风堂上初来燕，红梅枝上传春信。
寒梅吐玉冰霜少，桃李艳开三月雨。
红杏一枝莺歌燕语，碧桃满树日融风和。
日月思光照，乾坤喜气通。
春风拂树绿，云霞连竹树。
阳回三经草，风入一楼花。
南山佳气多，江山喜气明。
文章千古事，诗书守素业。
洗砚石泉香，桃李艳春光。

江山书画图，明月留花径。
松竹秀而古，山水清且闲。
雅意在鸣琴，逍遥放意志。
花木多古情，烟霞小四岭。
诗书伴岁月，田园自可乐。
林塘多秀色，桑林深雨露。
春秋多佳日，山水有遗音。
南山献寿林，松柏有奇姿。

春联也是随着社会的不断发展而不断变化的，到了现代产生了许多适应当前生活、工作的春联。如：

花沐春雨艳，福依党恩生。
春回大地千山秀，日暖神州万木荣。
团结展宏图，改革创新业。
政策入心化春雨，汗珠落地夺丰年。
红梅含笑迎春节，瑞雪飞舞兆丰年。
迎新春福寿长存，庆佳节喜气满堂。
柳绿桃红江山如画，莺啼燕语天地皆春。
长征踏出阳关道，四化绽开幸福花。
技术先进增产增收，信息灵通招财进宝。
植树造林山成豆，科学种田土变金。
迎新春同心同德干四化，辞旧岁群策群力搞改革。
紫燕双飞迎春舞，红花并蒂朝阳开。
计划生育家庭美满，讲究卫生益寿延年。
认真学习知识就是力量，刻苦钻研科学能变财富。
学海无涯勤可渡，书山万仞志能攀。
民拥军意比泰山重，军爱民情胜东海深。
英雄花开英雄门第，光荣灯挂光荣人家。

以下横批：

国富民强　前程似锦　振兴中华　喜庆迎门　除旧迎新　百年和好
江山似锦　喜庆有余　壮志凌云　六畜兴旺　普天同庆　高歌猛进
普天同春　春和景明　万物光辉　五谷丰登　春光明媚　山明水秀
六和同春　良辰美景　国利民富　春满庭堂　物华天宝　天开化宇
人杰地灵　甘雨和风　河山新造　日月重光　诗礼传家　风和日丽
万千气象　和风集瑞

年三十晚饭后，要带上供品和纸香到大门外或坟头前去请已去世的爷爷奶奶回家来过年，请回来进堂屋后，要在大门前横放一根棍子，其意思是不让那些屈鬼冤魂进家骚扰。晚上全家老少都要“熬五更”，表示一年精力充沛，日子越过越好，俗话说“一份精神一份财”。到大约深夜12点，还可以请邻居叔叔大爷过来喝个团拜酒，也叫“团结酒”。一年中平时有点小矛盾、意见的，可一杯解百仇。邻里之间尽情地喝酒、打麻将、扑克、讲故事。玩到深夜，就开始“发祃子”。所谓“发祃子”就是新的一年即将开始，有辞旧迎新之意。“发祃子”主要是放鞭炮、烧香、摆上供品，叩头祭天拜地，发完祃子，就可以吃水饺，准备挨家挨户拜早年。

十、商业贸易民俗

泰安的商贸活动，在泰城以财源大街为主要商业区，在泰山顶则以天街为主。财源大街自近世商业活动兴起以来，至今仍是泰城的主要街道和重要商贸中心。山顶的天街，则以客店为主，其独特的实物招幌，具有浓郁的民俗特色。

泰山东岳庙会，其缘起自然是由于信仰祭祀活动，但庙会中的商贸活动始终是构成庙会的重要内容，而且商贸活动到近世更成为庙会的主要内容，其信仰色彩则越来越淡。

1.泰城商业街——财源大街

财源大街在泰安市区西南部，西起立交道北口，东至环城路，中经下河桥，越漆河，与灵芝街、青年路、南关大街、通天街相交。该街由原后马路、财源街、元宝街、东西南海子街扩建而成，长2240米，宽25米，沥青路面。

原后马路，西起立交道，东至财源街西口。早为一片荒地。1928年马鸿逵部队在此建练兵场。“七七”事变后修成简易公路。1939年德国人石发曾在此开设“石发汽车行”，车通兖州、济南。因在车站街北故名后马路。新中国成立后随着住户增多逐渐形成街道。“文革”时改名红卫西路。1980年地名普查时并入财源大街。

原财源街，西起车站街，东至下河桥。起初有少数农户在此居住，多以种菜为生，先称菜园街。清宣统元年（1909）津浦铁路建成后，经商者渐多，由本街商户田兴旺、秦凤梧倡议将街名改为财源街，取财源茂盛之意。当时本街有全市闻名的协祥酱园，还有文晟当铺（现百货仓库）、五洲当铺、同聚粮栈。从大车档街向北通往小西关，商贾云集，车水马龙。“文革”时期改名红卫西路。1980年地名普查时更名财源大街。

原元宝街，西起下河桥，东至金星泉街。因该街曾有两块元宝石而得名。街西首原有金星泉，曾有冯玉祥先生手书之“金星泉上池”（现埋在路下）。泉北有金星庙（现已毁）。街中路北有美国人办的浸信会（现房管所）。街东口与灵芝街南口相会处，原有五哥庙（现电业管理所）。《泰安县志》载：“宋真宗来泰山封禅时驻跸处，封庙神为灵派候。”1964年与东西南海子街拆通扩建成沥青路面，曾名金星路。“文革”时改名红卫东路。1980年并入财源大街。

东、西南海子街，西起双龙街，东至青龙桥。因该街在泰安城南门外，护城河南岸，故名南海子。南门以东称东海子街，西称西海子街。过去西海子西口紧挨着观音、关帝两座庙，群众俗称“一步两座庙”（现新华书店东门外一带）。东为福音堂。东海子中间有泰阴碑，俗称阴字碑。《泰安县志》称为宋真宗手书（现已破坏，残石存岱庙内）。东口有青龙桥（现埋在路下）。1964年与元宝街扩建成金星路。“文革”时改名红卫东路，1980年地名普查时并入财源大街。

现财源大街，两旁高楼林立，商业繁荣。有多路公共汽车通过，是市内主要街道之一。

2.天街客店的招幌

泰山极顶的南天门至碧霞祠一段，有一个非常动听的名称：天街。过去，在这约500米的地段上，坐落着二十多家茅屋小店。这些店规模大点的有五六间房，小的仅一两间，白天卖香火元宝，晚上供香客住宿。有趣的是，它们都使用独特的招牌——实物标记，即在门口挂上实物，有笸箩、金牛、鹦鹉、鞭子、金钱、棒槌、金钟、响旦、笊篱……有些则是双的，以示区别，如双升、双鞭、双棒槌、双牛、双钟、双钱等等。大部分标记都以木料雕刻，并细心地涂上油漆，勾出图案，比较精致。客店因这些实物而得名，分别称为金牛家、金钟家、鹦鹉家、双升家等等，甚至泰安人抬杠也以此构成歇后语：“天街上面头一家——你笸箩家。”

天街客店至迟在明代中叶即已出现，但实物标记出现于何时却未见记载。据当地老人回忆，清代末年就有，一直沿用不变。如果风吹日晒雨淋损坏了，就再照样做一个。直到1965年，天街重修，拓宽路面，岱顶建起招待所，才把这些小店拆掉，天街上这些店标就见不到了。

天街客店为什么不使用文字招牌呢？其中原因比较多。过去曾把实物标记作为劳动人民不识字、愚昧落后的表现，这仅是原因之一。这些客店是陈设简陋的下等客店，店主亦是穷人，不识字，请人写招牌请不动——那些高雅的书家怕降低身份，沾上穷气。而住店的香客也都是穷人，大多不识字，用实物标记好认、好记。天街客店的规矩是不收房钱、饭钱，只收香火钱，其实都在香火钱里找齐了，这样主客都觉得方便，面子上好看，加上热情周到的服务，给客人留下好印象。只要来泰山进一次香，就要年年进香——怕老奶奶嫌心不诚。这样第二年香客还来找老店，店主已把香烛元宝一应用品备齐，不用香客操心。各店之间和平共处，不互相争买卖。如此说来，实物标记是颇具实用的一种创造。

过去以为笊篱也是一种实物标记，其实不然。各店门前普遍挂有笊篱，意为本店备有清水素面，笊篱是捞面条的炊具。上山进香期间一律清斋素食，以表示对泰山老奶奶诚心敬意，乞求老奶奶施展灵验，佑庇赐福。可以说，实物标记是泰山风俗民情的典型象征物。

3.泰山东岳庙会

泰山庙会的缘起与泰山崇拜和道教在泰山的兴盛有关。泰山是中国东部的第一大山，它绵延横亘于泰安、长清、历城之间，主峰海拔1545米，号称“东天一柱”。早在距今五六千年前的“大汶口文化”时期，“大汶口人”就十分崇拜泰山，并借泰山之高以祭天（大汶口文化由“日、火、山”组成的陶文是最生动最形象的说明），成为后来封禅泰山活动的滥觞。《诗经》中有“泰山岩岩，鲁邦所瞻”的诗句，汉武帝刘彻曾面对泰山发出“高矣，极矣，大矣，特矣，赫矣，骇矣，惑矣”的感叹。道家之人对泰山情有所钟。道与仙有缘，仙与山有关。《说文》云：“仚（即仙），人在山上貌，从人从山。”《释名》曰：“老而不死曰仙。仙，迁也，迁入山也，故其制字人旁作山也。”要想得道成仙，就必须入山修炼。战国时期，方士黄伯阳隐居于泰山之鹿町岩洞修炼，后人称之为“黄伯阳洞”。秦始皇东封泰山时，曾打算访仙人羡门高的踪迹；又传说秦始皇求见修炼于泰山东南仙人山的安期山，“与语三日而去”。汉武帝对李少君提出的“修炼、封禅、长生”三者融为一体的建议极感兴趣，一生七次到泰山。道教的符篆有“五岳真形之图”，而东岳真形列其首，东方朔的《五岳真形图序》说：“东岳泰山君领群仙五千九百人……泰山君服青袍，戴苍碧七称之冠，佩通阳太平之印，乘青龙从群官来迎子。”魏晋时期的曹植，多次登临泰山，留下了不少求仙问道的诗篇：“仙人揽六著，对博泰山隅”，“驱风游五海，东过王母庐；俯观五岳间，人生如寄居”（《仙人篇》）。“晨游泰山，云雾窈窕”，“西登玉楼，金楼复道；授我仙药，神皇所造；教我服食，还精补脑”（《飞龙篇》）。李唐王朝的最高统治者认道家的创始人老子为祖宗，道教活动更加兴盛。泰山脚下有座道观名曰“岱岳观”，传为黄帝时始建（李谓《瑶池记》），唐朝的最高统治者多次遣道士致祭，原勒于岱岳观（今存于岱庙内）的一道唐《双束碑》为我们提供了这方面的资料。其一曰，唐高宗显庆六年（661年，即武则天摄政第二年）二月二十二日，“敕使东岳先生郭行真，弟子陈兰茂、杜知古、马知止，奉为皇帝皇后七日行道，造塑像一驱，二真人夹侍”。再者为唐睿宗手敕的刻辞文字，讲的是睿宗皇帝遣道士杨太希到泰山烧香事，辞曰：“景云二年（711）六月二十三日，皇帝敬凭太清观道士杨太希，于名山斫烧香供养。惟灵蕴秘凝真，含幽综妙，类高旻之亭育，同厚载之陶钧。蓄泄烟云，蔽亏日月，五芝标秀，八桂流芳，翠岭万寻，青溪千仞。蜺裳戾止，恒为碧落之庭；鹤架来游，即是玉京之域。百祥覃于远迩，五福被于黎元，往帝所以驰心，前王由其载想。朕恭膺宝位，嗣守昌图，恐百姓之不宁，虑八方之未泰。式陈香荐，用表深衷，实冀明灵，降兹休祉。所愿从今以后，浃宇常安；朕躬男女六姻，永保如山之寿；国朝官僚万姓，长符击壤之欢；鱼鸟遂性于飞沉，夷狄归心于边徼。实希灵鉴，用副翘诚，今因炼师遣此不悉。”有唐一代，岱岳观斋醮活动不断，善男信女云集，由此逐渐形成了泰山庙会。有的研究者将显庆六年泰山岱岳观造像事成而七日斋醮活动视为泰山庙会正式出现的标志（袁爱国：《泰山东岳庙会考识》，《民俗研究》1988年第4期），应该说是有道理的。不过值得注意的是，对岱岳观造成神像不大可能年年都庆贺一番，因此唐代的泰山庙会应是随斋醮活动而成会，也就是说泰山庙会尚无定制，庙会的规模也不会太大。只是到了宋代，把庆贺东岳大帝的诞辰（三月二十八日）作为泰山庙会的主要内容，明代又增加了庆贺碧霞元君诞辰（四月十八日）的活动，这样就大体界定了一年一度的泰山庙会的会期时间。

泰山神东岳大帝的身世众说纷纭，但泰山神东岳大帝倍受信仰崇拜则是事实。有谓东岳大帝君“至神农朝，赐天符都官号名府君，至汉明帝封泰山元帅”（《三教源流大全》），这说明至少到汉代，东岳大帝就有封号了。唐宋时期，是东岳大帝最为显赫的时期，有唐一代，先后有封号“天中王”“天齐君”“天齐王”，宋真宗朝，先加号为“仁圣天齐王”，后加封为“天齐仁圣帝”。东岳大帝不仅是神界之神，而且还成了人间帝王，有夫人曰淑明，有子曰三郎、四郎、七郎。宋真宗封禅泰山时，定东岳大帝的生日为三月二十八日（如《水浒传》第七十三回讲“三月二十八日，天齐圣帝降诞之辰”），并决定年年庆贺，因而也就使泰山庙会形成了定制，庙会的地点也由唐代时的岱岳观一带改为东岳庙（主祀东岳大帝）了。

东岳庙或谓“泰山庙”，即岱庙是也。岱庙创建于何时，有人以岱庙内《大宋天贶殿碑铭》中有“秦既作畤”“汉亦起宫”为据推断创建于秦汉之际；也有人则认为稍晚一些。抛开“创建”问题不论，唐宋时期已具相当规模则是有据可查的。《大宋宣和重修泰岱庙碑》记载：“增至宫宇，缭墙外围，罡罳分翼，岿然如御都紫极，望之者知为神灵之宅。凡殿、寝、堂、阁、门、亭、库、馆、楼、观、廊、庑，合八百一十楹。”以宋代为背景的《水浒传》对岱庙也有着精彩的描写：“庙居岱岳，山镇乾坤，为山岳之至尊，乃万神之领袖。山头伏槛，直望见弱水蓬莱；绝顶攀松，尽都是密云薄雾。楼台森耸，疑是金乌展翅飞来；殿角棱层，定觉玉兔腾身走到。雕梁画栋，碧瓦朱檐。凤扉亮而映黄纱，龟背绣帘垂锦带。遥观圣像，九旒冕舜目尧眉；近睹神颜，衮龙袍汤肩禹背。九天司命，芙蓉冠掩映绛绡衣，炳灵圣公赫黄袍偏称蓝田带。左侍下玉簪珠履，右侍下紫绶金章。阖殿威严，护架三千金甲将；两廊勇猛，勤王十万铁衣兵。五岳楼相接东宫，仁安殿紧连北阙。蒿里山下，判官分七十二司；白骡庙中，土神按二十四气。管火池，铁面太尉月月通灵；掌生死，五道将军年年显圣。御香不断，天神飞马报丹书；祭祀依时，老幼望风皆获福。嘉宁殿，祥云杳霭；正阳门，瑞气盘旋。万民朝拜碧霞君，四远归依仁圣帝。”以庆贺东岳大帝诞辰为主要内容的泰山庙会，选址在主祀东岳大帝的东岳庙（岱庙）一带是再妥当不过的了。

宋代的泰山庙会，当时的文献资料留下的不多，但从以宋代为背景的《水浒传》中的有关描写中可窥一斑，一是泰山庙会影响甚远，陕西、山西的客官都不顾路途遥远前来赶会。二是香客甚多，“那条路上只看烧香的人往来不绝”，“三更前后，听得一派鼓乐响，乃庙上众香官与圣帝上寿”。三是商业兴隆，“原来庙（东岳庙）上好生热闹，不算一百二十行经商买卖，只客店也有一千四五百家，延请天下香客。到菩萨圣节之时，也没有安着人处，许多客店都歇满了”。四是庙会期间打擂等竞技活动引人注目，凤翔府的“彪形大汉”、太原府的擎天柱任原以及梁山英雄好汉等都争先恐后地到东岳泰山庙会打擂。打擂之时，却见“那日烧香的人，真乃压肩迭背，偌大一个东岳庙，一涌便满了。屋脊梁上，都是看的。朝着嘉宁殿，扎缚起山棚，棚上都是金银器皿，锦绣缎匹。门外拴着五头骏马，全副鞍辔。知州禁住烧香的人”。

元、明、清时期乃至民国，虽然东岳大帝的影响比起碧霞元君来有所减弱（后详），但泰山庙会仍把祝贺东岳大帝的诞辰作为主要内容之一。元曲《刘千病打独牛角》第三折谓：“今日乃三月二十八日，乃是东岳天齐仁圣大帝圣诞之辰，……端的是人稠物穰社火喧哗。”明人陆容的《菽园杂记》卷七引许彬《重修蒿里山祠记》曰：“每年三月二十八日，属东岳帝君诞辰，天下之人不远数千百里，各有香帛牲牢来献。”明人刘侗的《帝京景物略》讲道，帝京之东岳庙，每年三月二十八日东岳大帝圣诞，“倾城驱齐化门，鼓乐旗幢为祝，观者夹路”，“都人陈鼓乐、旗帜、楼阁彩亭，守仁圣帝游”。至于清代的泰山庙会，清人唐仲冕在《岱览·岱庙》中记载：“庙城宏敞，每年祈赛云集，布幕连肆，百剧杂陈，肩摩趾错者数月。旧传三月廿八日为岳帝诞辰，是日尤盛。”1929年、1931年，傅振伦先生两游泰山，所著《重游泰山记》中，对泰山庙会也有记述：“时值夏历三月中旬，为泰山庙会之期（引者按：此显然是指庆贺东岳大帝诞辰的那个泰山庙会），善男信女，远道而来朝山进香者，相望于途。妇女皆缠足，头梳长髻，衣裳博大，不着裙衫，腿带宽可四寸，多深红艳绿色，盖犹有数年前内地古装之遗风。捧香合手，喃喃不绝于口。至于男子朝山，则随僧道鼓吹而已。有手持直角三角形之黄旗者，其上大书‘朝山进香’四大字，右侧书‘莱邑义峪庄’诸小字，是殆来自山东东部莱州者。山中居民，有出售香马纸课者，生意最盛。沿途乞丐甚多，逢人索物，并云：‘千舍千有，万舍得福’‘步步升高’‘积德吧，掏钱吧，个人行好是个自的’，不予则不得前行。”

进入明代，泰山庙会除庆贺东岳大帝的诞辰外，又增加了庆贺碧霞元君的诞辰活动。碧霞元君入主泰山庙会虽然有巧合的因素——传说碧霞元君的诞辰是四月十八日，与东岳大帝的诞辰时间（三月二十八日）相近，在不改变泰山庙会会期时间的情况下，即可把庆贺碧霞元君的诞辰活动纳入进来；更重要的则是社会原因，因为明清两代碧霞元君的信仰影响极大，且超过了东岳大帝，为了吸引更多的香客，吸引更多的赶会者，亦需要把碧霞元君抬出来。

明清时期，庆贺碧霞元君的诞辰活动极火，“岁四月十八日，元君诞辰，都士女进香。先期，香首鸣金号众，众率之，如师，如长令，如诸父兄。月一日至十八日，尘风汗气，四十里一道相属也。舆者，骑者，步者，步以拜者，张旗幢、鸣鼓金者。舆者，贵家、豪右家。骑者，游侠儿、小家妇女。步者，窭人子，酬愿祈愿也。拜者，顶元君像，负楮锭，步一拜，三日至。其衣短后，丝裋，光乍袜履，五步、十步至二十步拜者，一日至。群从游闲，数唱吹弹以乐之。旗幢鼓金者，绣旗丹旐各百十，青黄皂绣盖各百十，骑鼓吹，步伐鼓鸣金者，称是。人首金字小牌，肩令字小旗，舁木制小宫殿，曰元君驾，他金银色服用具，称是。后建二丈皂旗，点七星，前建三丈绣幢，绣元君号。又夸儇者，为台阁，铁杆数丈，曲折成势，饰楼阁崖水云烟形，层置四五儿婴，扮如剧演。其法，环铁约儿腰，平承儿尻，衣彩掩其外，杆暗从衣物错乱中传。下所见云梢烟缕处，空坐一儿，或儿跨像马，蹬空飘飘，道旁动色危叹，而儿坐实无少苦。人复长竿掇饼饵，频频啖之。路远，日风暄拂，儿则熟眠。别有面粉墨，僧尼容，乞丐相，邋伎态，憨无赖状，闾少年所为喧哄嬉游也。桥傍列肆，抟面角之，曰麻胡。汤和炒米圆之，曰欢喜团。秸编盔冠幞额，曰草帽。纸泥面具，曰鬼脸、鬼鼻。串染鬃鬣，曰鬼须。香客归途，衣有一寸尘，头有草帽，面有鬼脸，有鼻，有须，袖有麻胡，有欢喜团。入郭门，轩轩自喜。道拥观者，啧啧喜。入门，翁妪妻子女，旋旋喜绕之。然或醉则喧，争道则殴，迷则失男女，翌日，烦有司审听焉”（明代《帝京景物略》）。千里之外的京城

（今北京）是如此，碧霞元君的老家更是如此："四月十八（泰山）顶上奶奶的圣诞……这是轰动二十合属的人烟，天下的货物都来赶会，卖的衣服、首饰、玛瑙、珍珠，什么是没有的。"（《醒世姻缘传》第六十八回）

民国年间，社会动荡，时局不稳，泰山上下驻军甚多，文物古迹破坏严重，东岳庙（岱庙）成了大市场。相对说来，千余年历史的泰山庙会，此时显得十分萧条。傅振伦先生游泰山看到"沿途乞丐甚多，逢人索物""不予则不得前行""游山大煞风景事，莫过于此"（《重游泰山记》）。冯玉祥将军隐居泰山期间，曾对泰山庙会进行过考察，并作《庙会的市面》社会风俗诗一首，诗曰："赶庙会，开市场，各种货物来四方。有洋货，有土产，还有大喝小吃馆。这一边，摆面摊，台橙板桌都齐全。爹揉面，娘烧炉，生意买卖儿照顾。那一边，更热闹，汉子张口大声叫。酸梅汤，荷兰水，价格便宜味鲜美，有老少，有男女，杂乱拥挤来复去。买者少，看者多，腰里没钱没奈何。乡民苦，乡民穷，金钱日日外国送。说缘由，话根底，生产赶早用机器。"显然冯玉祥先生是借对泰山庙会的描写，痛心民众疾苦，倡导社会革命。

新中国成立以后，泰山庙会一度被不定期的物资交流会所取代。"文革"期间，由于众所周知的原因，连物资交流会也取消了，致使不少年轻人不知庙会为何物。"文革"结束，大地复苏，山门洞开，泰安市较早的被列入对外开放城市，泰山成为中外旅游热点。为适应新形势的需要，泰安有关方面，在对传统的泰山庙会进行了一番"去其糟粕，取其精华"的改造后，于1986年恢复了泰山庙会。这届泰山庙会的会场设在岱岳观旧址一带，会期是公历5月6日至12日，庙会的内容，除正常的宗教活动外，主要是物资交易、文化娱乐和旅游观光。新恢复的首届泰山庙会就显示出勃勃生机：上百家省内外商业团体到庙会洽谈生意，数不尽的大小摊点经营着各种各样的百货及地方土特产，官方或民间的文艺表演团体纷至沓来，逛会的游山的人流熙熙攘攘。

新的泰山庙会，越办越有经验，越办越红火。1991年度的泰山庙会，会期6天，上会人数达120万人次，有12个表演团体到会演出，40多个商业大棚及1000多家经营单位（个体）进会交易，总成交额达400多万元。1992年度的泰山庙会，扩大了规模，延长了会期，"以红门路为中轴线，南起白鹤泉，北到关帝庙，西临普照寺，东至王母池，占地面积一平方公里，会期长达10天。然而即使这样，仍嫌会场狭小，时间太短。起会以来，1500多家售货摊点，15个大型表演团体，200多座饭棚以及每天20万人次的赶会和流动叫卖声，把整个会场挤得水泄不通”。（张用衡：《泰山庙会古今谈》,《华夏星火》1992年第7期）这届庙会的总工会人次为200万以上，交易额达1100万元。此正如庙会楹联所云：“万仞泰山乘开放劲风振兴旅游迎嘉宾，千古庙会顺改革大潮繁荣经济聚财源。”

最值得一提的是1993年度的泰山庙会，规模更大了，组织更严密了，成效更显著了。庙会会场分南北两大区，即山东林校广场是商业大棚区（南区），又细分为日用百货、纺织品、工农业产品、鞋帽工艺品、服装和食品6条商业街；在北区的环山路东段和虎山公园又划分零散摊点交易、饮食服务和文化娱乐3个小区。总占地面积约10万平方米，商业大棚400多座，摊点1600余家，大型表演团体19个，虽然庙会期间一度天公不太作美，但仍人山人海。笔者耐不住寂寞，也曾逛庙会，凑热闹，巧遇不少趣事。其一，市长逛庙会。起会第一天，当时的泰安市市长便把庙会逛个遍，当看到销售药品的摊位时，就前去细细查看，看看是哪里生产的，有没有注册商标和出厂日期，经销药品证件是否齐全。并特意交代办会人员：“对各种商品特别是医药品要细心检查，千万不能让假冒伪劣品上市，这关系到庙会和我们泰安的声誉。”其二,九十老妪看大戏。泰城南关有一位九十岁高龄的老太太，听说起了庙会，非要赶会不可。儿孙们用轮椅将老太太推到庙会，因怕老人年事已高，想在南区看看热闹就算了，不料老太太坚持要到北区去看大戏，且兴致极高，一看就是二个多小时。其三，“老外”洋文听不懂。在一小摊点前，两位金发碧眼的外国女士看中了古色古香的瓷瓶，把玩良久，决定买两只，连声“土、土”（英语two，这里是两只的意思），小老板第一次与“老外”打交道，不知“老外”讲得是什么，接忙擦瓷瓶，并答道：“没土，没土，干干净净的。”闹了一场笑话。

泰山庙会，滥觞于唐，定制于宋，鼎盛于明清，衰落于民国，再兴于今日。泰山庙会的一项重要内容是庆贺神祇的圣诞，庆贺活动期间，香客游客云集，要吃，要住，要购，要娱，商贸服务和文化娱乐活动也随之出现，庙会也就逐渐变成了一项多功能的活动。鉴于泰山知名度之高，泰山神——东岳大帝和碧霞元君知名度之高，泰山庙会的影响也就甚大甚远了。

（1）庙会把庆贺东岳大帝和碧霞元君诞辰作为主要内容，进一步抬高了东岳大帝和碧霞元君。明清时期，不仅在泰安，而且在全国各地都建有供奉东岳大帝或碧霞元君的天齐庙、泰山庙或泰山娘娘庙。关于东岳大帝的信仰崇拜，较为典型的例子可举岱庙天贶殿壁画——《东岳大帝启跸回銮图》。“启跸图”由宫廷学士及内宫嫔娥恭送东岳大帝出行打头，继之是东岳大帝乘舆巡行，最后是地方神灵恭迎东岳大帝；“回銮图”从地方神灵官员泰送东岳大帝开始，接着是东岳大帝乘玉辂返驾，结尾是宫廷官员嫔妃恭迎东岳大帝胜利返回。壁画高3.30米，全长62米，画面除山水殿阁外，共绘人物691个，其场面之宏大，在泰山上下是空前绝后的，在全国范围内也属罕见。碧霞元君的信仰崇拜在明清达到了顶峰。明神宗时，郑贵妃为立爱子常洵，钦遣乾清宫近侍“敬诣东岳泰山岱顶圣母娘娘陛前，虔修醮典遍礼诸圣”，“上叩诸天遥鉴，圣母重慈，保佑贵妃圣躬康泰，皇子平安，星辰顺度，疾病痊除，寿命延长，家国协吉”（万历十七年《皇醮记文碑》）。再者，万历皇帝之母孝定皇太后，死后追封为“九莲菩萨”，崇祯帝之母孝纯皇太后，死后追封为“智上菩萨”，并把两皇太后铸成铜像在泰山配祀于碧霞元君两侧。另外，明清时期的泰山民间香社，都虔诚地朝拜碧霞元君。如明嘉靖年间，河南开封府六县善男信女朝山进香，签名者达万人以上。再如清代“历城旧有北斗永善香会，自明朝至今相传百余年，实乃古会也。每届春间会期，齐集善男信女朝山进香”（《北斗永善香会碑》）。由于碧霞元君被看作是大慈大悲的善神和有求必应的万能神，“饮我，福我，寿我，惟神降祥，岂敢祷昧以忘大惠”（光绪十年《重修泰山碧霞元君祠记》）。他们是否真正得到了神的保佑是另一回事，但他们确实没有敢忘大惠。北斗永善香会花大钱向碧霞元君进贡：“贡檀牌位并神龛黄绣花棹各一，黄绣兰铺垫二付，黄缎绣花黄罗宝盖一把，大宝盖一把，黄洋绸宝盖二把，龙凤旗五色旗八杆，黄宝旗八杆，朱红洋标大社旗四杆，小礼旗六十杆，大纱灯二对，龙拐铜提炉二对，凤提炉二对，大红彩绸一匹，十献供品，朱红大盘十个，蓝布小垫三十个，金桥银桥旗伞各一宗。”

（2）官府利用泰山庙会等引来的香客大发不义之财。据明人张岱的《岱志》记载：“四方香客，日数百起，聚钱满筐，开铁栅，向佛殿倾泻，则以钱进。元君三座，左司子嗣，求子得子者，以银范一小儿酬之，大小随其家计，则以银小儿进。右司眼光，以眼疾祈得光明者，以银范一眼光酬之，则以银眼光进。座前悬一大金钱，进香者以小银锭或以钱，在栅外望金钱掷之，谓得中则得福，则以银钱进。供佛者以法锦，以绸帛，以金珠，以宝石，以膝裤、珠鞋、绣帨之类者，则以锦帛、金珠、鞋帨进。以是堆垛殿中，高满数尺。山下立一军营，每夜有兵守宿，一季委一官扫殿，鼠雀之余，岁数万金，山东合省官，自巡抚以至州吏目，皆分及之。”如此众多的香火钱物，统治者仍不满足，还要征收香客的“人头税”（香税）。明武宗正德十一年，镇守泰安州太监黎鉴以修缮泰山祠庙为借口，疏请征收泰山碧霞元君祠香钱，当时虽曾遭到都给事中石天柱的反对，但明武宗还是采纳了黎鉴的意见，到了万历年间，神宗皇帝“溺志货赋”，更是随处派遣矿监、税监征收各种税金。据《明史·李三才传》记载，当时仅泰山岁入国库的香税为二万余两。明人谢肇淛在《登岱记》中讲：“元君者……其盻乡灵明足以奔走万方士女，所入香缗，岁不下六万，其布舍财帛称是官收，其收入以佐匪颁，比者中使榷税复增十之二矣，而膜顶祝厘者犹肩相触也。”张岱估算的更大些：“山税有例……每人一钱二分，千人百二十,万人千二百，岁入二三十万。”（《岱志》）明末，政府为了摆脱由于政治腐败和庞大的财政支出造成的严重经济困难，香税之征有增无减，直到明朝政权最后崩溃。

（3）促进了泰山脚下政治中心地位的形成及泰城的经济、文化繁荣。唐代以前，泰山脚下只是镇级治所，曰“岱岳镇”。泰山脚下作为县级以上治所是在宋开宝五年（972）以后。较早的县级治所在泰安东十五公里的博城，曰“博城县”，唐改为“乾封县”，宋开宝五年移治岱岳观下，即今日之泰城所在地也。关于泰安的历史沿革，《金大定重修宣圣庙记碑》有段文字值得注意：“泰安之为州也，有岳祠以壮观其中，有岱宗、徂徕、泮、汶、漕、济以环抱其外，实周公之封境、孔子之乡国、帝王封禅之所也。亡宋开宝五年（972）徙乾封县于此，大中祥符元年（1008）改曰奉符，废齐阜昌之初（1130）改为军曰泰安，本朝开国六十有八年升之为州。”县级行政治所迁至泰山脚下并升格，泰山之所在是一个主要原因，唐宋之泰山庙会的影响也是一个不容忽视的原因。经济的发展与繁荣，除前文已引的《水浒传》《岱志》和《醒世姻缘传》中有关文字外，还可以找到不少这方面的记载，如《岱志》还载：“离（泰安）州数里，牙家走迎。控马至其门，门前马厩十数间，妓馆十数间，优人寓十数间。向谓是一州之事，不知其为一店之事也。到店，税房有例，募轿有例，纳山税有例。客有上中下三等，出山者送，上山者贺，到山者迎。客单数千，房百十处，荤素酒筵百十席，优傒弹唱百十群，奔走支应百十辈，牙家十余姓。”明代山西商人为了在泰安有个落脚处，还在泰山脚下建了“山西会馆”（今名关帝庙）。清末民初，泰城有一家很有名的香客店，名曰“张大山香客店”（本书前面已做介绍），香客店“门面形若府第”，最兴盛时服务人员近百人，高中低档房间及饭菜都有，可以说是一座大宾馆了。在文化艺术方面，宋代以来的诸多诗歌、游记、戏曲、小说等等都直接或间接地涉及泰山庙会，特别是文学名著《水浒传》《金瓶梅》《醒世姻缘传》《老残游记》（续集），明人张岱的游记散文——《岱志》、冯玉祥先生的“丘八诗”——《庙会的市面》等，直接或间接关于泰山庙会的描写都非常精彩。《水浒传》中燕青打擂东岳庙是典型的竞技活动；张岱笔下的所谓“斗鸡、蹴鞠、走解、说书，相扑台四五，戏台五四，数千人如蜂如蚁，各占一方，锣鼓讴歌，相隔甚远，各不相溷也”（《岱志》），是泰山庙会文化活动的生动写照。

（4）今日之泰山庙会是弘扬民族文化，振兴泰安经济的一项举措。《1993年泰山庙会总结》为我们作了简要概括：“第一，泰山庙会以最少的投入，带来了较大的经济效益。一业带来百业兴，庙会期间，泰城的车站、商场、旅馆、饭店到处是顾客盈门，生意兴隆。泰山庙会给泰城的各行各业、方方面面都带来了生机和活力，其综合效益是难以用文字说明的。第二，庙会是最直接、最好的信息中心，十天来赴会群众达270多万人次，其中包括了社会不同地域、不同阶层、各个行业的人士，他们的所需所求基本上反映了一个地区的消费指向。生产厂家、经营单位都能从这里捕获到有用的信息，根据这些信息指导生产与经营，必将会取得最佳的经济效益。第三，庙会通过其历史影响力和丰富多彩的形式——如商品交易、文娱活动、评品小吃、参观游览等等，把广大的群众聚拢到一起，人们在这里购物、观赏、交流、洽谈，获得了精神上与物质上的满足，其乐融融，一片祥和升平的景象，这对于创造一个更加适宜改革开放的良好环境也是具有积极作用的。”

十一、泰山土特产

泰山一带，地理和气候条件独特，出产众多享誉中外的土特产，种类甚多，经济价值高。

1.干果菜蔬

肥桃

被誉为“群桃之冠”的肥城桃，是中外著称的名产。肥桃的栽培历史已有一千一百多年。明代时对肥桃就有“果亦多品，惟桃最著多”之说。1726年的《山东通志》记载：“桃产肥城者佳，他境莫能及。”到明隆庆年间，肥桃已成为皇室的贡品。由于历代统治者的盘剥，桃农无利可得，对肥桃种植逐渐衰落。到清朝宣统年间，桃树已寥寥无几。新中国成立以后，肥桃栽培面积才逐渐扩大，在人民政府的关注扶持下，这一名产才逐步得到开发，现已发展到6500亩，年产量达到3500万公斤。肥城桃的品种很多，名气较大的是佛桃、红里、白里、晚桃、柳叶、大尖、蟠桃、酸桃等。以红里肥桃为主，它个头大，单果一般都在250～500克，最大的能达到900克重。它不仅个头大，而且果肉细嫩，汁多而浓，香甜味美，还具有很高的营养价值和药物价值，并含有可溶性物，果酸、维生素、蛋白、脂肪、胡萝卜素、硫铵素、核黄素、烟酸以及钙、磷、铁等多种元素。常食肥桃可健脾胃、增食欲、壮筋骨、延年益寿。有保肝、防坏血病、贫血及抗癌的功能。近几年销售量大、渠道广，销往美国、独联体、加拿大、日本、菲律宾、泰国、新加坡、韩国及香港、澳门等20多个国家和地区。

宁阳大枣

宁阳大枣，果肉细腻，味美清甜，营养丰富，以葛石镇的枣为最好。大枣的栽培已有三百多年的历史，素有“铁杆树”的美称。宁阳大枣以圆红最多。目前年产量干枣3260余万斤。是生产驰名中外的泰山牙枣的主要原料。

泰山板栗

泰山板栗，大部分生产在泰山、徂徕山，果实大小均匀，壳薄，内衣皮易剥，色泽光亮肉质细，水分少，香甜可口，别有风味，生食、熟食均可，称为“铁杆庄稼”。年产量达到500多万斤。

泰山三美：白菜、豆腐、水

泰山三美之一是白菜。长的形体细长，顶部向外翻卷，这种菜质细无筋，好炒易烂，水分少，香味浓，汤色乳白，入口细腻滑爽，可做各种熟菜，是泰安群众的主菜。之二是豆腐。用石磨制作浆，用生石膏点浆，由于做工精细，质细洁白、鲜嫩，被誉为“神豆腐”，可做多种菜肴。之三是水。在泰山有句俗语：“山多高，水多高。”泰山上下，即便在海拔1500多米的峰顶上也可寻见到淙淙泉水，不但泡茶清香可口，而且酿酒、酿醋、做豆腐都是离不开的。特别近几年发现大量矿泉水，还发现不少温泉、热泉等。

红心萝卜

泰安红心萝卜，以夏张产的为最好，个头匀称，一般都在半市斤左右，青皮白瓤里呈现着清晰的红绿，质地细腻，汁多味甘，清脆爽口，并具有消食、健脾、理气、清热解毒等功能。对红心萝卜有句美称：“烟台苹果，莱阳梨，赶不上泰安的萝卜皮。”

香椿芽

泰山的香椿芽以莱芜城子县村出产的为最佳。自古就有这样的美称：“山口烟，仪封麻，城子县的香椿芽。”关于香椿芽闻名之事，还有个说法呢。相传在清朝乾隆年间，城子县村有一东真观，观内有三清殿、泰山殿、白阴殿、牲口殿等古建筑物，其中村里有九条沙龙通往三清殿，九条沙龙全是洁白的细沙，地面下挖一米多深便可见到，古人说此处是块宝地。在三清殿后面，长有一株大香椿树，树身有两搂粗，二十多米高，枝叶茂盛，树头大能覆盖地面约四市分地，何年何月何人栽已无人知晓，只知已砍掉五十多年了。这株树能产鲜椿芽200多斤，其味道格外鲜美、清香可口、风味独特。据说用一酒盅椿芽水倒在一包豆腐中间，很快便使一包豆腐呈现红色，使豆腐格外好吃。

莱芜生姜

莱芜生姜，素以姜块肥大，皮薄丝少，辣浓味美，色泽鲜艳，耐贮藏等优良特性著称，产姜历史已有二千多年。主要作为调味品，还可以生食、炒食、腌渍、糖渍和加工姜汁、姜酒、姜油等，同时有很高的药物价值。明李时珍在《本草纲目》中指出：姜能除风邪寒热，益脾胃，散风寒，止呕吐，治反胃。在民间风俗中有“冬吃萝卜，夏吃姜，不找医生开药方”的说法。现好多中药中都列有生姜。这种姜的独特处是纤维素含量少，淀粉可溶性强、挥发性油含量高。这种姜可分为紫姜、片姜、大姜三个品种。紫姜呈紫色，根茎粗大，产量低。大姜根茎分枝少，姜奶头大而圆，姜丝多，味道稍逊。片姜根茎分枝多，形如手掌，纤维细，品质好，产量高。莱芜姜制作姜酒、姜菜、姜脯、姜精等20多个品种，尤其是姜芽，以细嫩鲜脆、无丝无渣不老化为优点，具有微辣、微酸、微甜、利口、爽口、清口的特点。

泰山牙枣

牙枣，是泰安首创的土特产品，形似饴糖，肉若荔干，香甜可口，别有风味，称为“干果糕点”。常食对胃炎、脱发、肾虚、肝炎等有预防作用。本品主要选用宁阳大枣制成，制作工序比较精细，如选枣、煮枣、脱皮、晾晒、除核、提霜等。新中国成立前，英、美、德、意等国作为珍贵礼品带回馈赠。

酱包瓜

泰山牙枣、包瓜、摩茄被称为“泰安三宝”。

泰安酱包瓜创制于清咸丰年间，因质优味美，作为“贡品”。主要用泰山附近大白峪村生产的鲜嫩甜瓜作外壳，并配好比例将莴苣、黄瓜、花生仁、核桃仁、瓜子仁、杏仁、藕、龙须菜、冰糖、柿饼、青红丝等切块拌好作料馅，用甜酱腌制而成。具有皮柔、肉嫩鲜脆、清香、酱味浓郁、开口胃、增食欲的特点。

顺香斋南肠

莱芜口镇吐丝口生产顺香斋南肠，是名吃之一。它具有营养丰富，美味清口，餐有余香，增进食欲的特点，蝇不叮，虫不蛀，久贮不变质，国内外驰名，被誉为宴宾馈友的佳品。顺香斋南肠已有一百多年的历史，清朝末年，历城人苏志廷从济南经博山后迁到吐丝口，在当地镇长支持下开张营业。新中国成立前，规模小，人员少，产量也不多。新中国成立后，在人民政府的支持帮助下，由郑连成等人重新组织经营。后经不断扩大，增添设备、人员，通过技术改造，现已机械化生产。南肠的配料科学，制作精巧。配料有几种，每一百斤猪肉可加砂仁、八角、边桂、花椒、石落子、丁香等各二两拌匀，再用十二斤半酱油和二斤半食盐进行腌制。然后晒、煮、晾肠，尤其煮肠必须用原始老汤的制作法，这是保持南肠独特风味的绝招。

赤鳞鱼

赤鳞鱼，又名石鳞鱼、时鳞鱼、斑纹鱼，为我国鱼类珍品，产于泰山山涧溪流中，成鱼长不过二十厘米，肉质细嫩，味道鲜美，为名贵肴馔，还可药用。这种鱼的生存环境条件要求很高，现正研究扩大人工养殖。

汶香附

汶香附，产于泰安汶阳田，医用价值很高，在历史上久负盛名。李时珍《本草纲目》曾记载："香附子虽广布全国各地，唯汶香附最佳。"香附，也称为沙草，是野生草本植物，夏季开花，是一笔很有价值的经济收入。

何首乌

何首乌，是泰山四大名药之一（另三种为四叶参、黄精、紫草）。何首乌又被称为泰山四百多种中草药之冠，对于养血、益肝、固精益肾、强筋健骨均有疗效，是滋补的良药。

泰山灵芝

泰山灵芝，是泰山的珍贵特产，传说是神农在尝百草中从泰山发现的，故称为"神草"。灵芝可治疗耳聋、关节病，保神益精气，坚筋骨，除虚劳，还可治疗神经衰弱、冠心病、高血压、肝炎、慢性支气管炎、哮喘等病。

岱下银杏

银杏，又名白果树。泰安一带银杏最大者约有数百年乃至千年以上树龄。现最古老的是岱庙后门里的两棵银杏，根如磐石，枝若盘龙，高达30余米，极为雄伟壮观，给人以坚强的生命力之感。它的果实还可作药物及食物，是珍贵的树种。

2.石材工艺

泰山石

产在泰山前泰安市郊区境内，这里泰山花岗石储量20多亿立方米，品种很多，有“泰山红”“泰山绿”“泰山青”“泰山白”和“泰山花”。其中“泰山红”花岗石为世界稀有。近几年，意大利、法国、日本等国来考察时，一致认为“泰山红”花岗石质地优良、色彩绚丽、抗压力强、抗磨耐酸碱、耐腐蚀，既能成为高级建筑装饰材料，又可制作各种石雕工艺品。目前，有些加工的泰山花岗石板材和石雕工艺品已销往日本、美国、新加坡等国家。

景观石

有褐、灰等色，石薄而多尖，可制作盆景和假山，并给人气势磅礴、挺拔雄伟之感。

泰山燕子石

又名“蝙蝠石”，学名“三叶虫化石”。它的生成约五亿年，主要产地在泰安大汶口、莱芜等地。其特点：色泽古雅，姿质湿润，虫体如燕，纹彩特异，富有天趣。主要工艺品，从明代就开始制造，如文房四宝、奖品、纪念品等各类工艺品，很受国内外各界人士的赞崇，并具有很高的观赏价值和收藏价值，是比较高雅、奇特、名贵的珍品和妙品。

麦饭石

被称为古老药石。产于泰山南麓北集坡镇西对旧村。泰山麦饭石用水浸泡后，可以溶出钾、钠、钙、镁、硅、锰、钛、磷等人体所必需的近20余种元素和矿物质，可达到矿泉水的标准。长期饮用，可增强人肌体的免疫功能，提高身体抗感染能力，并有利尿、健胃、保肝功能，对高血压、血管硬化、脚气、皮肤病等都有一定的治疗作用。同时，泰山麦饭石对镉、铅、汞、砷等重金属和亚硝酸盐等对人体有害元素以及细菌团具有较强的吸附率达100%，对大肠杆菌的吸附率在95%以上。

西对旧这个村的村民，世世代代住在这里，村民个个健康长寿，无人患皮肤病和流行传染病，这个村710人，其中70岁以上的49人，80岁以上11人，90岁以上的3人，现在97岁的老太太眼不花、耳不聋，能做针线活和家务劳动，还有一位93岁的老大爷能骑自行车带200斤重的货物赶集。

花盆

泰安王士店的花盆，是世代相传的民间工艺品，古人称其有四个特点：一是严冬隔寒、保温。二是酷暑闭光、散热。三是渗水不漏水。四是不易招脏。巧妙的工艺运用了黏土的本来色泽，雅致不俗。自明末清初以来，被作为上品。近几年，又吸收外地陶瓷工艺的优点，在制作工艺上有了很大提高和发展，很受养花用户的欢迎。

十二、民间游戏

民间游戏，是人民大众在日常生活和消闲中创作的产物，它往往同歌唱联系在一起，而游戏里面的歌曲，又是伴随着一定的游戏内容而唱的，对于游戏来说，它是一种伴奏，丰富了游戏的内容，使游戏更加出色，增强和活跃气氛，使人们舒舒服服、愉快地去接受教育，从中获得教益。鲁迅先生曾说过："游戏是儿童最正当的行为，玩具是儿童的天使。"民间游戏流传时间长，形式多样，内容丰富多彩，深受广大群众喜爱。泰山一带的游戏从形式和内容来看，大致分为两类：一是成年人在一起游戏，如"掀碌碡""挑扁担"。二是儿童集体游戏，如"叼小鸡""拍皮球"等活动。还有一种是小姑娘在一起"踢毽子"这样的活动，男孩子很少参加。这些有益的游戏活动，都有利于自身健康和增加知识。现将泰山一带主要的民间游戏介绍如下。

1.掀碌碡

这种活动一般是青壮年的游戏，他们聚集在打麦场上比试。碌碡就是压麦子、豆子、高粱等农作物的圆柱形石头滚子，重量在80～100公斤。比试中看谁的力气大，一个人一个人地掀碌碡，谁掀的多，谁是胜利者。碌碡游戏还有一种是用两腿夹住，接连不断地往后翻，这种玩法和用手掀的要求是一样的，参加人数不限，掀多者为胜。

2.挑扁担

也有称“骑扁担”的，是一种锻炼身体、增强勇敢和智谋的游戏。其方式：用一根长扁担，参加人数4～6人。开始前预备好三根不同的小棒，两根长的一根短的，然后用小棒抽，谁要抽着长的，谁就抬扁担，抽着短的就骑在扁担上。在骑扁担前都要订好规定，如抬着围场院转五圈或十圈，骑扁担的掉下来，算输，下来抬别人。其实骑在扁担上的人，故意搞些小动作，引人笑，有时还手舞足蹈、摇头晃脑，显得格外神气。而抬扁担的两个人，也故意东倒西歪地摇晃，恨不得把骑扁担的摇下来，自己为胜者，并也能骑在扁担上，让别人抬着显显威风。

3.驮人游戏

这种游戏也称为“骑人游戏”，就是一人骑在另一人的脖子上，两腿放下。来回驮多远，驮几趟，临时规定，凡驮不到地方或来回驮不到终点的就算输了。这样，参加者都愿骑在别人脖子上让人驮，不愿意去驮人。凡参加游戏的人，可采用猜宝的办法，谁输了谁驮人，赢了的就骑人。如按规定的路程驮不到便是输了，就挨罚，让输者学青蛙跳，学驴、牛、马、羊、鸡叫，也可学乌龟爬等。受罚的这些动作会引起人们的哈哈大笑。

4.射箭

弓箭很简单，都是自己用枝条弯一个弓，系根小麻线作为弓弦，箭头是用几根秫秸棒，顶端上头用槐子砸碎粘个小疙瘩，再插上一个破针头。这种游戏参加者大部分是儿童，射击目标一般往柴火垛上，或树木上，也有的按指定的目标去射，这种游戏对儿童锻炼瞄准、勇敢、毅力大有好处。

5.踢毽子

这种游戏多数是女孩子玩。毽子的制法，是用大红公鸡毛十根左右，捆起来，一头放进2～3枚方空古钱眼里，用线缠好。二人、四人或更多的人玩，人多了可分为两组，看谁连续踢的多，谁就是胜者。当然踢起来花样很多，有的用一只脚踢，有两脚倒换踢，还有的踢一个或几个后，身子转一圈继续踢的，输赢也有说法，输者有唱歌的，学鸡、羊叫的。

6.拍皮球、线球

也是两人以上或分两组拍，看谁拍的多，谁就是胜者。

7.跳绳

单跳、双跳均可以，花样很多。有的一边跳，一边在地下拾花，也有的两人拉着手一齐跳的，看谁跳的多，中间没有停下，也没让绳子绊倒的，就算胜者。

8.拾子和撑子

是将石头砸成小圆球形，每五个小石球为一副，称“拾子”。在拾的时候手中五个子留在手中一个作为砣把子，向空中一扔，其余四个子同时撒在地上，并握住手中一个子，将地下四个子都拾起来，叫“拾疙瘩”。第二次抓三个，剩一个叫“抓三家”。每次抓一个，若都抓起来，叫“抓个家”，这样反复抓下去，只要手中留下的砣不落地，每次应该抓多少漏不了，反复拾的遍数多者，为胜。

撑子，最少用两副子（十个石子），将十个小园石都拿在手中，然后向空中抛，立即将手翻过来，看手背能接住几个，谁接的多，具体玩的办法同“拾子”一样。

9.叼小鸡

一个人当老母鸡，若干人互相抓住，前后排成长串。在老母鸡对面，有个当黄鼠狼的准备逮鸡吃。在开始逮鸡前，必须先唱一段儿歌：

谁家的门上拴红线，
俺那个门上挂红线，
红线红，
结紫绫，
紫绫子结麻子。
麻子麻，
结柏大，
柏大柏结黑碗。

黑碗黑，
套上骡子拉一百。

唱完后，黄鼠狼立即从老母鸡后边开始逮鸡吃。老母鸡在前东挡西拦，后边的一串人跟着鸡头东躲西藏，生怕让黄鼠狼拉走。往往时间长了，老母鸡后边人又多，三躲两藏的，黄鼠狼就从后边拉一个，凡掉队或拉下来的，就不允许再跟上，也就是说让黄鼠狼吃掉了，直到剩下老母鸡一个就算输了。

10.打瓦

也称“打阎王”。中间立一块大石板，两旁各按一块稍小的方石块，当耳朵，前面立块小石板当鼻子，上面画一条横线。参加打的每人手中一块方面石，站在横线上投，谁打中一块，就算赢了，凡一块也投不中的就算输了。也同样讲好条件进行惩罚，有拧鼻子的，也有端耳朵的，凡是输者，被别人扭耳朵、拧鼻子，抓住输者的两肩往前行走，后边的人再重新将四块石板摆立好。当在家摆好石板喊一声：赦了！都立即往回跑，若跑慢了，让输者逮住，就得背回来。

11.拿顺

这样的游戏不少于二十人，将参加者配成两组。开始前，先提名拿谁。这样被拿者就东奔西跑，怕拿住了，其他人就乱拥乱拉，保护被拿的人，也有一拥而上去拿的，如果拿住不投降，乱人打和拉，若说“顺了”，不仅不打，还当好朋友对待，可接着帮助拿别人，直到有一帮人少了就输了，再重新分开人来玩。

12.投鼓输子钱

是用烧的破泥盆，砸成像铜钱大小，垒在一个圆圈内，然后离圆圈十步左右，画一道线，站到横线上，用小石板向圈内投，只要投出圈来的“钱”，就是赢的。一直投完，谁投出的多，谁就算赢，最后看谁赢的“钱”多。

13.摸瞎驴

就是多人在旁边躲躲闪闪，由一人将眼蒙住，开始摸人（逮人）。有时摸错了就惹人哈哈大笑，如果摸着，被摸住的人就算输了，可罚鸡、猫、狗叫，或唱儿歌：

鸡哏哏，天明了，
老头起来喂牛了，
大牛吃，小牛看，
气得老头翻白眼。

同时还唱：

小老鼠，上灯台，
偷油喝，不下来，
吱呀吱的叫奶奶，
奶奶把它抱下来。

还有一种“绑瘸腿”，就是将一根细小绳子，选出一人，把一只手绑在左腿上，一点一跛的拿着一根杆子，满人群里打，一伙人就乱跑，打着谁，谁就输了。

14.跳房

在地上划一长方形，在长方形内再分成8～10个小方格，这就是“房”。3～4人参加，两人也可以玩。每人一块小石板（俗称“瓦”），要求很严，参加跳者编成号，有次序的进行，往小方格（房内）扔瓦片时，必须站到线外，如果扔的瓦片压住房内的线，就算瞎了。二号再扔，如扔到房内，可用一只腿跳，另一只腿蜷起来。一个房一个房地跳一圈，然后，再继续扔，只要不压线，扔不到外面去，一直跳完就算赢了，剩下的跳不完的就算输了。

15.打抬

一般是两个人玩。每人有几根棍，先划两条横线，参加者可在两头线中间站好，都向空中扔棍子。落下来的棍子可朝线外打，只打一下，若将别人的小棍打出线去，就算赢了，如打不出去的，别人再打你的小棍，谁打出去就是赢者。

16.骑毛驴

一个人当“驴头”，另一个人拉住“驴头”的衣帽，躬下腰当驴身子，再由一个骑上坐端正，围绕场院转三圈。若骑驴的掉下来，就算输了，就去当驴，再让别人骑。

还有些游戏如“赶牛角”“打花棍”“藏老猫守”等活动。在“藏老猫守”时，还一边藏，一边找，嘴里喊着：

老猫猴，
快收家，
趁着狸猫不在家。

17.棋类游戏

如“象棋”“军棋”“麻将”“顶四子”“赶葫芦”“按连”“拿大顶”“憋死牛”“赶锄档”“鸡毛蒜皮”等。这些活动中，除麻将、象棋、军棋比较正规，其他都是随便在地上画个走棋子的图形，找几根草棒或石子，当棋子就能玩，也有输赢，至于处罚，临时规定，大部分是在输者的脸上贴些纸条，学鸡、狗、猫叫，也有弹头皮几下的。

18.撞钟、弹琉璃蛋

这些都是儿童或青少年玩的。

撞钟，玩者两人以上，各用一个铜钱或钱大的铁圈，在墙上找块好石头，将钱撞在石头上，谁的钱远，就拿起来砸近的，若砸上就算赢了，若砸不准别人的钱，再由别人拿起来砸你的钱，谁砸准谁就为赢者。

弹琉璃蛋，也是两人以上玩，在地上挖个窝，谁先弹进去，谁就是胜者。

19.摔泥炮

是将黄泥拌匀，再挖小碗大的泥炮，在平整的石面上高摔，谁摔得好、举的高就越响，鼓的裂缝就越大，谁鼓的缝大，别人要用自己的黄泥去给补上，最后，谁的黄泥给人家补没了，谁就算输了。

20.拍丫丫

两个小孩脚丫相对，互相拍着丫丫唱：

踢踢脚，摆摆脚，
芽芽葫芦开菠萝，
菠萝北，菠萝南，
菠萝北的种荞麦，
荞麦开花一溜的麻。
小男儿，拿板板，
小闺女，拾剪子。
弯弯小腿看骡马。

十三、民间文艺

泰山民间文艺是群众在生产劳动和生活实践中，以集体的智慧创造出来的，它充分表达了人民群众勤劳、勇敢、朴实的精神状态。同时也讽刺和教育某些懒汉、道德品质不好的人，给正义的人们一种愉快和美的享受。泰山一带的民间文娱活动很多，主要有以下几种：

1.戏剧

群众最喜爱唱和听的是京剧、河南豫剧、山东吕剧、柳琴戏、莱芜梆子。其中最受欢迎的还是具有浓厚的地方特色和生活气息的地方戏——莱芜梆子，又名“莱芜呕”。它以莱芜、泰安为中心，流行于泰沂山区，是比较古老的地方剧种。早在乾隆年间，在泰沂山区曾流行着一种特色鲜明的“梆子腔”。实际是陕西、甘肃一带的“秦腔”，经河南传到鲁西南演变而成。具有粗犷高昂，能体现和反映泰沂山区人民质朴豪爽的性格，很受群众喜爱。后到嘉庆年间，安徽一带的一些戏班子逐步流传泰沂山区。当初，泰安夏张程子寨开始唱这种梆子腔戏。由于不断演变和发展，随着时间的推移，演这种戏的人越来越多，受地方语言影响也比较深，逐步形成了独具特色的莱芜梆子。

从清光绪末年到抗日战争爆发前的几十年间，专业班子很少，但是在流行中不断扩大地域，最初仅在莱芜、泰安、新泰一带先后有十几个科班，约四百人的演员，后来传播到东至日照，南逾临沂，西到平阴，北越济南，各地都先后建有社班。抗日战争爆发后，由于泰沂山区被日寇侵占，莱芜梆子遭到严重摧残，许多班社被迫解散，艺人四处飘零。直到1954年，莱芜才建立了一个国营专业文艺剧团。1956年正式改名为“莱芜梆子剧团”，这样，在老艺人的带领之下，招收一批新演员，改编整理出了大量的传统剧目，也不断移植、创作了大量的反映现实生活的剧目。他们上山下乡，送戏上门，受到各级领导和广大群众的赞扬。1962年，郭沫若同志在泰安观看了“八件衣”小戏，罗瑞卿同志和杨得志同志在新泰观看了“赵连岱借闺女”。1965年，排演现代戏“送猪记”到北京参加了全国现代戏调演。周恩来总理、朱德委员长等党和国家领导人观看了演出，对剧本和表演都给予了较高的评价。正当演员精神振奋，准备大干一场的时候，“文化大革命”来了，剧团成了黑剧团，演员成了黑演员，一砸二散。演员大都去工厂、农村去接受再教育，莱芜梆子又受到一次严重的打击。

1974年，在县文艺宣传队的基础上，又恢复了县“莱芜梆子剧团”。1975年排演的现代戏“三定桩”又一次参加了全国戏剧调演，并在广州交易会上为五大洲130多个国家和地区的朋友进行了演出。上海电影制片厂将该剧拍成电影。后来又拍摄“红柳绿柳”等戏剧影片，都受到中央领导的好评。由于历代老艺人同演职员的共同努力，使该剧种不断发展和创新，流行区域也不断开拓。不仅在全省流行，还走进了大城市，曾去过北京、上海、广州、南京、徐州、杭州等地演出，受到观众的欢迎和好评。

莱芜梆子的艺术特色主要表现在：

（1）唱腔有突出的三个特点：一是高亢雄壮，气氛热烈。二是旋律朴实、行腔流畅，往往是由低起高，然后再往低落，朴实简练，清晰明快。三是长于创造正剧，特别是喜剧气氛比较浓。如拿手戏“墙头记”“赵连岱借闺女”等，都受到观众的欢迎和好评。

（2）表演艺术。由于生活气息浓厚，表演逼真，具有乡土气息，粗犷豪放，善于夸张，边唱边舞，增强了艺术感染力。

（3）板式与乐器。当年使用板式29个，其中流传至今保留下来的27个。乐器主要有三大件：大胡琴、小梭月琴、三弦。另有笛、笙、弦、丝，除了梆子外，基本同京剧的演奏相同。

（4）门头。分为“三大门头十三行当”。三大门头是生、旦、净，十三行当是生门的红脸、老生、帮生、大小生、二小生，旦门的正旦、小旦、二旦、老旦，净门的大花脸、二花脸、副花脸、三花脸。现在简单了，基本纳入“生、旦、净、末、丑”的流行轨道上来。

梆子戏，除了专业戏班子外，大部分是本乡本土的村庄自己组织戏班子，因为好多人平时爱唱爱听，有些爱好者逢年过节积极组织起来，也称为“子弟班”。虽说在唱词、形式上与正规戏班子一样，但由于水平低，要求不严，也会出现一些笑话。有一次，春节期间一个“子弟班”演戏，本来中层官职或将军一类的人物出场有四个兵保护，兵先上台，将后上台。结果第一个兵打着旗上台一站，然后走到右边把旗贴在身边站好，第二个兵照样动作上台站到左边，第三个兵上场站右边是对的，第四个出台也站在右边，这样成了右边三个，左边一个兵了。最后将出台一看，当兵的站法不对，应该是每边两个，又无法去直说，这位将官灵机一动，便唱道：“我的兵来，看我官不大，他们默然不听话，故意一边一个，一边三，今天还得叫我亲自拉。”直接把三个兵中拉一个到左边，这样就每边两个了。若不懂戏文的，看个热闹罢了。俗话说：“会看的看门道，不会看的看热闹。”也有说法是唱戏的是疯子，看戏的是呆子，这当然是指的那些群众自己组织的戏班子乱唱乱编，看戏的也是不懂戏文的，尽是看热闹罢了。

泰山一带，演戏比较普遍。尤其是农村，在春秋两季祭祀社神——土地神所演的戏，这种戏场一般在庙前或野地搭个戏台子，用以酬神祈福。但是，后来发展为统治者为了以神设教，加之当地一些和尚道士借此发财，利用群众演戏祈福之机，便在庙前搭上戏台，建戏楼子。如泰城五哥庙，每年除夕夜晚，先有“财神会”开锣，然后由商会牵头，各商号赞助。待午夜后，发过祃子，即可开始温台，在财神像前烧香、元宝，还要放鞭炮，由道士念经。这时，商号顶礼膜拜，戏台上即可开锣、跳财神舞。按顺序出场的先是文财神，文财神头带乌纱，身穿蟒袍，腰系玉带，足蹬粉底寸靴，手持牙笏，带着笑容可掬的假面具，扮成一副“天官赐福”的样子，跟着锣鼓点在台上走醉八仙步，一会儿亮出“天官赐福”，一会儿又亮出“日进斗金”，一会儿又亮出“招财进宝”，一会儿又亮出“天下太平”。文财神下台后，紧接着武财神上场，身穿绿袍，寸靴，勾金脸，五绺长髯，衬上宽肩，打扮宽大的假屁股，手中托着个假元宝，在台上表演出各种姿势的舞蹈。最后，由戏台后面将大元宝接过去，以示迎宝到来，锣鼓喧天，鞭炮齐鸣。这时，善男信女立即到财神像前烧香求财。

这样的戏，一般从年初一唱到年初三。戏台的对联一般是：

三五人可作千军万马，
六七步如行四海九州。
大文章全凭起首，
好结局尽在后头。
布文修武宛然经济，
嬉笑怒骂尽是文章。
愿听者听愿看者看听看自取两便，
说好就好说歹就歹好歹要唱三天。
就离合悲欢维持纲常教化，
假生旦净末描写古今人情。
《山海经》《水浒传》人物备考，
南北宋东西汉今古奇观。
看我非我我看我我亦非我，
装谁是谁谁装谁谁就是谁。

横批：

阳春白雪，既和且平，
弦歌迭奏，轻歌妙舞，
镜花水月，海市蜃楼。

在戏台或戏楼前搭有席棚，里面设桌椅、茶烟，为达官、绅商、先生、小姐享用。一般老百姓可站两侧或后面观看。

演出，一般头一出戏是“全家福”，取吉祥之意，然后由各界人士点戏，大多是有钱有势的人，也有为了出风头、摆阔气，显示自己的威风出来点戏的。同时，这天夜里泰山扇子崖元始天尊殿也唱戏，人们在除夕午夜吃完饺子便去扇子崖烧香，去赶财神会看戏，人来人往热闹非凡。

二月二日，泰城财西街火神阁唱戏三天。传说，二月初二是火神的生日，给火神唱戏是为了少出或不出火灾。戏开始，由道士先念经，各界群众膜拜，焚香点戏。至于点什么样的戏，以及戏的内容便可知道点戏人的地位、品德和爱好。

三月三日是“桃花姑姑”的生日，在泰安城东风台村唱戏，由神婆和香火会头具体承办，并凑一部分钱粮来买香火，集体吃顿饭。

三月十五日泰山顶给老奶奶换衣裳，碧霞祠唱戏一天一晚上。前一天，泰安附近的新泰、莱芜、淄博、德州等地，凡进香的善男信女都到达泰山顶。十五日这一天，泰山顶上人山人海，水泄不通，大多唱些神话一类的戏剧。

五月十三日，是关圣帝君的生日。在泰山脚下有上关帝庙和下关帝庙，并唱戏三天以示庆贺，每天分上午、下午和晚上。因为关羽是山西解州常平村人，上关帝庙又是“山西会馆”，所以，这样的戏主要由山西商人出资承办。

腊月十五日，蒿里山起庙会，一般在十殿阎罗庙内唱戏三天。会上，大都买些糖瓜、糖棍等。因为不几天就是腊月二十三，是灶君上天的日子，意味着将灶君爷的嘴粘住，不让他到天上去说人间的坏话。在这里唱的戏都是教化人心，做好人好事，不要作恶等内容。正是：“善恶到头终有报，只等来早与来迟。”

腊月二十日，城隍庙唱戏三天，规模很大，泰城各界人士都来烧香火、点戏。大部分演些鬼、神的戏剧，形象逼真，有的鬼戏看后让人们吃惊害怕。

另外，还演些许愿的戏。如，庆大丰收许的戏，老人生病、求神拜佛治好了的许的戏，还有久旱不雨，人们可集资唱戏来求雨等等。后来，三月二十八日庙会，便成为城乡物资交流大会，也有唱戏的助兴。

2.玩故事（玩艺）

这种玩故事活动，一般是在春节前由村庄爱好者组织起来，待节后正月十五左右在本村或到外村演出。这些节目大部分是传统性、自编自演的，群众喜爱看。这个文艺队伍一般组织男女20～40人左右，有的达到50～60人，它的形式、规模、内容很多，必然涉及人也多。除了锣鼓等乐器，还有“龙灯”“云彩灯”“狮子滚球”“踩高跷”“旱船”“老姜背老婆”“骑毛驴”“顶伞”“王八看媳妇”“孟老虎”“瞎老头子与瞎老婆子”“玩大头”以及“花鼓队”等。这些娱乐活动除在本村演出，还可到附近村去演，目的是为了庆贺丰收年，为加强村与村之间的团结、友谊，送个节目，拜个年。这样互相邀请，相互送节目，增进友谊、团结、共庆丰收年。每到一个村去演出，都是以热烈场面欢迎，敲锣打鼓、排队迎到村外，真是锣鼓喧天、鞭炮轰鸣。一直迎到村内广场摆上茶水、烟，热情招待，然后演节目。一般是顶伞的人先上场，这样的人必须是好口才，随时见景，现场立即能编出来。当顶伞人一上场转两个圈时，锣鼓更是响彻云霄，就随口唱道：

锣鼓响连天，
俺给大家拜个年。
唱得不好别笑俺，
唱得好来也别夸，
咱们的情谊万万年！

唱到这里住一住，叫花鼓上来玩一玩。花鼓立即上场走几个八字形的花样接着便唱：

面好吃来，磨难挨。
樱桃好吃，树难栽。
待吃樱桃早栽树呀！

唱完后下场，这时，顶伞的人又上场唱：

刹住你的锣，
刹住你的鼓，
刹住你的锣鼓唱秧歌，
唱得好来您别说好，
唱得孬来别笑俺。
请让孟老虎上场替替俺。

孟老虎领着两个化妆好的小姑娘上场唱：

孟老的虎，
本姓刘，
早晨起来梳油头。
那一天，
我从牛栏里过，
急得牤牛直摇头，
叫声牤牛你别急，
我不是迈栏的老氏牛。

全场观众拍手大笑。这个角色一般是编唱比较滑稽的内容，恰如戏中的丑角，往往引起观众哈哈大笑。群众高呼欢迎再唱一段，这时，孟老虎也感到自豪，高高兴兴地又唱：

孟老的虎，
本姓崔，
早晨起来饭屋里偎，
一偎偎了个出溜子屁呀！
呲的俺大妮二妮一脸灰。

孟老虎的唱词没规律，一会儿姓这，一会儿姓那，目的是为了编些顺口溜，让群众哈哈一笑，而且，她编的这些词句也没什么意义，尽是惹人一笑。孟老虎唱完，顶伞的又上去再唱：

小小的鲤鱼，
通红的腮，
我这个秧歌唱不来，
唱到这里往下派，
叫瞎老头子和瞎老婆子上来走一走。

这时，老头老婆一前一后上场，老头先唱：

老婆子，快着走，
别在后头丢了丑。

老婆接唱：

脚又大，脸又小，
浑身不值二百吊。

这时，花鼓队接着上场，花鼓是二人对唱：

甲：说了一个一，谁对上一个一，什么开花在水里？
乙：你说了一个一，俺对上一个一，荷花开花在水里。
甲：说了一个二，谁对上一个二，什么开花窜梗子？
乙：你说了一个二，俺对上一个二，韭菜开花窜梗子。
甲：说了一个三，谁对上一个三，什么开花叶叶尖？
乙：你说了一个三，俺对上一个三，石榴树开花叶叶尖。
甲：说了一个四，谁对上一个四，什么开花一包刺？
乙：你说了一个四，俺对上一个四，黄瓜开花一包刺。
甲：说了一个五，谁对上一个五，什么开花漫东屋？
乙：你说了一个五，俺对上一个五，朝阳花开漫东屋。
甲：说了一个六，谁对上一个六，什么开花炖腊肉？
乙：你说了一个六，俺对上一个六，茄子开花炖腊肉。
甲：说了一个七，谁对上一个七，什么开花不记得？
乙：你说了一个七，俺对上一个七，羌子开花不记得。
甲：说了一个八，谁对上一个八，什么开花不在家？
乙：你说了一个八，俺对上一个八，马莲开花不在家。
甲：说了一个九，谁对上一个九，什么开花做曲酒？
乙：你说了一个九，俺对上一个九，高粱开花做曲酒。

甲：说了一个十，谁对上一个十，什么开花照满池？

乙：你说了一个十，俺对上一个十，稻子开花照满池。

接着唱边关调：

大炒鸡，小炒鱼，醋熘白菜调面筋，二人把酒吃。

最后由孟老虎上场结束唱：

孟老虎本姓王，摊了个男人好尿床，头一泡尿了红绫被，第二泡尿呲俺一胸膛。

这样给观众以欢快的心情收场。

3.快板书

说快板书或一人或两人，甚至群口快板均有。在民间一般单人说快板书，说唱的内容主要是说“武老二”。逛庙会或在开头、结尾时，随时自编小段，表示欢迎和感谢。如在春节期间为了向群众拜年，自编小段，来个开场白：

打竹板，
响连环，
我给大家拜个年。
唱得好来别说好，
唱得孬来我再练，
待到明年再登场，
用上力气大声唱，

庆丰收，
庆兴旺，
咱们的幸福永远长。

4.说书

民间说书，多是瞎子拿着二胡自拉自唱，有时过节也请外地说书的到村里来说几晚上。村里负责赞助几个钱或弄部分吃食。群众最爱听的是“杨家将”“岳飞传”“呼延庆打擂”“王小二吊孝”等。在农村每晚上说到半夜，男女老少挤得满满的，不知困倦。说书人凡说到关键时刻，最引人注意时，便以且听下回分解结束。这样可引导观众下一场一定听个如何结果，让听众心里放不下，必然按时到场听。

5.讲故事

讲故事多在农闲季节或刮风下雨天，主要利用夏天晚上的时间，男女老少都在院子里街道上乘凉时，由老大爷、老大娘讲些传说故事。有的是封建迷信、牛鬼蛇神的传说，也有些是具有教育意义的故事。比较多的是“牛郎织女”“孟姜女哭长城”等民间传说，也有《水浒》《三国演义》上的故事。大人小孩围坐一圈聚精会神地听。有些老大娘、老大爷虽不识字，但讲起来滔滔不绝，流利顺口，艺术性很强，紧凑，生动，耐人寻味。

6.民间歌谣

泰山民间歌谣流传普遍，内容丰富，主要为以下几类：

（1）反映人们的愿望和要求，在不同的历史时期，歌谣的内容也是各有特点。旧社会，广大劳动人民受尽剥削和压迫，过着衣不遮体，食不果腹的贫困生活，期望改变生活条件。在民间流传着这样的歌谣：

盼闯王，迎闯王
闯王来了不纳粮……

广大劳动人民为真正解放自己，盼望大救星共产党，对共产党的热爱溢于言表。

盼星星，盼月亮，
今日盼来了共产党。
共产党是救星，
领导穷人得解放。
瓜不离秧，
孩离不了娘，
老百姓离不开共产党。

（2）儿童游戏歌，是伴随着一定的游戏内容而歌唱的，它调节、辅助游戏进行，给儿童一定的知识和思想教育。年老者往往一边游戏，一边唱着儿童歌谣，也有的是见景生情，随时编些易懂、易学、比较顺口、短小精悍的儿歌。当逢有月亮的时候，一面看月亮，一面教唱儿歌：

月奶奶，割韭菜，

割了韭菜包水饺，
包了饺子给谁吃？
给××小宝宝吃。

有时大人和小孩面对面坐，握住小孩的双手，前后摇晃着唱：

东打箩，
西打箩，
箩下面来蒸馍馍，
爷爷一个，
奶奶一个，
还给小宝宝留一个。

有时小孩急等着喝水，这时一边倒开水，一边唱：

倒倒冷冷，
小狗等等，
冷冷倒倒，
骑马坐轿。

如果老人希望自己的孩子平安无事的成长，盼望孩子早早长大，就教孩子在年除夕夜晚搂住椿树唱：

椿树王，椿树王，
你长粗来我长长。
你长粗来好解板，
我长长来是栋梁。

民谣除在文学上有一定的价值，还有其科学价值和信息价值，对人们了解风俗、经济、政治、历史都有帮助。它以形象、生动、活泼的形式，对当时一些不良现象进行批评和揭露。同时，它以恰如其分的比喻、通俗的语言反映生活，表达人们的思想感情、愿望和要求，是对国家、经济、文化等方面产生反馈作用的信息小窗口，避免出现工作上的失误。如：一九五八年“大跃进”运动，违背了客观经济规律，一度使经济遭到了严重挫折，生产力受到破坏，造成三年经济困难，便出现：

七级工，
八级工，
不如社员一沟葱。

又如：

腰里揣个辣疙瘩，
进城洗澡又理发，
回家还剩一角八。

从这首民谣中明显地反映出当时城市生活的困境，工人生活水平下降的情景。

1964～1966年，农村、城市搞“四清”运动时，反映农村基层干部经济上多吃多占，社员群众有意见，也出现这样的民谣：

大队吃，
小队沾，
社员偎不上边。

在公社、生产队时期，由于吃大锅饭，干和不干、干好干孬一个样，不能调动群众积极性，便出现这样的民谣：

喊破嗓子砸坏钟，
社员迟迟不上工。

村边站，路口等，
到了地头坐个坑。
你也走，我也走，
工分都是七八九。
你也来，我也来，
男打扑克女纳鞋。
你上坡，我上坡，
得的工分一样多。
你下田，我下田，
歇息起来没个完。
集体活，慢慢磨，
干的多了合不着。
捞的多了你别喜，
分多分少不由你。
捞得少了你别愁，
分配东西按人头。

十年“文化大革命”期间，造成工人不上班，农民不种地，派性斗争激烈，也出现：

张家派，李家派。
两派相斗都有害。
斗的双方伤情感，
革命生产遭破坏。

从前群众对干部作风不深入、不扎实，飘在机关上也有意见：

一杯茶，
一支烟，
一张报纸看一天。

特别对领导干部作风腐败，走马观花，不干实事，吃喝成风的现象，群众更是尖锐地提出批评：

打起牌来一两宿不睡，
跳起舞来三四步都会，
吃起宴来四五桌不醉，
干起工作来十个就有九个不会。

又如：

啥事不干去旅游，
车接车送顿顿酒，
白吃白喝还不够，
临走不让空着手。

当前在收入上不合理，群众也有些看法：

富了海边的，
发了摆摊的，
穷了上班的。

党的十一届三中全会以来，通过改革开放，人民群众精神面貌大改变，生活有了很大改善和提高，群众喜气洋洋唱出新民歌：

三中全会像春风，
全国人民笑盈盈，
党中央说了知心话，
全国人民干劲大，
有吃有穿有钱花，
日子越过越荣华。

农村实行责任田后，农民生活大有提高，心情愉快，也有新民谣：

责任制，真是行，
用到哪里哪里灵。
责任到了户，
人人都是队干部。
包了户，联了产，
又治穷来又治懒。
责任到了田，
人人成了技术员。
大包干，办法强，
年年创出高产量。
大囤尖，小囤淌，
从此不吃供应粮。

7.民间手工艺

民间手工艺术，包括剪纸、绘画、塑像、养花、养鱼、编织等。

剪纸

泰安民间很喜爱剪纸，主要内容是花草和动物类。

花、鸟剪纸可作花鞋、枕头及小孩穿的兜兜的纹样，用五颜六色的花线，一个枝一个叶地绣上；也可作为房间装饰品。如逢年过节等喜庆日子，特别是结婚时，可剪“囍”字、小鸟、花灯、鸳鸯等，花草树木贴在墙上或窗户上，以示吉利。剪纸艺术造型稚拙、粗犷而不呆板，夸张变形而不失真，风格淳朴浑厚，线条刚劲挺拔，有浓重的金石味。它的取材十分广泛，有人物、民间故事、花鸟、虫鱼等，都能表现得活灵活现，让人得到了美的享受。

自然，剪纸艺术不是一日之功，必须下苦功学、练，才能掌握巧妙的技艺，有一首歌谣道出剪纸的技巧：

花椒树，奄拉枝，上头坐着个花大妮。
脚又巧，手又巧，两把剪子一齐绞。
左手绞了个莲花瓣，右手绞了个灵芝草。
灵芝草上一只蛾，扑扇扑扇到金河。
金河一凹水，千万别湿了大姐的花裤腿。

春节期间，灯笼上剪贴“八仙过海”或“唐僧取经”图。也有的剪些鸡狗小猪和各种花草贴在灯上、门窗上面，有的姑娘将剪的花绣在鞋上，小孩戴上绣的花兜兜，真是一片新鲜、热闹。

结婚时，剪纸艺术大显身手，主要剪“囍”和鸳鸯，女方在嫁妆（家具）上也剪些凤凰、仙鹤、牡丹、麒麟送子、花瓶等，以示庆贺和吉利。

绘画

民间绘画，大多数为当地群众自己创作，也有模仿壁画、纸画、塑像、石像、石碑的。一般画些民间建筑和高楼大厦、庙宇，也有画动物和花草树木的。

泰安许家埠一带传统绘画，主要是群众喜爱的“家堂”、灶王爷。所谓“家堂”，是在两张一米宽的纸上画高大古建筑物，如庙宇、厅房，门两旁画狮子，大门上的高阶梯、花草树木，也有画人物和动物的。在“家堂”画两边再另画些花果类，如一盘苹果、香蕉、梨、佛手等。像这类画平时不挂，只有在春节才能挂，意思是在年除夕希望“老爷奶奶”（已去世的）回家过年时，以便到“家堂”上、厅房里去住，桌上摆好供品，初一、初二来拜年时要先给“老爷奶奶”磕头。

画灶王爷，也是许家埠的拿手戏。因为“家堂”和“灶王爷”每家都是离不了的，穷富家都是必不可缺少。所以，这种祖传的画至今还有人在画。这些画逼真动人，活灵活现，人人喜欢。

在绘画方面还有个传说：相传有个画家，他的邻居家有个妇道人家很穷，连火柴都买不起。经常到画家家里引火，烧火做饭。日子长了，这个画家有些心烦，但又不好开口说出来。只好画了个妇女借火做饭，画好后就故意挂在墙上，让她看。可是她每次来引火，顾不得抬头去看，引着火就走了，这个画家看她没反应，便赌气把这幅画送给了她。这个妇女也意识到是讽刺她，不让去引火，只好呆呆地望着那幅画，越是做饭时越发愣，又不好意思再去引火，还是瞪着眼看那画，越看画上的妇人在引火，那火苗像真火一样，真是越看越像，便随手找了张纸在画上试试，结果纸还真得被引着了，她真是高兴得不得了。从此，烧水做饭再也不用难为了。这虽说是个传说，但也说明画家的技艺有多高。

塑造

民间塑造用木、石、铜、铁、泥等材料。主要是在农闲季节，群众凭想象创造出来。有的是为了生活，作为经商，搞些塑造品；有的是为了娱乐，搞些装饰品和儿童玩具。其中：

木制品　用木头或树根，刻制一些佛像、神、砚台盒子、茶筒、刀、枪、箭、戟等。利用一些奇形怪状的树疙瘩，刻些牛、马、鸟等小动物。

石制品　用当地石头，制造石马、狮子、石人、牛、羊、石椅子、桌子、石碑，如泰安出产的燕子石、上水石等，都是价值很高的工艺品和装饰品。

泥制品　主要用黄泥、黏性强的泥土，人工制作一些泥娃娃、小鸟、小猴、小狗、神像、盆、罐子、哨子等。有的能吹响，如泥狗、泥鸡、泥娃、泥哨均可吹响。这些泥制品，主要作为民间儿童玩具。

石膏制品　大部分塑些人像、神像，如观音菩萨像、唐僧、沙僧、猪八戒、孙悟空以及《三国》《水浒》中的历史人物等。这样的制品主要作为观赏。

瓷制品　用泥制成成品，然后用土窑烧制而成，大部分是瓷盆、缸、壶、盅、瓦或一些人物、动物类，如瓷马、狗，既做生活用品，也是工艺品和儿童玩具。

根雕　在深山挖些树根，从树根中以丰富的想象和艺术水平去加工提炼，有的树根挖出后就基本成动物形，如鸟、鹰、马、狗、猴子、鸡、骆驼等，这些根雕的特点似像不像，才有趣味，如果一点不缺，像真动物一样，倒没意思了。一般说加工的不如自然形成的好。

编织

泰安一带的编织很多，而且很精致。有句顺口溜说明泰安的编织很出名：

羊楼席，苑庄箔，许家埠就把笤帚缚。

羊楼、苑庄、许家埠都是村名，这三个村的编织原料主要靠当地高粱秸，编成的席、箔、笤帚，使用价值、应用范围都很广，除当地使用外，还供应全国各地城乡。羊楼席编些红、白粗席，苇席，竹席，可用作晒东西、铺炕、盖东西、遮风雨等。苑庄箔主要用于房屋建筑。许家埠村的笤帚花样多，用途广，除扫地外，还有扫床的、扫衣服的、扫面粉的等。

草、条编。主要用草或玉米叶、高粱叶，编制草帽、草绳、草鞋、草垫等。高粱叶可编蓑衣，玉米皮拧成粗细不同的细绳子，然后编书包、提篮、铺墩子、坐垫子及儿童玩具。条编，利用柳条、紫穗槐条、白蜡条等，编制生产生活用具。如筐、篓子、簸箕、盖顶、筛子等。有些编织物已销往国外市场，很受欢迎。

养花

养花是一种愉快的劳动，有利于身体健康和精神愉快。大部分人喜爱养花，但真正养好也是不容易的，到冬天更加困难。耐心的人，可以挖个地窖，将花放在里面，不易冻坏。放进屋内往往保存不好，都冻死了。也有养花作为经营的，别看买卖不大，养好了花，市场上也可大量销售。

在泰安一带所养的花，一般有海棠花、仙客来、令箭荷花、水仙、月季花、牡丹、杜鹃、茶花、迎春、一串红、百日红、茉莉花、君子兰、菊花等。还有供观赏青叶的，如万年青、麦冬、仙人掌、一叶青、仙人球、吊兰、文竹、兰草、棕榈等。现在多数人愿养些盆景，特别是泰山、徂徕山的松柏、荆疙瘩。其中松树有马尾松、红松、墨松、华山松、五针松等。柏树有刺柏、翠柏、地柏、塔柏、花柏等。疙瘩树中有家槐、刺槐、五角枫、黄杨、青杨、南天竹、木金银柳等。这些盆景，耐寒，耐旱，易保存。

养鱼

在泰安一带，养鱼的品种很多，主要是金鱼龙睛、水泡、珍珠、望天、狮子头、红帽子、大五花、小五花、娃娃鱼、红鲤鱼、赤鳞鱼。这些鱼爱阳光，怕阴，要经常将水晒好再换水，总之水要新鲜。鱼爱吃红虫子等食物，但不易放的过多，不然会将水弄脏了，影响鱼的呼吸。

十四、信仰祭祀民俗

泰山是一座神山，围绕着泰山形成了一系列与信仰祭祀相关的民俗事象，成为泰山民俗文化最主干的内容。泰山的信仰民俗涉及泰山民俗文化的许多方面，这在前面的叙述中已多有介绍。在这一部分中，我们着重介绍泰山神灵信仰与民间信仰传说。

1.封禅大典

封禅大典是泰山独有的古老礼仪，构成了泰山崇拜与信仰的重要内容。由于这种礼仪的执行者是历代帝王，所以格外引人注目，其影响更为深远，形成了从传说中的古史到宋代皇帝，贯穿于原始社会和封建社会延绵相续的礼仪传统。

封禅是古已有之的礼仪。按照《史记·封禅书》张守节正义解释："此泰山上筑土为坛以祭天，报天之功，故曰封。此泰山下小山上除地，报地之功，故曰禅。"这种看来简易明了的仪式，何以成为历代帝王神乎其事、无比隆重的盛典，其中究竟有何奥妙？自《史记·封禅书》出，封禅始于秦始皇之说几成定论，南宋马端临更直斥"七十二家"封禅之说是"陋儒之见""诗书所不载，非事实"。而恰恰是司马迁在《封禅书》开篇就写得明明白白，封禅大典"厥旷远者千有余载，近者数百载，故其仪阙然湮灭，其详不可得而记闻云"。须知《封禅书》之于司马迁有极特殊的意义：其父司马谈因病未能随汉武帝行封禅，作为太史官的终生遗憾，临终前"执迁手而泣"，悲叹"今天子接千岁之统，封泰山，而余不得从行，是命也夫！命也夫！"(《太史公自序》)此言能不使司马迁刻骨铭心，剔抉搜罗封禅史料，"殚精竭虑靡辞"以赴？况且司马迁以刑余之身，完全靠“重于泰山”的精神力量从事他的“名山事业”，使他不敢对泰山封禅著述有丝毫懈怠。由于种种原因，他未能对封禅起源做出清晰描述，但司马氏父子对这一问题的探索和肯定却明白无误。无视这一事实，该不该算作“陋儒之见”呢？

如果不抱先入为主的偏见，就不难看到前人对封禅起源的追溯。那位孜孜不倦地追求周礼，毕生以“克己复礼”为己任的孔老夫子，曾往来汲汲于泰山，寻觅封禅大礼的遗迹，“观易姓而王可得而数者七十余人，不得而数者万数也”（《史记》张守节正义引《韩诗外传》），以至在向弟子们传授六艺的时候，尴尬地说：“其俎豆之礼不章，盖难言之。”遗憾地留下了空白。比司马迁早五百多年的管子曾经谈到过封禅，可惜《管子》一书中的《封禅篇》早已亡佚，现存该篇是从《史记·封禅书》中补抄的。它保存了关于封禅起源的一段珍贵史料：“齐桓公既霸，会诸侯于蔡丘，而欲封禅。管仲曰：古者封泰山禅梁父者七十家，而夷吾所记者十有二焉，昔无怀氏封泰山，禅云云；伏羲封泰山，禅云云；神农封泰山，禅云云；炎帝封泰山，禅云云；黄帝封泰山，禅亭亭；颛顼封泰山，禅云云；帝喾封泰山，禅云云；尧封泰山，禅云云；舜封泰山，禅云云；禹封泰山，禅会稽；汤封泰山，禅云云；周成王封泰山，禅社首：皆受命然后得封禅。”《路史》中记载，作为炎帝后裔的蚩尤“兴封禅”，也透出封禅起源的消息。以上诸说，显示了封禅起源的纵向系统。它虽无法构成信史，却有重要的参照价值。

封禅的实际意义是什么？这个问题或许能帮助我们更好地认识封禅起源。汉代班固《白虎通义》说：“王者易姓而起，必升封泰山何？报告之义也。始受命之日，改制应天，天下太平功成，封禅以告太平也。”《五经通义》曰：“天命以为主，使理群生，告太平于天，报群神之功。”这似乎纯粹出于政治目的，表示帝王受命于天，向天告太平，对佑护之功表示答谢，当然更要报告帝王的政绩如何显赫。封禅的具体仪式富有象征性。班固说：“故升封者，增高也；下禅梁父之山基，广厚也；刻石纪号者，著已之功绩以自效放也。天以高为尊，地以厚为德，故增泰山之高以放天，附梁父之基以报地，明天地之所命，功成事遂，有益于天地，若高者加高，厚者加厚矣。”（《白虎通义》）《礼记正义》云：“祭天则燔柴也，天谓日也……祭地，瘗者，祭月也。”原来封禅的种种目的与象征，都包含着一层更为深潜的意识：沟通天人之际，协调天、地、神、人之间的关系，使之达到精神意志与外在行为的和谐统一。

秦始皇封禅 秦朝统一中国后，始皇帝于二十八年（前219）巡行东方，先到邹峄山，行祭礼，刻石颂秦功业。同时召集齐、鲁的儒生稽考封禅礼仪，众儒生诸说不一。始皇帝遂自定礼制，整修山道，自泰山之阳登山。在岱顶行登封礼，并立石颂德。自泰山之阴下山，行降禅礼于梁父山。秦始皇封泰山时祭文和祭礼秘而不传。

汉武帝封禅 元封元年（前110）三月，汉武帝率群臣东巡，至泰山，派人在岱顶立石。之后，东巡海上。四月，返至泰山，自定封禅礼仪：至梁父山礼祠“地主”神；其后举行封祀礼，在山下东方建封坛，高九尺，其下埋藏玉牒书；行封祀礼之后，武帝独与侍中奉车子侯登泰山，行登封礼；第二天自岱阴下，按祭后土的礼仪，禅泰山东北麓的肃然山。封禅结束后，汉武帝在明堂接受群臣的朝贺，并改年号元鼎为元封，割泰山前嬴、博二县奉祀泰山，名为奉高县。此后，汉武帝又曾五次来泰山举行封禅仪式。

汉光武帝封禅 建武三十二年（56）二月十二日，光武帝率群臣至奉高，遣派役夫1500余人整修山道，驺骑3000余人在登封台上垒方石。十五日开始斋戒，二十二日在泰山下东南方燔柴祭天。礼毕，乘辇登山，至岱顶少憩后更衣行封礼。二十五日禅梁父山，改年号为建武中元。

唐高宗封禅 麟德二年（665）十月，高宗率文武百官、扈从仪仗，武后率内外命妇，封禅车乘连绵数百里，随行的还有突厥、于阗、波斯、天竺国、倭国、新罗、百济、高丽等国的使节和酋长。十二月云集泰山下，派人在山下南方四里处建圆丘祀坛，上面装饰五色土，号“封祀坛”；在山顶筑坛，广五丈，高九尺，四面出陛，号“登封坛”；在社首山筑八角方坛，号“降禅坛”次年二月高宗首先在山下“封祀坛”祀天，次日登岱顶，封玉策于“登封坛”；第三日到社首山“降禅坛”祭地神，高宗行初献礼毕，武后升坛亚献。封禅结束后在朝觐坛接受群臣朝贺，下诏立“登封”“降禅”“朝觐”三碑，称封祀坛为“舞鹤台”、登封坛为“万岁台”、降禅坛为“景云台”，改元乾封，改奉高县为乾封县。

唐玄宗封禅 唐玄宗于开元十三年（725）十月率百官、贵戚及外邦客使，东至泰山封禅。封禅礼沿袭乾封旧制。封禅后，封泰山神为“天齐王”，礼秩加三公一等，玄宗亲自撰书《纪泰山铭》，勒于岱顶大观峰，并令中书令张说撰《封祀坛颂》、侍中源乾曜撰《社首坛颂》、礼部尚书苏颋题撰《朝觐坛颂》，均勒石纪德。

宋真宗封禅　大中祥符元年（1008）十月，宋真宗自汴京出发，千乘万骑，东封泰山。改乾封县为奉符县；封泰山神为“天齐仁圣帝”；封泰山女神为“天仙玉女碧霞元君”；在泰山顶唐摩崖东侧刻《谢天书述二圣功德铭》。诏王旦撰《封祀坛颂》、王钦若撰《社首坛颂》、陈尧叟撰《朝覲坛颂》，各立碑山下。现唯王旦《封祀坛颂碑》尚存于岱庙院内。

宋真宗之后，帝王来泰山只举行祭祀仪式，不再进行封禅。

2.泰山神（东岳大帝）

泰山神，又称东岳大帝、东岳泰山之神，是道教中的重要山神。泰山神源于原始社会人们对自然神的崇拜。道教产生后，纳入道教神祇系列。晋张华《博物志》：“泰山一曰天孙，言为天帝孙也。主召人魂魄，东方万物始成，知人生命之长短。”道教认为，泰山神“主管人间贵贱尊卑之数，生死修短之权”“东岳泰山君领群神五千九百人，主生主死，百鬼之主帅也”。唐玄宗开元十三年（725）封禅泰山，封泰山神为“天齐王”。宋真宗大中祥符元年（1008）东封泰山时，封“仁圣天齐王”，大中祥符四年（1011）封“天齐仁圣帝”。元世祖忽必烈至元二十八年（1291）封“天齐大生仁圣帝”。古代帝王来泰山封禅，均先在岱庙礼拜泰山神，泰山神地位越来越高。清康熙帝、乾隆帝礼泰山神时，行三献典礼。元代之后，祭祀泰山神多由皇帝遣官致祭。辛亥革命后，此制遂废。

泰山神对佛教发展也有一定影响。佛教密宗称泰山神为深沙大将，是阎罗王的太子。在地府十王之说中，泰山神主第七殿，专司热脑地狱等。明清后，较为流行的泰山神来历传说有《封神演义》中的黄飞虎，《神异经》中的金虹氏，后说载入《道经》。

自战国以至汉代，泰山始终是君主告成于天的封禅圣地，“峻极于天”，向来被古人视为与天相通的登仙之途。然而后来东岳神却被视为冥司之主，泰山成为治鬼之府。这种变化是什么时候以及为什么会发生的呢？根据目前已知的材料，还很难做出确切的结论。在西汉的文献中，未出现过这类记载。但东汉墓中出土的镇墓券中，常有“生人属西长安，死属太山”的说法。由此看来，这种观念有可能始于西汉。除了镇墓券，《后汉书》《三国志》等书也有这类记载，可以证明这种观念在东汉之流行。汉代人认为泰山为万物之始，阴阳交代，这种说法大约与山岳的自然属性及生殖功能有关。倪思宽《二初斋读书记》曰：“愚案万物之始，阴阳交代，后世泰山治鬼之说，实造端于此。”当时少数民族如乌桓也有死后魂归赤山的信仰，看来泰山治鬼观念确与原始的山岳崇拜有关。《风俗通义》称泰山上有玉策，能探知人年寿修短，纬书则径谓泰山神即天帝孙，主召人魂魄。与后世的信仰更为接近。这种信仰在魏晋盛极一时，而泰山神也被人格化，称泰山府君，有子有女。府君所掌阴府一如阳间官府，所以阳间官场的人情流弊在阴府也同样流行。隋唐以来，随着佛教的推广，以地藏王、阎罗王主冥间的信仰逐渐兴起，在民间占据了一部分市场，但东岳主冥的影响力仍然很大，而且由于唐、宋帝王的推尊，又被封为东岳大帝。其庙祀不限于泰山，而遍及全国各地。明清以来，东岳主冥和阎罗主冥二种信仰逐渐合流，仁位冥神往往并存于东岳庙中，而民间传说常以为东岳大帝乃阎罗王的上司。由此可以看到东岳神在民间的影响之深。

泰山的人神化，始见于东汉年间的纬书，如《孝经援神契》《龙鱼河图》等。魏晋间民间传说有泰山府君，而道教的说法可就五花八门了（见《神仙传》《真灵位业图》《神异经》《云笈七签》等），如泰山君秦顗、三夭、太华真人金虹氏等。而且道教在山神之外，又给东岳配备了一群仙人，如司命东岳上真卿茅盈等。至明代，又有谓后稷乃东岳托生者（见《历代神仙通鉴》）。道教认为五岳山神五百年换一次，而民间传说中的泰山府君，似乎也是可以轮换的（中国民间信仰的冥官，多可以换班）。如《酉阳杂俎》载张坚当上新任天翁，原来的刘天翁就降为泰山太守。《报应记》谓府君姓刘，前府君以有过被黜。《夷坚志》中则出现过许多位泰山府君，都是由正直之人死后充任，与阎罗王的传说相当类似。明清以来，关于东岳大帝的身世来历，有两种说法比较流行。一种即《神异经》所说的金虹氏，它受到了道教的承认，被载入道经中。另一种出自《封神演义》，即小说虚构的人物黄飞虎。由于东岳大帝主宰幽冥十八层地狱及世人生死贵贱，职务繁重，所以庙中一般还配有七十五司（一说七十二司，或说七十六司），分司众务。其中最有名的是速报司，司主或说是包拯，或说是岳飞。各地城隍审理的案件，最后都要汇总到东岳来。这时候的东岳大帝，与最初的泰山神，已完全不是一回事了。

新中国成立前，祭祀泰山神的东岳庙遍及全国各地，每年农历三月二十八为祭祀日。泰山以外，北京东岳庙最为著名，是元明清朝廷举行祭岱仪式的场所。

历代对岱庙泰山神像均十分重视。开皇十四年（594），隋文帝杨坚诏令立石像于岱庙。唐代更为玉像。金代重雕玉像。明更为铜胎泥塑像。

3.碧霞元君

泰山娘娘又叫“碧霞元君”，全称是“天仙圣母碧霞元君”。“元君”是道教对女仙的尊称。碧霞元君在北方尤其华北地区最受崇拜，因为她的“老家”在山东泰山。

关于碧霞元君的来历有如下说法：

（1）她的前身是玉女。据说汉朝时，宫中一座殿内有金童玉女雕像，到了五代，大殿塌圮，金童风化，玉女则掉进池中。宋朝时，真宗到泰山封禅，来到池边洗手，忽然冒出一个石人。真宗派人捞出，洗干净一看，正是玉女雕像。于是真宗下令在泰山建祠供祀，以其为圣帝之女，因而封为成“天仙玉女碧霞元君”。

明朝时将碧霞元君祠扩建升格为碧霞灵佑宫，清朝时又改回。

（2）碧霞元君本是黄帝手下的一个仙女。说是黄帝建岱岳观时，曾派七位仙女，云冠羽衣，迎接西昆仑真人。其中一位仙女随真人刻苦修行，终于得道，成为碧霞元君。

（3）《玉女卷》说，汉明帝时有个大善人叫石守道，他的太太金氏生了个女神童，慧颖无比，3岁知人伦，7岁通晓诸法，日夜礼拜西王母，14岁得曹仙长指点，入泰山黄花洞修炼，道成飞升，做了碧霞元君。

（4）道教称碧霞元君乃应九炁以生，受玉帝之命，证位天仙，统摄岳府神兵，遍察人间善恶。这是道教赋予这位女仙护国佑民的职责。

（5）碧霞元君是东岳大帝的女儿。

以上诸说以碧霞元君为东岳大帝之女的说法最为流行。其实，碧霞元君和东岳大帝全是山神的人格化，他们都源于古人原始崇拜中的山岳崇拜。泰山神是中国所有山神中最著名者，后来成为在全国影响最大的山岳神。

泰山神被人格化为东岳大帝、天齐王以后，人们又为其安排了子女（却没有配备夫人）。父贵子荣，东岳大帝的几个儿子（如泰山三郎炳灵公）和女儿碧霞元君，自然也不同凡响。随着对泰山神一家信仰的不断提高，他们的社会功能也不断扩大，远远超过了一般山神。

传说他们父女都住在泰山上，故碧霞元君又叫“泰山娘娘”。“泰”字在《易经·泰卦》内表示“天地交而万物通”之意，故人们附会为妇女生子之意。又说她“岱居本位，其色惟碧，东方主生，一本乎坤元滋生万物”，就是说这位女神滋生万物，主生，所以民间又把她视为“送子娘娘”。

泰山的碧霞元君祠在极顶南面，宋代创建，明清均有增修。山门内正殿五间，殿瓦、鸱吻等为铜铸。殿内正中供奉碧霞元君铜像，为明代所铸。东西配殿铁瓦覆顶，殿内供奉送生、眼光二神铜像，庙内还有明代铜碑。这组高山建筑灌铜铸铁，玲珑精巧，国内罕见。

北京四方都建有碧霞元君庙，分别叫“东顶”“南顶”“西顶”“北顶”。妙峰山的碧霞元君庙最有名，称“金顶”。金顶四月初一开庙时，人声鼎沸，热闹非凡。当年，慈禧太后曾经为其子同治皇帝载淳祈求发痘平安，令庙里先等她进香后再开庙，这叫“烧头香”。尽管如此，碧霞元君还是没能救得载淳性命，他最终仍然发痘而死。

4.民间俗神

土地

土地，在民间诸神中最为微末。其源起于古人对土地的崇拜，魏晋以前与后土、社稷一体，为道教“四御”之一，享国家祭祀。六朝以后土地即为只管某一具体区域的“当坊土地”，地位急剧下降。其神也由当地人死后主之。《西游记》中第五回写齐天大圣入蟠桃园查看，“本园中有个土地，拦住问道：‘大圣何往？’大圣道：‘吾奉玉帝点差，代管蟠桃园，今来查勘也，’那土地连忙施礼”，其地位可见一斑。宋代开始遍及城乡各地，举凡住宅、园林、寺庙、山岳、社区皆有土地，其辖区以行政区划为准，上以城隍为行政长官。泰城之土地神附祀于城隍庙中，其神为长袍乌帽，神态慈祥可亲，是一银须飘洒的老翁，他旁边的老妇人就是土地奶奶，另外有些街巷和农村的土地供奉于小龛之中，称土地公公、土地婆婆。其神通虽然不大，却颇富人性味，平民百姓以为此神最易接近。

龙王

龙是古人幻想出来的动物，在古代传说中占有相当地位，后来成为祥瑞的象征，与龟、鳞、凤共为“四大灵物”。在传说中，龙往往具有降雨的神性，汉代祈雨常用土龙。龙又能化身为天子和伟人，所以又是古代帝王的象征。佛教传入中国后，佛经中有八大龙王、十大龙王之称，诸龙王“莫不勤力兴云布雨”。唐宋以来，帝王封龙神为王，龙王信仰开始普遍。道教也称其有诸天龙王，四海龙王，五方龙王。主司治水与丰歉，无论江河湖海，渊潭塘井，有水处便有龙。泰山因系一花岗岩，地表渗水蓄水能力差，容易形成水灾和旱灾。民国县志记载历代“泰山大水”30余次，甚至山上的游客也“漂流无算”，另有大旱饥馑7次，甚至有“人相食”的惨状。所以人们对龙格外崇拜，除山上有黑龙潭、白龙池外，城里东施家胡同南侧还专门建成龙王庙，以求龙王遏制水灾，调和风雨，五谷丰登。

河神

与龙王信仰相似，泰安民间曾流传着河神大王柳展雄的故事。说他掌管大小河流。一次玉帝命他淹掉泰山周围一千个村庄，他便找一个名叫“十百”的小村子淹掉复命，说十百即一千，哄过了玉帝老儿。又说汶河边上的泉林村是他姥姥家，每年八月十五都从河里往姥姥家送鱼。还说他爱听戏，家乡百姓为了答谢他救助之恩，凑钱在旧县摆戏，果然有一条水蛇从汶河中游出，到戏台上面听了三天大戏，然后告辞不见了。这反映了泰安人对水神、河神的崇拜，以及乞求佑护的心情。

火神

火神，原祀泰城南关火神庙。火神源起于上古人们对火的崇拜，古籍记载火神有三人，其一为祝融，其二为炎帝，其三为吴回。另外还有一位小火神阏伯，是传说中五帝之一帝喾的长子，帝喾代颛顼为帝王后，封阏伯于商丘，担任火正，亦被后世奉为火神。俗话说“水火无情”。火能造福于人，也能带来灾难，人们不得不乞求火神的保佑。当地传说民国年间，曾有一名善于刮地皮的贪官住在火神庙，其箱笼细软经常无端起火，烧得他没有办法，只得迁居外乡，易地为官。看来这位灵验的火神爷倒是善于笑谑戏耍的幽默人物。

门神

门神，是从古至今流传最广的民间神祇之一，它起源于古代的自然崇拜。自从人们会建造房屋以后，就认为应有神灵守卫。《礼记·月令》中已有“祀门”“祀户”的记载。最早的门神是神荼、郁垒。后世所绘门神中，神荼为白脸，喜相，郁垒红脸，怒相。

唐代门神改由著名武将秦琼、尉迟敬德担任。宋代以后，门神渐多，且有文、武之分。武门神又有赵云、马超、薛仁贵、盖苏文、孙膑、庞涓、黄三太、杨香武、燃灯道人、赵公明、马武、姚期、萧何、韩信、孟良、焦赞，以及完全是“向壁虚构”出来的哼哈二将。文官门神大都是赐福天官，含有迎福得官、招财进宝之意。另外还有一类祈福门神，多与福禄寿喜财，多子多福有关。有趣的是此类门神成双成对，如赐福天官配送子娘娘、喜神配合仙、刘海配招财童子等，并在画像上添一些吉祥物，为爵、鹿、蝙、喜、马、宝、瓶、鞍等，借谐音寓意“爵、禄、福、喜、马、报、平、安”已具有更加浓烈的装饰性。

旧时泰城人家贴门神是有严格规矩的。武门神必须贴在临街的院门上，以求驱邪；文门神及祈福门神贴在房门上，以示恭迎福临。如果位置颠倒，就意味着把福禄喜财送给了行人，是很不吉利的。

灶神

灶神，民间又称灶君、灶王爷、灶君菩萨等。原始的灶，就是先民们用来取暖照明，烤制食物，防御野兽，在住地燃起的火堆。在母系社会里灶由家族中威望最高的妇女掌管，最早的灶神当然就是女性。后来的道书把灶神说成昆仑老母，名“种火老母元君”，专管人间住所，记下每家人之善恶，于夜半上奏天庭。

灶神也是起源于自然崇释，《礼记 · 月令》就有“祀灶”的记载。但灶神是谁，众说不一。祭灶的时间亦屡有变化，先秦为孟夏祭祀，汉为腊日，晋为腊月二十四，唐宋以后遂以此为定例。说到灶神之司职，未免不甚光彩，郑玄就认为是“小神居人之间，司察小过，作谴告者尔”(《礼记注》)，也就是说，这是一个暗中伤人，专门打小报告的家伙。其司饮食的本职，似乎为人淡忘了。人们既怕他、恨他，又离不开他，只好采取“赎买政策”，在祭灶升天之时，以糖瓜封住他的嘴，用好话加以奉承，除夕之夜，还要迎其下降，期望他“上天言好事，回宫降吉祥”。

人们对灶神的态度，不像对其他神祇那样虔诚庄重，而是亦庄亦谐，形成独特的祭灶习俗。祭灶时除摆糖瓜、食品外，还要有祭词。泰城百姓唱给灶神的祭灶歌令人捧腹。《灶王告状》：“九月九日是重阳，灶王爷爷上了天堂。双膝大跪在灵霄宝殿，尊了声玉皇你称一个王。天宽地大你不让我去坐，为什么叫我当个灶王？庄户人家把我请了去，浆子糊了我一脊梁。刷锅澎了我一身水，烫了我一脸的黄皮子疮，单等腊月二十三，糊了我一嘴麦芽糖。他让我上天一定言好事，朝王回宫降吉祥。”看来在穷苦百姓家里，灶王爷也只好受委屈了。

厕神

厕神，亦称紫姑神。据《三教源流搜神大全》《显异录》等记载，紫姑是唐朝人，姓何名媚，字丽卿，山东莱阳人，武则天时，山西寿阳刺史李景害死了何媚的丈夫，霸占她为妾。李景之妻阴骛刻毒，见何氏美艳惊人，又妒又恨，于正月十五元宵节时，趁何媚解手，把她害死厕中。天帝可怜她，封为厕神。

后来，受到妇女们的崇拜，于元宵之夜在厕中祭之，以纸或布做成紫姑神偶像，念词曰："子胥不在，曹夫亦去，小姑可出。"如偶像摇动，说明"神"来了，据说此时占卜吉凶，可知福祸。大概紫姑是"过来人"，对福祸有亲身体验，所以才能讲清吧。泰安城乡旧时习俗，于元宵之夜在厕所挂灯烧纸祭祀，以求厕神保佑。

厕神之外，还有厕鬼。唐·段成式《酉阳杂俎·前集》卷十四："厕鬼名项天笙。"这可是善于作乱的凶鬼。《古今图书集成·神异典》卷四十四引《续玄怪录》："厕神（鬼）每月六日例当出巡，此日人逢必致灾难，人见即死，见人即病。"又说其鬼"名郭登，蓬头青衣，长数尺"。泰安旧时盖房，要根据堂屋位置选择厕所方向，或在东南，或在西南，以镇压厕所五鬼。如方位不对，则要导致五鬼作乱，祟及生人。

路神

路神，亦源起于自然崇拜，先民们企望在路途遥远中得到神的佑助，始对道路加以祭祀。同其他神祇一样，路神也有很有来头的几位。一是黄帝之妻嫘祖，一是黄帝之子累祖，一是共工之子修。

与路神关系密切的还有开路神。此神名方相氏，在周代是官职之名。方相之来历亦与黄帝妻嫘祖有关。明代《封神演义》又分为二神，说是殷纣王时武将方相、方弼兄弟，后来分别封为显道神、开路神。

泰城旧俗中仍有此神。凡有丧事，出殡前必先祭路，即祭方相氏。除夕之夜迎"家堂"也要先祭路神。不过在一般人观念中，路神与开路神方相氏是分辨不清，或合二为一的。

太岁

太岁，来源于古代的天体崇拜，但它并不是具体的星体或象征某种天象，它与岁星有关，是人们为计时方便想象出来的。与动土兴造、迁徙、嫁娶的禁忌有关，唐代淄博人段成式的《酉阳杂俎·续集》中就记载了山东即墨人冲撞太岁招病："百姓王丰兄弟三人，丰不信方位所忌，尝于太岁上掘坑，见一肉块，大如斗，蠕蠕而动，遂填。其肉随填而出，丰惧弃之……兄弟奴婢数日内悉暴卒，唯一女存焉。”

从此以后再也无人“敢在太岁头上动土”。此神后来又被人格化，《三教源流搜神大全》卷五“太岁殷元帅”条记载，太岁为殷纣王之子，名殷郊，有勇力，善除妖。《封神演义》中有“封殷郊为执年岁君太岁之神，坐守周年，管当年之休咎。杨任为甲子太岁正神，率日直正神，循周天星宿度数，察人间过往衍由”。太岁的信仰与禁忌本来仅流传于民间，不列国家礼典，但元明以降，却得到最高统治者承认，设专坛祭祀，则更加刺激了民间的信仰。泰城旧时每逢动土、婚嫁，均要请阴阳先生“定太岁”，即计算太岁在何方，以免冲太岁，如新娘花轿不能面对太岁方，新人行礼不能面对太岁方，等等。

文昌帝君

文昌帝君，又称梓潼帝君。据《华阳国志》记载，四川梓潼县一带在东晋以前信仰恶子神，当地人为之取名张恶子，并立庙祀之。宋代以来，相传其能预测状元事，颇应验。文昌原为星名，是魁星之上六星的总称，古代星相家认为是主大贵的吉星。道教又将其尊为主宰功名禄位之神，称“文星”，说“文昌星明，文运将兴”。又称上帝命张氏掌文昌府事及人间禄籍。元仁宗延佑三年（1316）封梓潼神为“辅元开化文昌司禄宏仁帝君”，从此文昌神与梓潼合二为一。这种说法颇为荒诞，且拼凑过于勉强。古代有“不语怪、力、乱、神”传统的儒士极力诋斥，并企图为文昌星正名。但对绝大多数贫寒儒士来说，要紧的还是功名利禄，“病急乱投医”，也就顾不得许多，统治者亦顺水推舟，“秩而祀之”，以至天下府县，处处建有文昌宫，儒生士子莫不顶礼膜拜。道教也乘机杜撰出《文昌帝君阴骘文》，假传文昌帝君的“天启”，劝世人积德行善。泰城文昌宫建于明代，其地址在今泰山区政府路南。

魁星

魁星，又称“奎星”。这是与文昌关系密切的神祇，其庙往往与文昌合之。泰城奎星就供奉在文昌宫内的奎文阁里。奎星（宿）为二十八宿之一，是西方白虎七宿的头一宿，共包括十六颗星。奎星被古人附会为主管文运之神。魁星信仰大盛于宋代，此后便成为封建社会中读书人于文昌帝君之外最崇信的神祇。由此，还衍化出文曲星、武曲星之说。《儒林外史》称中举士子“都是天上的文曲星”。《封神演义》中以比干为文曲星，窦荣为武星，其源盖出于魁星崇拜。

财神

财神，是民间乃至各阶层都普遍关心的神灵。自从私有制出现后，财富一直是人们普遍关心的问题。人们殷切地希望有一位神仙能帮助他们招财进宝，财神便应运而生。但究竟谁为财神好，迄无定论，问题是哪位财神都不很灵验，枉自享受了许多人间烟火。人们不得不在更大的范围内遴选“神才”，于是有了文财神、武财神，且各有数名正选。文财神主要是比干、范蠡两位。武财神也主要有两位：赵公明和关圣人。

泰山的财神却是文武皆备。红门下的关帝庙，便是清代山西盐商捐资兴建的，期望关老爷保佑人心齐，货利足。泰城通天街东旧有财神庙子街，冲街口有一神龛供奉财神，寓“对我生财”之意。其神眉清目秀，冠冕紫袍，属文财神。近年中天门二虎庙修复原殿，内里也根据《封神演义》所述奉祀赵公明，为执鞭跨虎形象，另有利市仙官妙少司，招财使者陈九公侍立。周围还有以《封神演义》为题材的壁画九幅。

福神

福神，较之门神、财神，福神的影响就小得多了，这恐怕与“福”的界定不清有很大关系。但从其来源上看，黎民百姓却实在从福神受惠不少。传说福神为唐人阳城。据《唐书》记载实有其人：“阳城字亢宗，定州北平人。徙陕州夏县……为道州刺史……州产侏儒，岁贡诸朝。城其哀生离，无所进。帝使求之，城奏曰：‘州民尽短，若以贡，不知何者可供。’自是罢。州人感之，以阳名子。”看来这位阳城很有些人道主义的德行，敢于抵制以侏儒为戏的岁贡，为一方百姓造福。选他为福神当属可以胜任。至元明之际，讹传为汉武帝时人，名杨成。另有因“天官赐福”之说以天官为福神，或以真武（玄武）为福神者。不过此神未设神像，民间只是在新春之际写一“福”字帖于庭院或照壁。泰城旧时故意把“福”字倒贴，寓意“福到”。

喜神

喜神，即吉神，专事送喜与吉祥，但无具体形象，亦无祭祀之所。旧时泰城有迎喜神习俗，“正月元日鸡初鸣时，祀喜神于其方，日出天行”，也就是以其所值方位为喜神方。北方此俗较为流行，据《京华春梦录》载旧时北京亦有此俗：“元旦黎明，携朋友走喜神方，谓遇得喜神，则能致一岁康宁。”泰城旧时婚礼，新娘上轿后，轿口必对准喜神方稍停片刻，谓之迎喜神。新人行礼之前，亦须向喜神方站立，才能一生多喜乐之事。这实际是自然崇拜的一种孑遗。

张仙

张仙，即送子张仙。据清代《泰安州志》记载：“张仙祠在关王庙之东偏，州民之祈嗣者祷焉。”张仙祠旧址约在今泰山区政府以南。据《通俗编》引《金台纪闻》，张仙之说实出于一段爱情悲剧：宋太祖赵匡胤灭后蜀，后蜀皇帝孟昶的爱妃蕊花夫人被送到汴京后宫。花蕊夫人不忘故主恩爱，就画了一张孟昶挟弓射猎的画像，挂在室中，一次被太祖看到，询问其故，花蕊夫人谎称：这是我们蜀中的送子张仙。此后弄假成真，送子张仙之名不胫而走。《历代神仙通鉴》记载宋仁宗“昼寝，见一美男子粉面五髯，挟弹面前，曰：‘君有天狗守垣，故不得嗣。赖多仁政，予为弹而逐之。’帝请详其说，曰：‘予桂宫张仙也。天狗在天掩日月，下世啖小儿，见予则当避去。’帝顿足而觉，即命图像悬之”。又据《七修类稿》：北宋文学家苏老泉曾梦张仙手合二弹，是诞子吉兆，后来果然生了苏轼、苏辙兄弟二人。苏老先生为此特意写了《张仙赞》以表感戴之情。

泰安张仙祠中塑有张仙神像，其形象即按“粉面五髯，挟弹”的记载塑造。殿中有一副对联：打出天狗去，保护膝下儿。横批：子孙绳绳。民间家庭祭祀，则多贴像于烟囱旁。据说天狗往往顺烟囱进屋，吓唬小儿，传染天花。张仙守住囱口，天狗就不敢钻入。

5.泰山石敢当

以小石碑（或小石人）立于桥道要冲或砌于房屋墙壁，上刻（或书）“石敢当”或“泰山石敢当”之类，以禁压不祥之俗，在民间甚为流行。

关于“石敢当”的文字记载，最早见于西汉史游的《急就章》：“师猛虎，石敢当，所不侵，龙未央。”颜师古注：“卫有石蜡、石买、石恶，郑有石制，皆为石氏；周有石速，齐有石之纷如，其后以命族。敢当，所向无敌也。”颜氏认为，石是姓，敢当为所向无敌意。陶宗仪《南村辍耕录》卷十七“石敢当”条中引用了史游的《急就章》及颜氏注，完全同意颜氏的说法。颜师古对石敢当的解释是难以令人满意的。我们知道，《急就章》是当时的儿童启蒙识字书，若据颜注，石敢当就是姓石的那个人所向无敌，除非姓石的那个人当时名声很大，否则儿童很难接受其说，教书先生也很难讲解清楚。我们遍查古籍，目前还没有找到一位汉代以前的名声很大的无敌英雄石某某。近现代学者邓尔雅指出：“石敢当一语，出《急就章》，本无其人，后人特就文意石敢当以为喻而已。”（《民俗》41/42期合刊）宗力、刘群二同志亦认为：“西汉史游《急就章》有句云：师猛虎，石敢当，所不侵，龙未央。颜师古注以为石乃姓氏，敢当为所向无敌。说者谓石敢当碑即取所向无敌之文意以镇邪。此说稍差强人意，然意犹未尽。古语中此类语汇甚多，何故专取于此。”（《中国民间诸神》）

另一种说法是：认为石敢当是五代汉时的勇士。明人陈继儒的《群碎录》云：“五代汉刘智远时，有勇士名石敢当，其慕古人名以自表见耶？抑即其人与？”杨信民的《姓源珠玑》亦讲：“五代刘智远为晋祖押衙，潞王从珂反，愍帝出奔，遇于卫州。智远遣力士石敢当袖铁锤侍。晋祖与愍帝议事，智远拥入，石敢当格斗死，智远尽杀帝左右，因烧传国玺。石敢当生平逢凶化吉，御侮防危。故后人凡桥路冲要之处，必以石刻其形，书其姓字，以捍民居。”

我们认为，石敢当之石碣（碑）与五代勇士石敢无关，理由有二：

（1）遍查新、旧《五代史》，有名石敢而无名石敢当者，亦没有把勇士石敢尊称为石敢当的文字记载。据《旧五代史·高祖本记上》记载："应顺初，晋高祖镇常山。唐明宗召赴阙，会闵帝出奔，与晋高祖相遇于途，遂俱入卫州，泊于邮舍。闵帝左右谋害晋高祖，帝密遣御士石敢袖铁锤立于晋高祖后。及有变，敢拥晋高祖入一室，以巨木塞门，敢寻死焉。帝率众尽杀闵帝左右，遂免晋高祖于难。"再据《新五代史·汉本纪第十》记载："潞王从珂反，愍帝出奔，高祖自镇州朝京师，遇愍帝于卫州，止传舍，知远遣勇士石敢袖铁槌侍高祖以虞变。高祖与愍帝议事未决，左右欲兵之，知远拥高祖入室，敢于左右格斗而死，知远即率兵尽杀愍帝左右，留帝传舍而去。"旧、新《五代史》记载虽然文字上稍有出入，但勇士系石敢而非石敢当则是一致的。

（2）石敢当在西汉史游的《急就章》中已见到，莆田县（今莆田市）曾出土唐大历五年的"石敢当"石铭，据此，石敢当早于五代之勇士石敢明矣。清代学者翟灏在《通俗编》里也曾明确指出石敢当与五代之石敢无关："据《五代史》，刘知远为晋押衙，高祖遇唐愍帝于传舍，知远使勇士石敢袖锤侍高祖以虞变，谓植石所镌取此，即大历有镌之者，断知此说非矣。"

第三种说法是把"泰山石敢当"说成是"大夫"（即医生）。《茶香室丛钞》卷十记载："国朝王渔洋山人（王士祯）《古夫于亭杂录》云：齐鲁之俗，多于村落巷口立石，刻'泰山石敢当'五字，云能暮夜至人家医病。北人谓医士为大夫，因又名之曰石大夫。按：此五字南中有之，而无医病之说，亦无大夫之称。"单就这段文意即知，泰山石敢当为大夫的说法流传并不广，仅止于北方，而南中皆无。北方何以流传泰山石敢当为大夫之说，考其渊源，是流传已久的石敢当可降妖镇邪的演绎。在流传泰山石敢当可以治病时，恐怕已没有人考究其是人是神还是什么东西，不然，何以讲"能暮夜至人家医病"而不讲白昼亦能入人家行医？

据查阅文献资料及在泰安市境内的调查可知，凡刻（书）"石敢当"（或"泰山石敢当"）之类者，多用石质材料，而用其他材料者则较为少见。1988年，在肥城县（今肥城市）发现12处刻（书）"泰山石敢当"或"泰山石镇宅"者，除两处新房子是书写在墙壁上的以外，其他10处均是刻之于石的。立（砌）石刻"石敢当"之类语言的基本作用是什么呢？诸如莆田县（今莆田市）出土的唐大历五年石铭云："石敢当，镇百鬼，厌灾殃"是也。其他作用都是这种基本作用的引申或演义。"石敢当"三字中有"石"字，石敢当刻于石上，其作用是厌殃镇邪，从其深层内涵上考察恐不无内在联系。汪宗衍先生《石敢当》一文中谓："《淮南·万毕术》云：'丸石于宅四隅，则鬼无能殃也。'庾信《小园赋》：'镇宅以埋石。'吴兆宜注《荆楚岁时记》：'十二月暮日掘宅角，各埋一大石，为镇宅。'"（《民俗》86/89期合刊）王成竹先生认为，这很可能是石敢当的由来。同时王先生又指出："就石敢当三字字义讲，盖即石可当其冲也。故镇于庐舍，墙隅街衢巷尾门前直冲之处也。"（《中国民间诸神》）宗力、刘群二同志认为王成竹的见解"颇有道理"，并进一步指出："宋庆历中所发现之唐代石铭（指莆田石铭），非如后代小石碑，而是埋于宅基下，与上引镇宅之石颇相类。实际上，此即古代灵物崇拜之遗风，以石为灵物，赋予辟邪镇鬼之神力，埋于宅下，后又借用'石敢当'句，以壮声威。即如近代简化为小石碑，小石人，实亦视为辟邪之灵物耳。"（《中国民间诸神》）宗力、刘群认为石敢当是"古代灵物崇拜之遗俗"，极有见地，稍感不足的是没有展开论述。

灵石崇拜是一种十分原始且流行广泛的宗教习俗，它形成于史前社会，阶级社会有其习俗延续。灵石崇拜与祭天、祭地、祭山川、祭祖祈育及避邪厌殃等都有一定渊源关系。这里我们仅就与"石敢当"有一定关系的，具有避邪厌殃作用的灵石崇拜做一番探讨。"万物有灵论是原始宗教思想发展的最初阶段。"某些岩石所具有的奇特形状、颜色或所处的特殊地理环境，都可能被古人赋予灵性。台湾当地土人称神石为"石头公"，把它看作是保幸福、避妖邪的对象。我国羌族地区，流行有白石崇拜。关于白石崇拜的由来，羌人的传说：古代羌人和戈鸡人战争，不能取胜。当时有神梦中指示羌人，要用白石作武器，才能战胜戈鸡人。羌人如言而行，果然得胜。但不知此人的形象如何，便以白石代替以供奉之。非洲尼日利亚农村给神石供奉食物以求治病。新几内亚有一种神石，土人认为石里附有精灵，可以流通影响他物，如放在园圃内，即能增加收获。以上所引均为民俗学资料，就考古学资料来看，也不乏例证，甘肃永靖秦家、齐家文化墓地，有不少墓随葬石块，石块有大有小，多呈白色，石块放在死者头部或身体两侧，有的则围绕在死者一圈。不分男女老少，不分葬式，大都有石块随葬，少者五六块，多的达105块。广西南宁地区的史前墓葬，如西津和长塘的不少墓中，流行着用一二块未经加工的片石随葬，石块多放于死者头部，有的墓则在人骨周围用石子圈起。1945年春，夏鼐先生在甘肃临洮寺洼发掘两座墓葬，都有大块砾石随葬。另外云南元谋大墩子遗址的部分史前墓葬，四川巫山大溪文化遗址的部分墓葬也有石块随葬。值得指出的是，在史前墓葬中或在同一墓区中，随葬石块者总是少数，说明墓主人很可能是非正常死亡，墓葬中随葬的石块很可能是灵石，其目的是借助灵石来镇墓驱邪，防止死者变成厉鬼作祟。下面我们再回到石敢当的探讨上来。西汉史游的《急就章》有“石敢当”之语，唐颜师古有注。前已指出，颜氏注“石”为姓不妥。石敢当的真正含义应当解释为“盖即石可当冲也”。即灵石可以避邪厌殃抵挡一切。石敢当避邪厌殃之俗也可以从东汉应劭的《风俗通义》中找到旁证：“汝南汝阳彭氏墓路头立一石人，在石兽后。田家老母到市买数片饵，暑热行疲，顿息石人下小瞑，遗一片饵，去忽不自觉。”此事被路人哄传，说“石人能治病，愈者来谢之”。又说“头疼者摩石人头，腹痛者摩其腹”，“凡人病自愈者，因言得其福力”，故尊那墓前石翁为“贤士”。显然这是当时人们把石人作为避邪治病象征的一例。这里附带讲一下，泰山山顶碧霞祠院内两通碑，俗称“御碑”，至今有用硬币摩碰御碑以防病之俗。摩碰御碑者口念道：“御碑摩，御碑碰，摩碰御碑不生病。”此俗与上述应劭所记有相似之处。宋仁宗庆历年间，莆田县（今莆田市）出土的唐代大历五年（770）的石铭云：“石敢当，镇百鬼，厌百殃，官吏福，百姓康，风教盛，礼乐昌。”此石铭原埋于宅下，其镇宅之意不言而喻。明清以后，用“石敢当”（或“泰山石敢当”）镇宅或镇巷陌桥道之要冲颇为盛行。《通俗编》引《继古丛编》云：“吴民庐舍，遇街衢直冲，必设石人或植片石，镌石敢当以镇之。”袁枚的《随园随笔》亦载：“镌今俗为厌胜，辄树一石于庐所，曰‘石敢当’。”21世纪20年代，邓尔雅先生调查：“粤俗随地有泰山石敢当石刻。大抵其地有鬼物为祟或堪舆家以为形势而弗利居民，借此当煞气耳。”以上所引资料多属南方，其实北方亦然。前文引清代王渔洋山人（即王士祯）语“齐鲁之俗，多于村落巷口立石，刻泰山石敢当五字”可证。枣庄市底阁曾发现一块奇特的岩石，呈红色，高1.1米，宽0.65米，厚0.35米，上刻有“镇宅煞鬼，隆庆二年立”字样。隆庆是明穆宗朱载垕的年号，隆庆二年即公元1568年。肥城县（今肥城市）张庙村亦有“泰山镇石宅”小石碣发现。至此我们可以做出如下结论：有关石敢当之习俗，是古代灵石崇拜之遗俗，其作用，无论在何处，主要是避邪厌殃。

或许读者注意到，上述所引资料，有“石敢当”亦有“泰山石敢当”，而较早的资料只讲石敢当而没有涉及泰山石敢当。那么“泰山石敢当”出现及流行于何时呢？“泰山石敢当”与“石敢当”又是什么关系呢？邓尔雅先生收集的一则民间故事讲：相传康熙年间，将军拜音达礼年，以邸中东廊与浮图相向，居者辄不利。适道出江西，因诣龙虎山，乞张真人厌胜之术，甫就坐有赭衣道士趺坐楹西，真人指谓将军曰："祈此师可也。"因礼拜之。道人曰："此宅煞细故，以大字镇之当吉。"索纸大书"泰山石敢当"五字。款著纯阳子书。将军惊谢，旋失道士所在，真人曰："本日纯阳师值殿，公幸遇之，福缘无量哉。"遂奉以南归。勒石东廊，字径逾尺。见者咸谓出入虞褚间。

宗力、刘群同志提供的广东徐闻县民间传说谓：

康熙年间，数任知县皆到县不几日，即卒于任上。某黄知县知其事，携一风水先生同赴任。先生察明系本县一座宝塔之影正落于县太爷公座之上，诸官皆因不能经受宝塔之压力而死。遂于县衙前立石碑，刻"泰山石敢当"五字，谓泰山之力可敌宝塔。此后遂无事。这两则民间故事虽然讲述的有所不同，但有其共同点：一是故事均发生在清康熙年间，二是皆以泰山石敢当镇邪。又清初人王士祯谈齐鲁之俗时也涉及"泰山石敢当"。据此可知，"泰山石敢当"流行于清初，其出现时间可能早至明代。石敢当前加泰山，其用意是借泰山之力以增威。泰山之泰字，古为"太"，也就是"大"，广义的太山就是大山，大山可以压妖镇邪，在古代神话故事传说中屡见不鲜。如《西游记》中的孙猴子（孙悟空），就曾被如来压于五行山下五百年。狭义的太山（大山）是指今泰安市境内之泰山。泰山巍峨高大，为历代帝王封禅告祭之所，是一座神圣的山。汉武帝刘彻赞叹泰山"高矣，极矣，大矣，特矣，壮矣，赫矣，骇矣，惑矣"。明太祖朱元璋谓泰山"根盘齐鲁兮，不知其千百里；高耸入云兮，不知几千万仞"。泰山有无量的神威不言而喻，因而在避邪厌殃的石敢当前加泰山以期再增威力不难理解。

明清以后，直至今天，关于石敢当（或泰山石敢当）的民间故事传说甚多。我们手头上掌握的这类民间故事传说，除邓尔雅先生收集的一则及宗力、刘群同志提供的一则外，见诸文字的还有十余则，分别载于近几年出版的《泰山传说故事》（简称《传说故事》）、《泰山民间故事大观》（简称《大观》）、《泰山民间故事》（简称《民间故事》）、《泰山传说》（简称《传说》）、《泰安风物》（简称《风物》）等书。

前文所引邓尔雅先生收集的及宗力、刘群同志提供的两则关于泰山石敢当的民间故事传说，都把石敢当作"石"为基本出发点，它流行的时代虽然不算早（清初），流行地区也不算广泛，但就这两则民间故事传说的深层内涵而言，其来源是古代灵石崇拜的遗俗——石敢当镇邪厌殃意义的发展。莆田县(今莆田市)出土的石铭，特别是石铭中“石敢当，镇百鬼，厌灾殃”数语，对这类民间故事传说的形成有着重要影响，也可以说，这是正宗。另一类是关于降妖治病型的民间故事传说，它是把石敢当当作“人”为基本出发点。《大观》所载“驱妖型”二篇，驱鬼型一篇(为降妖治病类的变形)以及《传说故事》所载的石敢当传说，都可划归此类。这类民间故事传说多讲石敢当，既勇敢且又为鬼妖缠身的人治病，显然与清人王士祯所讲的北方人谓石敢当为“石大夫”有关。此类民间故事虽然把石敢当作为人看待但所述故事的深层内涵与作为灵石崇拜的具有镇邪厌殃作用的石敢当不无关联。

第三类是将石敢当附会于五代勇士石敢的民间故事传说。如古月同志整理的《石敢当》(载《风物》)、鲁岳同志整理的《石敢当》(载《传说》)都是如此。宝君、秋水同志整理的《泰山石敢当》(载《民间故事》)言石敢当原名“石钢”，被送外号“石敢当”。显然石钢之名是五代石敢之转音。此类民间故事传说均讲石敢当英勇无敌、除暴安良。认为石敢当与五代勇士石敢有关者，明清以后不乏其人，清人金棨编修的《泰山志》也讲：“石敢当乃五代时勇士……袖铁槌侍高祖，遇变，遂于左右格斗而死。稽宅经须避方煞，故取名石敢当耳。”石敢当与石敢虽然是两码事，但就石敢当可抵挡一切及石敢英勇无敌而言，多少还是有一点联系的。

第四类关于泰山石敢当的民间故事，一是泰山与石敢当为两挚友型，二是唐太宗被泰山石阻挡型(均见《大观》)。挚友型讲泰山与石敢当原为同窗好友。泰山家庭富裕，学习刻苦，考中了举人。而石敢当不但什么也没有考取，反而落到“独自一人在外过流浪生活”。有一次石敢当讨饭到泰山府，被泰山留住府上，一直以礼相待。数年后，泰山因公务外出，半年未归，石敢当自尊心很强，以为自己住的时间长了，泰山故意躲起来不见，故“永别了”。泰山办完公务回府后，听说石敢当死了，万分悲痛，也自尽了。因为泰山与石敢当情同一人，死在一块，后人纪念他俩，将泰山与石敢当的名字合在一起，即“泰山石敢当”。这则民间故事传说所述侠义之士者，泰山也，而石敢当似乎还是一位胡乱猜疑的小人。“阻挡型”讲：唐太宗骑马上泰山，到回马岭时，一看到马蹄盘，实在上不去了，他又好奇，非上不行，结果绕着道走，临走时说了一句：“我从长安来，逢山开路，遇水造桥，没有挡住我的，偏偏让泰山石把我挡住了。”借这个音，叫起了“石敢当”。查新、旧《唐书》，唐太宗李世民根本没有到过泰山，当然就更谈不上骑马上山被泰山石阻挡事了。这两则民间故事传说所述所谓石敢当（泰山石敢当），与石敢当的真实由来及内涵、作用差距甚大，与广泛流传的一系列石敢当的民间故事也大相径庭。笔者曾访问过泰山一带的许多长老，均无人知晓何时何地曾流传过这些民间故事，这是否有编造之嫌呢？

综上所述，石敢当是古代厌殃避邪类灵石崇拜之遗俗，与“人”无涉。西汉史游《急就章》中“石敢当”之语，应释为灵石可敌当一切。其后无论是莆田出土的唐大历年间之石铭，还是在桥头巷口要冲及宅舍立植（或埋）“石敢当”之石，其意一也。至于石敢当之前加泰山（即泰山石敢当），始于明代，流行于清代，达于今日，其意为借神圣的泰山以增石敢当之威力。关于石敢当的种种民间故事传说，在深层内涵上，有与石敢当的真正含义一致，有的部分相关，有的则完全不同。与历史真相有一定距离的民间故事传说之所以能够形成，自有其这样那样的原因。但近年来有的同志借整理民间故事传说为名，凭着想象，再加编造，使之离历史真相更远，就未必可取了。

6.民间信仰传说

泰山神全的由来

人人都知道“泰山的神全”，真是大庙小庙遍地皆是。神仙的名目也十分繁多，上起天老爷，下至武大郎，真是无奇不有。这么多的神仙都集中在泰山上下，这到底是怎么来的呢？

相传，在很古的时候，江西龙虎山下，出了一个真命天子，是玉皇大帝任命的，他下凡后，取名叫白氏郎。白氏郎长大了就到隔河的东村去上学。他每天早晚过河，都有一个白胡子老头，恭顺地自愿来背他。时间长了，白氏郎的娘就觉着奇怪，问儿子：“你为什么过河不湿鞋，脚不凉呢？”白氏郎告诉她说：“每天有个老头儿背着我过河。”他娘告诉白氏郎说：“明天你问问老头为什么背你过河。”

第二天早晨过河时，白氏郎详细地询问了老头，老头说：“我皇陛下，你是真命天子，天帝派我来给你当差，二十年后你就是一朝人王地主了。”

白氏郎回家洋洋得意地说给他娘听，他娘兴奋得不得了，就天天盼儿子做皇上。她每天在灶下做饭的时候，就用烧火棒敲着灶王爷的神像念诵：“灶王爷你听着：要是俺儿当了皇上，俺是有仇的报仇，有冤的报冤。”一天三顿饭，她敲着灶王爷说三次。

腊月二十三，灶王爷要上天了，向玉皇报告人间的善恶，他如实地将白氏郎他娘的言行向玉帝做了报告。玉皇大帝不相信，灶王说：“天爷爷，我一天挨三次敲，若不信可看看小神头上的疙瘩。”说着，他伸着头用手指着给玉帝验看。

这下玉皇可生气了，认为真要叫白氏郎坐了天下，他娘这个做法还了得吗？就命令雷公电母，到明年六月六日去江西龙虎山下，抽掉白氏郎的龙筋。

第二天早晨，白氏郎又去上学，来到了河边。那个背他过河的老头说：“我就背你这一次了，以后我就不来应差了，因为你以后不能再做皇帝了。”白氏郎很惊奇，就问他为了什么？老头儿就将灶王向玉皇告状的事说了一遍。白氏郎吓坏了，他恳求老头给他个解救的办法。老头嘱咐他，明年六月六，若有暴雨急雷，切记住：“紧闭嘴，咬紧牙，虽然龙筋被抽，不能再成人主，还可留个金口玉牙，说句话还有灵验。千万不可忘记。”白氏郎最后问老头是谁，好铭记他的恩德，老头说：“我乃玉皇驾前，太白真人是也。”

第二年的六月六日，雷公电母奉玉帝之命，来抽白氏郎的龙筋。这一天，白氏郎按照太白金星的嘱咐，闭紧了嘴，咬紧了牙。一阵急骤的雷电后，白氏郎软瘫在地上，他用力地保住了他的金口玉牙。

白氏郎身体康复后，他恨透了灶王爷，心想：我还金口玉牙有灵验，说了算数，他找来一个葫芦，想把灶王装到葫芦里，叫他永远不能出来。他手拿葫芦头，来到灶王的神像前，大声喊道：“灶王毛神，装进葫芦。”就见一道火光，就把灶王爷装进去了。白氏郎就盖上了葫芦塞。

白氏郎一看，他的金口玉牙真灵验，就想：天下这些小毛神，都不是好东西，他发誓要把这些小毛神通通都装起来，也好消除被抽筋的愤恨。于是他便从江西一路北上，随走随装，江南所有的神仙，都无一逃漏。后来，他听说泰山老奶奶有道业，又很灵，他就又发狠，要把泰山老奶奶也装起来。

白氏郎一上泰山，老奶奶就掐算到了，她也做了一番巧妙的安排。

六月的泰山，在太阳的曝晒下，燥热极了，溪流里干涸得连一点水都没有。白氏郎背着他装神的大葫芦，艰难地在山路上行走着，口渴舌燥，嗓子眼里都快要冒烟了。在这时，突然一个白发苍苍的老嬷嬷，提着一桶水，从山下走来。白氏郎见了水，怎么能不喝呢？他向前施礼，要求老妈妈给他口水喝；老妈妈因泰山天热缺水，不给他喝。他再三苦苦哀求，老妈妈说：“你要喝水，必须给我磕头，叫我三声亲娘才行。”白氏郎果真趴在地上，磕了个响头，大声喊了三声亲娘。就趴在水桶上喝了个饱。老嬷嬷说：“白氏郎你喝了我的水，可别忘了我是你娘啊！”白氏郎再三道谢满口应承。

喝足了水，白氏郎有劲了，一口气就上泰山顶，要到碧霞宫去装泰山老奶奶。当他走到神座前，拔开葫芦塞要装神的时候，就听神座上的碧霞元君喊道：“白氏郎，白氏郎，你忘恩负义丧天良，拿着葫芦来装你娘。”

白氏郎抬头一看，神位上坐的正是那个他磕头叫娘给他水的老嬷嬷。若真装了她，不就真是忘恩负义了吗？他又生气，又懊悔，就把手里的装神葫芦向地上一摔，摔了个粉粉烂碎。那些被装的神，这才见到了光明，解除了羁困，爬起身来，向泰山上下、四面八方逃走了。这些逃神，在泰山上一个个都安上了位置，所以，到今天泰山的神，才多才全哩！

讲述人：柳芳梧

采录者：萧宝万（笔录）

姜子牙封神

《封神榜》上的各位都到齐了，姜子牙就坐在封神台上开始封神。他把天下的诸庙都分给了众鬼魂，独独泰山的岱庙没分，想把它留给自己。

这时候，黄飞虎从桌子底下钻了出来说：

“还有我没地方呢！”

姜子牙知道岱庙自己占不成了，就想了想说：

“我先杀了你，把你封在岱庙。”

黄飞虎说：

“岱庙是个好地方，可是你杀了我再封我，我就不知道你怎么封了，还是封了再杀吧！”

姜子牙说：

“好吧！那就封了你再杀！”

这样，就把黄飞虎封在岱庙了，封了以后就要杀他，黄飞虎忙说：

“你杀不得我了，只有封神，哪有杀神的？”

姜子牙一听，无话可说了。所以，普天下的神只有黄飞虎是个活神。

采录者：徐淑芳（笔录）

泰山女神碧霞元君的来历

在很古的时候，石敢当这个人住在他老家徂徕山。他一辈子为人正直，家里很贫穷，靠种地过日子。家里虽贫穷，但很讲义气，常帮乡亲做点好事，很有威信。他一辈子没生儿，只生了三个姑娘，大姑娘、二姑娘出嫁了，家里还剩了个三姑娘。这个姑娘从小勤快，心地善良。两个姐姐出嫁以后，家里日子难过，为了帮父母过日子，三姑娘整天到徂徕山里砍点柴到山阳集上卖，好买粮吃。有一天，她正在山里砍柴，遇上暴风，昏天黑地，雨下得很急，她在山里也找不到避雨的地方，雨下的时间很长了，一直下到黑天。三姑娘在山里迷了路，出不来了，她很着急，越急越找不到路，正在她为难的时候，发现远处有一个灯火，她就朝灯火走去。走近一看，见是从山洞里出来的亮光。三姑娘虽然害怕，为了避雨，为了找个藏身之处，还是壮了壮胆子，向山洞走去。走进山洞一看，是个老嬷嬷围着一堆火在烤火。三姑娘一看是个老嬷嬷心里就很高兴了，上去给老嬷嬷跪下，说到山中来砍柴，遇到风雨了，迷了路了，求老嬷嬷收留她，住一晚上。老嬷嬷也很高兴地答应了这件事，留三姑娘住了一晚上。

第二天早晨，三姑娘砍了柴就回家了。从这以后，每逢三姑娘到山里砍柴，必定要到这山洞里来看看这个老嬷嬷，有时砍点柴火给她，有时上山沟里给老嬷嬷提点水啊，打扫打扫山洞啊，就这样，有几年的时间，她和老嬷嬷的感情越来越深。

有一天，老嬷嬷对三姑娘说：

“你不是个凡人，是个仙女下凡，造化大，你在徂徕山住不了呢，徂徕山已让你压得落下去三尺了。”

现在徂徕山的山势和泰山不一样，是平顶，最高峰叫太平顶。为什么峰顶没尖，是平顶呢？就是让三姑娘压平的。

老嬷嬷就和她说：

“你不能在徂徕山待了，你走吧！”

三姑娘说：“我走，可上哪里去？家里有父母。”

“从这里，往西北走，约走五十里路，那里还有个大山，叫泰山。你到泰山去住吧！泰山现在还没个当家人，你去吧！去了以后，在某天，那里会有各路神仙去集会，选泰山主。去了以后，在半山腰的某个地方，有棵大松树，你在树底下挖上三尺，你会发现一个木鱼子，拿出来，搁一边。再往下挖，再挖三尺，然后把绣花鞋脱下一只埋下去，再埋上木鱼子，这样就行了。等封泰山主的时候，你再到场。”

三姑娘听了以后，就找到了这棵树，挖了三尺，真挖出了木鱼子，她就把这木鱼子搁在一边，又挖了三尺把她的绣花鞋埋上了。

到了老嬷嬷说的这一天，玉皇大帝召集各路神仙，南海龙王啊什么的，都到泰山集会。集会的目的，就是说天下各个名山都有了山主了，泰山还没有，看看谁坐泰山合适。照各路神仙的意思，还得按老规矩，谁到泰山来得早，谁就是泰山神。玉皇大帝采纳了这个意见。就问：

“到底谁来得早啊？”

这时，柴王站出来了，说：

“我来得最早，我应该当泰山主。”

玉皇大帝问：

“你来泰山早，你有什么凭据？”

“我在大松树底下埋着念经用的木鱼子呢，不信可以去看看。”

这样，众神仙一听，有凭据啊，看看去吧！有没有这个凭据。正在这时候，三姑娘也走出来了，说：

“我来得最早！”“你来得最早有什么凭据呢？”

“我是在一棵树底下埋了绣花鞋。”

众神仙一听，有了分歧了，各有各的理，那就去看看吧！

到树下挖，挖地三尺以后，挖出个木鱼子，说明柴王来得早。这时，三姑娘不干，还叫往下挖，一挖挖出一只绣花鞋，这就断定是三姑娘来得早，因为她的鞋是在底下。

这样泰山当家人得由三姑娘来当。就封三姑娘是泰山君主，封号是“碧霞元君”。

对此柴王很有气，一气之下，就把山顶上所有的松树都拔了去。拔了以后，他用一个挑子，一头一捆，挑走，为的是晒死三姑娘。柴王拔完了树，挑着往下走，走到南天门，觉着越挑越累得慌，自己寻思寻思：

“这事办得有点太‘朝巴’（方言，傻瓜的意思）了；树，我已经给她拔了，我还挑走干什么？有什么用？不能办这种傻事。”

所以，走到南天门这里，就把挑子放下来。

“叫它滚下去算了！”

他使脚把前边这一捆蹬下去。蹬到前边山坡上，就是现在对松树的一片松，长得挺旺，这是柴王挑的前一捆松。后边的一捆，蹬到现在后石坞那里，也长了一片很好的松林。

这样山顶上就没有松树了。三姑娘很苦闷，常常落泪，想家，所以现在山顶上有些小树叫“哭泣树”，就是三姑娘的眼泪变的。

她做了泰山的碧霞元君以后，常常苦恼。那个老嬷嬷，实际上是观音菩萨，来超度她。每当夏天，泰山顶上总是有很多云遮着，就是观音让云给三姑娘遮遮太阳哩！

讲述人：张广平

采录者：徐纪民（录音）

泰山石敢当（之一）

泰山有一个人，姓石名敢当。他家住徂徕山下桥沟村。

这个人在泰安城给人家测字，他很勇敢，什么也不怕，好打抱不平。在泰山很有名，都知道他很厉害。有些人被人欺侮了，就找石敢当替他打抱不平。

泰安南边五六十里地，有个汶口镇，有个人家，他家的闺女自己住在一间房子里，每到太阳压山的时候，就从东南方向刮来一股妖气，刮开她的门，上她屋里去。这样天长日久呢，这个闺女就面黄肌瘦，很虚弱。找了许多先生看，也治不好。这时有人说："看来病很重。"

他闺女说："你们给我找人治也治不好，我是妖气缠身，光吃药是治不好的。"

两个老人就想怎么办呢？听说泰山上有个石敢当很勇敢，就备上毛驴去找他。

人家请他，他就去了。说："这事好办，准备十二个童男，十二童女。男的一人一个鼓，女的一人一面锣。再就是准备一盆子香油，把棉花搓成很粗的灯捻，准备一口锅，一把椅子，只要把东西准备齐了，我准能把妖气拿住了。"

这样喝了酒，吃了饭，他就用灯芯子把香油点着了。他用锅把盆子扣住，他坐在旁边，用脚挑着锅沿，这样虽然点着灯，远处也看不见灯光。

天黑了，听着呼呼响。一瞭呢，从东南方向来了一阵妖风，看着风就过来了。石敢当用脚一踢，踢翻了锅，灯光一亮，十二个童男童女就一齐敲锣打鼓，妖怪一进屋，看见灯光一亮，就闪出屋，朝南方跑了，传说上了福建。所以福建有的农户又被妖风缠住了身体，怎么办呢？人家就打听，后来，听说泰山有个石敢当，他能治妖，就把石敢当请去了。他又用这个办法，妖怪一看又跑了，就上了东北。东北又有个姑娘得了这个病，又来请石敢当，他想：

"我拿他一会儿，他就跑得很远，全国这么大地方，我也跑不过来。这样吧，泰山石头很多，我找石匠打上我的家乡和名字。'泰山石敢当'，谁家闹妖气，你就把它放在谁家的墙上，那妖就跑了。"

以后就传开了，说妖怪怕泰山石敢当，只要你找块石头或砖头在上面刻上"泰山石敢当"，妖怪就不敢来了，所以现在盖房子，垒墙的时候，总是先刻好了"泰山石敢当"几个字垒在墙上，就可以避邪。

讲述人：马宗奎

采录者：吴锦（录音）

泰山石敢当（之二）

传说泰山石敢当，是个人，姓石，名敢当。家很穷，就在西门摆个桌子，代写书信、给人算卦。

城南有个地主家，地主家的闺女得了个病。每天晚上，总有一个妖精来缠着她，怎么治也治不好。于是这地主就发了告示，谁要能治好闺女的病，就把姑娘许配给他，还给多少地。

石敢当一看，不管怎么样，先混顿饭吃了再说，他就把这帖子揭了。地主一听他把这帖子揭了，就把他请去了，五天一大宴，三天一小宴，请他吃饭。来了好几天了，这事可怎么办呢？瞎爪子了，来吧！弄上一口锅，弄了一个大盆，装上豆油，弄上十来个鞋底子当捻子点着，点着以后，用大锅扣上，又不能扣死。他呢，拿着宝剑，外头是枪炮，锣鼓都准备好。

到了晚上，他在屋里，拿着宝剑，外头都准备好了。他说：

“我喊的时候，就敲锣，打鼓，放炮啊！”

到了夜里，妖精来了。门一开，一进门，他就一脚把锅踢开了，宝剑一举：“招打！”锅踢开以后，火着起来了，外边又放炮又打锣鼓，就把这妖精给吓跑了。这闺女的病也好了。

这样石敢当出了名。这儿也来请，那儿也来请，以后江南的也来请，他应付不了了。就说：这样吧，不必我亲自去了，用石头刻上“石敢当”三个字，就可以镇邪了。

讲述人：王晓亭

采录者：徐纪民（录音）

泰山石敢当（之三）

很早以前，在泰山脚下，泰安城里登云街学府，有一对刎颈之交的学生，一个叫泰山，一个叫石敢当。两人同桌读书，同床睡觉，一个锅里舀饭吃，互敬互爱，从没红过脸，是很好的一对学友。

后来，因泰山学习刻苦，家庭生活富裕，进京赶考，中了举人。而石敢当白费了一番心血，由于家庭生活贫寒，误了学业，没有考中。俗话说：“穷秀才，富举人。”从此，石敢当天天随父上山打柴度日，待父母双亡后，他独自一人在外过着流浪生活。

有一年，石敢当讨饭正巧来到泰山府里，被泰山看见，亲如一人。便急忙迎进府里，热情厚待，并埋怨石敢当说："我到处打听找你，为何不早日来我处呢？自找苦吃！"

石敢当忙谢道："愚弟明知你贤兄高升，不愿增添麻烦，只怪愚弟无能罢了。"

二人饮酒畅谈一番友情，泰山劝石敢当："一人度日难，别走了，住在我府，任你读书赏花，给你安顿一处舒适的宅院。"

石敢当是一个自尊心很强、很要体面的人，不愿给人增添麻烦，一心想走开，又一想，怕泰山说他疏远了。只好勉强留下，住在书房，日子过得倒也清静快活。

年复一年。时间长了，生活照样过得很好。有一次，泰山因公事出外，住了半年之久没有回来。这时，石敢当想：

"莫非在这里住的时间长了，躲了我不回来，还是看不起我，又不好赶我走？"

他从此冥思暗想，吃不下饭，睡不着觉。可又一想，要是独自走了，怕对不起泰山的一片好意。哎！何苦呢？不如一死，免得连累别人也不安宁。于是石敢当提笔给泰山写了几个字："你对我的真心实意和宽厚待遇，我永世不忘！愚弟无能，不再连累你，永别了。"

泰山在外因公事达半年之久，方才回府。听说石敢当已死，万分痛苦，后悔在外时间过长，看了石敢当留下的遗书更是哭得死去活来，谁也劝解不了。泰山一连几天不吃不喝，不能入睡，像呆了一样，他为了忠于同学石敢当，真心生在一起、死在一块，也在院内大槐树上自尽了。

因为泰山和石敢当情如一人，活在一起，死在一块，人们为了纪念他俩，就把泰山和石敢当的名字合在一块："泰山石敢当。"后来人们为了抵抗外人侵犯，过上安稳日子，就号召大伙只要像泰山和石敢当一样团结如一人，就能战胜敌人。从此，各村挨户的墙壁上、屋角上都写上"泰山石敢当"五个大字。

讲述人：高建新

采录者：李伯涛（笔录）

泰山石敢当（之四）

唐朝时，唐太宗上泰山封山时，他是骑马来的。唐太宗来到回马岭，一看到马蹄盘，实在上不去了，他又好奇，非上不行。结果，绕着道走，临走说了这么一句：

“我从长安来，逢山开路，遇水造桥，没有挡住我的，偏偏让泰山石把我挡住了。”

借了这个音，叫起了“石敢当”。

讲述人：张建新

采录者：徐纪民（录音）

泰山石敢当（之五）

石敢当有一次上山打柴，看到有个老百姓娶媳妇，抬着花轿，吹吹打打的。他发现四个鬼在后面跟着。石敢当就追上去了，鬼看见石敢当来了，就闪到一边去了。他刚要走，那鬼就又跟上了。石敢当不放心，想：我干脆跟着花轿看看到底上哪去？最后跟到娶媳妇的门口，石敢当才离开。他刚离开，这四个鬼接着就往门口拥。他一看，还不行呢，想：我也不能光在这里待着，打不了柴火我也没得烧，他就拣了两块砖，咋呼说：

“我拣它两块砖，放在这门口，就代表我石敢当。”

说完，他就走了。那四个鬼到门口一看那两块砖就不敢进去了。打那以后，泰安谁家盖房子，就在门框底下压上两块砖。

讲述人：李冬生

采录者：吴锦（录音）

为什么椿树成了树中之王

古时候，有个皇帝带领人马去侵占别的国家。因为他侵略，必然不得人心，加之地形不熟，士气低落，结果吃了败仗，一冲而散。这个皇帝也被赶到树林子里去了，敌人围困得很严密。这时粮草断绝，没办法，皇帝把最喜爱的一匹马也杀了吃了，还是逃不出来。就这样，一天一天过去，再也没的可吃了，只好叫他的部下满树林子里找好吃的东西，结果没找到一样好吃的。皇帝饿急了，眼看就要饿死了，就亲自到树林子里去找，他发现桑树上结的桑葚子又甜又好吃，这才算救他一命。敌人以为早把皇帝饿死了，将兵马撤走了。

这个皇帝回朝后，觉得桑葚子救了他一命，应报恩，就命令他的部下，带着他的圣旨亲自到树林里封桑树为树中之王。结果他派的这个人在树林子里找了好几天，又饿又累，也没找到桑树。最后找得不耐烦了，正巧看见一棵椿树，就封这棵椿树为树中之王。而桑树知道这件事后，气得炸了心肺。从此，每到夏天桑树就从树身中破皮滴红水。至今，椿树是树中之王，其他树都怕大树压，就是椿树在大树跟前不怕压，直窜生长。

李伯涛搜集整理

岳父与泰山

在我们中国，自唐朝以后，有人常把岳父称为“泰山”，说起这件事，还有一个有趣的故事哩！

相传，唐明皇当皇帝的时候，奸相宦官相继擅权，把大唐王朝弄得江河日下，老百姓受苦，朝内朝外怨声载道。

有一年，唐明皇在京中玩腻了，想出来散散心。但又怕师出无名，会引起大臣们的责难，便找了个泰山封禅祭天的借口，并派心腹大臣张说为封禅使，到泰山来修造祠庙。

张说领了圣旨，见发财的机会又到了，心中异常欢喜，高兴得连觉也没睡好。第二天一早便催马上路，日夜兼程，不久便到了泰安。

正好，张说有个女婿也在泰安，是个九品小吏，姓郑名镒。平时倚官仗势，横行乡里，老百姓都恨透了他。张说一到泰安，便把修造祠庙和铺设栈道的事情全权交给郑镒一手办理，自己却跑到山上和一群尼姑玩去了。

这郑镒本来就是个无恶不作的家伙，如今又来了张说这个靠山，更加有恃无恐。在修庙整道中任意打骂百姓，偷工减料，光死在他手下的民工少说也有一二百人。碧霞祠修的比原打算少了一倍：铁墙改成了砖墙，金瓦换成了铜瓦。省下的钱全部装进了张说和郑镒的腰包。那些比较正直的官吏见郑镒这么无法无天，欺君罔上，纷纷上书皇上或跑到斗母宫向张说告状。结果，不光状没告成，反而被张说以各种莫须有的罪名砍了头。从此之后，谁还敢说郑镒个“不”字。后来，张说又利用封禅使这个特权假传圣旨，偷偷把郑镒从九品小吏提成了五品官，绿袍换成了红袍。

过了些日子，唐明皇到泰山封禅，见碧霞祠修得不像样子，十分生气。就想拿郑镒治罪，来个杀鸡吓猴，长长皇帝的威风。后来，唐明皇听说郑镒是张说的女婿，此事也就不了了之。

第二天，唐明皇在碧霞祠召见群臣，见郑镒身穿大红袍，知道又是张说瞒着自己搞的鬼，更是气上加气。说吧，就要得罪张说，不说吧，实在咽不下这口气。待了半晌，也没想出个好办法。最后，唐明皇突然灵机一动，非常巧妙地问站在两边的文武大臣道：“尔等可知郑镒靠什么升为五品官的吗？”在场的文武大臣听皇帝这么一问，都明白皇帝此话的用意何在。只是惧怕张说权势，没有一个敢开口的。

唐明皇见群臣一个个装聋作哑，非常气愤。停了一会儿，便指名道姓地问开了。先问了几个，回答都说不知道。结果都被革了职。最后，唐明皇又指着一个叫黄幡绰的大臣问道：“黄爱卿，你可知郑镒是靠什么升为五品官的吗？”

这黄幡绰在朝内本是个老奸巨猾，谁也不得罪的人。听皇帝这么指名道姓地一问，心里也犯了难，不知如何回答是好。实说了吧，就要得罪张说，不照实说吧，就会激怒皇上。正愁得没有办法，低头一见脚下的泰山，忽又计上心来，心想：张说不是利用到泰山为皇帝准备封禅期间偷偷提拔的郑镒吗？我不如说郑镒是靠泰山升为五品官的。这样既不得罪张说，日后皇帝真要问起罪来，自己也有话说。于是黄幡绰先用手指了脚下的泰山，接着又看了一下张说，然后跪下对唐明皇说：“启禀皇上，我看郑镒是靠‘泰山’的力量升为五品官的。”话毕又瞟了一眼张说。

唐明皇见黄幡绰在说“泰山”两个字时，用眼睛直溜张说，才恍然大悟。于是，讽刺地说道：“是啊！郑镒是靠了这‘泰山’升为五品官的呀！”

打这以后，人们便把岳父别称为“泰山”，流传至今。

丁青云搜集整理

后　记

我从小生活在泰山脚下，后来也一直工作在基层，泰山的水土哺育着我，泰山的民俗文化熏陶着我，这为我成为一个民俗学和民间文学爱好者提供了难能可贵的环境。

出于对祖国民俗文化的热爱，30多年来，我利用工作之余，在泰山周围数百平方公里的土地上，无数次走村串户，采访老农，搜集民间故事、歌谣和谚语，了解各处风俗民情。采风归来，夜深人静之时，一字一句地整理着探访来的民间瑰宝，虽然十分辛劳，但也其乐无穷。近年来，我整理出版了《泰山谚语》和《徂徕山抗日歌谣》，现在摆在读者面前的这部《泰山民俗》，也是我30多年来采集民俗资料的一点总结。

数十年的采风，使我结识了不少民俗文化的宿老，这些人是我学习民俗文化的老师。泰安市郊区北集坡镇赵庄村的李朋迎老先生就是其中的一位。今年92岁的李先生一直生活在农村，他既有一定的文化水平，又有办事经验，年轻时曾在村里教学，并且常年在乡里帮人操办红白喜事。李先生以其正派公正、热心真诚赢得了全村老少的尊敬。数十年中，我就婚丧嫁娶、礼仪节日等方面的知识向他请教不下几十次，每次他都热心、诚恳地讲给我听，不厌其烦地详述每个细节的起因后果，个别文字他怕我听不清，便戴上老花镜亲自用毛笔写下来。还有李伯洋先生，伯洋先生是一位年逾花甲的退休教师，熟悉乡村生活，热心民间文学工作，他不辞劳苦地帮我搜集第一手资料，有时为了弄清一件事或一个细节，他东奔西跑，多次找知情老人座谈，直到弄清楚为止。像李朋迎、李伯洋先生这样的热心人，在我一生的采风中遇到何止一二，如李长庆、宋根昌、李凝、王颖、张翠美等同志，都曾经给我很大支持和帮助。

我从事民俗学方面的调查和研究工作，一直得到学术界前辈和诸多专家学者的鼓励和支持。中国民俗学会理事长、中国民间文艺家协会名誉主席、北京师范大学的钟敬文教授，不仅鼓励我积极做好泰山民俗的调查工作，而且以90

岁的高龄亲自为《泰山民俗》一书题写了书名。中国民俗学会副理事长、中央民族大学教授陶立璠先生，对《泰山民俗》一书从篇章结构到字句内容均予以具体修改，并且撰写了序言。山东省民俗学会会长、山东大学的李万鹏先生是我从事民俗学、民间文学的老师，多年来一直在学术上给我以指导，这次又为《泰山民俗》一书作序。山东省民俗学会副会长兼秘书长、山东大学《民俗研究》编辑部主任叶涛先生为本书的出版付出了辛勤的劳动，对于书中内容多有增删，使本书增色不少。另外，刘晔原、梁兴晨、李传瑞诸位专家多年来也给予我鼓励和支持。借本书出版的机会，我向关心、支持我从事民俗学、民间文学工作的学界前辈和专家学者表示衷心的谢意！

多年来，泰安市委宣传部、泰安市文化局、泰安日报社、泰安电视台等单位的领导和同志们对我多有勉励，在此一并表示感谢！

《泰山民俗》一书，以调查资料为基础，同时也参考了古代和现当代学者从事泰山文化研究方面的诸多成果，尤其是泰安市民俗学会的同志们对于泰山民俗文化方面的调研成果，对我多有裨益，书中也曾引用了部分同志的观点，在此一并表示感谢。

《泰山民俗》虽然四易其稿，但由于我水平有限，书中缺点和错误在所难免，还望各界朋友不吝指教。

李伯涛

1995年9月于泰安古城

泰山谚语与歌谣

李伯涛 编著

前 言

泰山岩岩，鲁邦所瞻。它以拔地通天之势雄峙于中国东方，以五岳独尊的盛名称誉古今。它东临烟波浩渺的大海，西靠源远流长的黄河，南有汶、泗、淮之水，雄伟壮丽，气势磅礴，风光旖旎。泰山居高临下，纵览东部沿海广大区域的地理形势，成为万里原野上的“东天一柱”。这里气候温润，土地肥沃，日照充足，雨量充沛，四季变化分明，成为古今人类繁衍生息的中心和政治、经济、文化的重要发源地。古往今来，泰山一带的广大劳动人民热爱文明古老的泰山，热爱自己的故乡；以勤劳、勇敢和智慧在这块土地上谱写了光辉的历史篇章。

谚语，是一种含有哲理意义的民间格言，是世代劳动人民在生产生活中提炼出来的语言精华，它容量阔大而形式精悍，人情世理、天象地征莫不一言中的。

《泰山谚语》是泰山一带劳动人民集体智慧的文化艺术结晶。每一个谚语都以极其精练的语言构成，内容丰富，通俗易懂，形象生动，富于哲理。寥寥数语即教导和规诫人们一个精辟深湛的道理。伟大的文学家高尔基对谚语有很高的评价：“谚语和民歌都是简短的，可是它们所包含的智慧和感情，都够写出整本书来。”鲁迅先生也曾称赞谚语是：“意味深长的话。”《泰山谚语》流传广泛，具有很强的生命力，是泰山一带劳动人民世世代代从生产劳动和社会生活实践中得来的判断及结论。它含蓄、幽默，以少概多，令人回味无穷。

泰山地区古代文化繁盛，民风淳厚好古，语言艺术发达，民间谚语丰富。随着山东移民风气的形成，泰山谚语也像珍珠一样撒向全国。它题旨广泛，内容充实，语言活泼风趣，具有明显的地方特色。俗语说：入境问俗，谚语引路。泰山一带是著名旅游胜地，泰山谚语能帮助你了解泰山地区的生活图景、民俗风情，当你登山途中，口念几句谚语，眼观泰山风景，体会齐鲁人情，会使你心旷神怡，耳目一新。不仅身心愉悦而且能够增广见闻，它不仅形象地介绍了泰安城的物产、泰山的名胜，形象地提醒你爬山的劳累惬意和乘坐现代化登山缆车的乐趣，也表现出泰安人民“泰安城小名气高，秦皇汉武都来朝”的自豪感。可以说，它是泰山旅游的一个引路图，是泰山游客的小百科。

我国谚语的产生历史十分悠久，远在二三千年前，谚语便已经进入先秦的诸多典籍，《韩非子》中的“远水不救近火”、《易经》中的“失之毫厘，差以千里”，都具有永远的生命力，至今已经妇孺皆知。清代杜文澜收集古书中的民谣、谚语，成为百卷巨制的《古谣谚》。历史久远，使谚语丰富多彩，当然也不可避免地夹杂了历代的各阶层的思想认识，有些已经不适应新的时代，被逐渐淘汰，如“命定八尺，难求一丈”“各人自扫门前雪，休管他人瓦上霜”等。与此相对应的是那些有积极意义的处世谚语如“不怕人老，就怕心老”“树不经风不成材，人未受苦志不坚”等却得到流传。随着时代的进步，一大批有朝气且充满革命精神的谚语和反映各阶层生活的谚语不断产生，如“火车跑得快，全靠车头带”“见困难就上，见荣誉就让”“战士面前无困难”等。

谚语通俗简练、意义鲜明。列宁说过：谚语以惊人的准确性道出了事物复杂的本质。它是口头文学中最短的种类，是具有最大实用性的口头教材。不掌握文字和无条件受系统教育的劳动人民，虽然无从著书立说，但却能创造谚语，举凡生产经验、气象观测、节气耕作、立身处事的各种知识、经验都可以创造为谚语。农家子弟，渔民樵夫，从小受到的最直接的教育材料便是父母兄妹口中的谚语。

谚语充满智慧，又充满了艺术，它是盐巴，是味素。中国语言的修辞艺术在谚语中多有表现，其中巧妙的比喻，适度的夸大，形象的拟人是最常见的，“不怕家里穷，就怕有懒虫”“三年吸的烟，买个大彩电”“英雄好汉，南天门见汗”等非常生动，令人叹服。在音韵上，谚语向诗的押韵和对仗靠拢，有大致的平仄对仗，念起来朗朗上口，有些谚语本身便是对联，有些又像歌谣，不须摇头晃脑地记，一听便在心中生根。

中国幅员辽阔，气候物产及生活习俗都显出明确的区域性，谚语是一方风土人情的结晶，带有区域性是顺理成章的，尤其在气象、耕种等方面更明显。《泰山谚语》立足泰山泰城，代表性地反映山东全省乃至黄河流域的风土民情，眼界开阔而有侧重。

《泰山谚语》内容丰富，分为泰山气象、节气与耕作、林业与果木、畜牧与养殖、社会生活、学习与求知、卫生与健康、处世与修养学八个部分，在重版修订中，又增加了泰山景物部分，使之地方特色更加浓郁，读来趣味横生，忆来韵味无穷，它是泰山人民培育的语言珍珠，是献给泰山客人的一份礼物。“游过曲阜成圣贤，上得泰山活神仙。”“天下灵气在泰山，山东名气在泰安。”愿她给热爱泰山的朋友带来知识和愉悦。

李伯涛

1989泰安古城

泰山谚语（一）

泰山气象谚语

泰山戴帽，干活的睡觉。

泰山扎腰[①]，干活的心焦。

星星稠，晒死牛。

八月十五云遮月，正月十五雪打灯。

满天星，明天晴。

开门风，闭门雨。

东虹呼噜西虹雨，南虹出来卖儿女。

春刮东南夏刮北，六月北风到不了黑。

久雨见星光，明天雨更旺。

红云变黑云，必定大雨淋。

---

① 指云在半山。

烟往火里埋，不久有雨来。

虹吃雨，下一指；雨吃虹，下一丈。

太阳倒照，晒得猫叫。

日落乌云涨，半夜听水响。

亮一亮，下一丈。

蛇过道，迎太阳，三天之内有一场。

北面打闪，下雨不远。

鸡在高处鸣，雨止天要晴。

云彩往北一阵黑，云彩往南雨连绵。

羊群咩咩不吃草，大雨霎时要来到。

缸穿裙，山戴帽，蚂蚁搬家蛇过道，不久大雨到。

云彩往北，一片发黑。

一点一个泡，还有大雨到。

云彩往南，雨水连绵。

燕子高飞晴天告，燕子低飞雨天报。

久晴雀噪雨，久雨雀噪晴。

人黄有病，天黄有雨。

鸡不安，要阴天。

云彩往西，放牛小子披蓑衣。

云彩往东，一阵刮风。

立冬不拔葱，落个一场空。

鸡往高处跳，大雨快来到。

秋不凉，籽不黄。

公鸡高处叫，晴天快来到。

久雨闻鸡声，不久天转晴。

旱了一大片，涝了一条线。

蜻蜓落屋檐，有雨在眼前。

蜻蜓满天飞，老农不上山。

田怕秋旱，人怕懒汉。

望晴看天光，望雨看天黄。

夜里起风夜里住，五更起风刮倒树。

蚯蚓叫，雨来到。

夏至有雨三伏风，重阳无雨一冬晴。

蚂蚁垒窝，大雨要落。

蚂蚁垛高楼，大雨没有头。

蚂蚁满地跑，天气一定好。

蚂蚁成群，大雨来临。

小暑若刮西南风，农民忙碌一场空。

该热不热，五谷不结。

该冷不冷，五谷不整。

有雨山戴帽，无雨山穿衣。

旱年东风不下雨，水年东风雨连天。

蝼蛄唱歌，有雨不多。

不刮东风不下雨，不刮西风不晴天。

青蛙叫得欢，必有阴雨天。

东风紧，雨点稳。

青蛙崖上跑，来雨下不小。

乌云接太阳，大雨两三场。

早看东南，晚看西北。

东南雨上不来，上来就要淹锅台。

蜢虫子打脸，离下雨不远。

早晨下雨当日晴，晚上下雨到天明。

今晚蚊子恶，明天有雨落。

有雨顶上光，无雨亮四方。

蜜蜂窝前叫，大雨要来到。

蝉不响，要变天。

鱼打漂，雨来到。

雪上加霜，冻死婆娘。

三尺白雪三尺玉，一厘春雨一厘金。

雪水化成河，麦子收得薄。

雷打立春节，惊蛰雨不歇。

鱼翻湾，要变天。

泥鳅向上翻，必定大雨天。

天河劈叉，要裤要褂。

今天火烧云，明天晒死人。

火烧乌云盖，有雨来得快。

天角吊乌云，大雨似倾盆。

霜前冷，雪后寒。

大雪不封地，不过三五日。

早雾阴，晚雾晴，半夜有雾到不了明。

疙瘩云，下满盆。

早晨下雨一天晴，饭时下雨不露明。

早晨烧，晚上浇。

云来接，晒死鳖。

七月半，八月半，蚊子嘴，钉钢钻。

豆子入了伏，打得有和无。

月亮套在圈当中，不是下雨就刮风。

鸡晒翅，下透地。

过了芒种，不可强种。

打春别欢喜，还有四十个冷天气。

冬至前，不结冰；冬至后，冻熬人。

清明断雪，谷雨断霜。

春寒雨水大，春暖百花魁。

暑前不觉热，果实难忘结。

天上起有鲤鱼斑，明天晒谷不用翻。

一日黄尘三日雨，三日黄尘九日雨。

六月下连阴，遍地是黄金。

春东风，雨祖宗，夏东风，井底空。

十五没有十六圆，十七十八少半边。

二十正正，月出一更；二十二三，月出正南。
二十四五，月漫东屋；二十七八，月出一煞。

鱼鳞天，不过三。

燕子低飞蛤蟆叫，鱼儿翻湾吐水泡。

下雪不冷，化雪冷。

小雪不生，大雪不长。

有虹在东，有雨落空；有虹在西，行人穿蓑衣。

云彩背向风，下雨更难成。

东闪西闪无一点，南闪北闪大水点。

六月天，小孩脸。

东闪西闪，晒死泥鳅和黄鳝。

鲤鱼水里跳，有雨要来到。

早霞不出门，晚霞行千里。

云彩打缕，下雨不久。

九月有雨，百日有霜。

蚊子恶，有雨落。

蜜蜂不出窝，明日有雨落。

睡猫面朝天，连日雨绵绵。

鱼虾泥鳅翻湾，不出三天要变天。

南风不过晌，过晌必有响。

连吹三天西南风，下雨不用问先生。

公鸡犯愁晒破头，母鸡犯愁淋破头。

雷击天边，大雨连天。

雷公先唱歌。有雨也不少。

雨前先起风，必定一场空。

初一阴初二下，初三初四紧滴答。
初五睁睁眼，初六不住点。
七阴八不晴，初九才放光明。

黑云翻花，有雹到家。

南转北，到不了黑。

南风转北风，有雨在夜中。

旱出蚂蚱，涝出鱼。

蜻蜓低飞，有雨来追。

缸穿裙，雨淋淋。

云吃雾，雨不住；雾吃云，晒死人。

春雨贵如油，有点不发愁。

打雷立秋，干死泥鳅。

东风不到，别嫌雨小。

南闪北闪，雨水点点。

日落云吃火，下雨没处躲。

东闪西闪，没有雨点。

日月周围有黄圈，下雨就在一两天。

云里的日头，晚娘的指头。

立秋三场雨，绸褂高挂起。

夏走十里不黑，冬走十里不明。

交了七月节，夜寒白天热。

吃了黄米粽，才把棉袄扔。

早立秋，冷飕飕；晚立秋，热死牛。

七月十五定旱涝，八月十五定收成。

不怕初一阴，就怕初二下。

乱交云，雨淋淋；扫帚云，泡死人。

啄木鸟叫三声，不下雨就刮风。

早上烧霞，晚上淹麻。

重阳无雨盼十三,十三无雨一冬干。

八月初一下一阵，旱到来年五月尽。

雷击天顶，有雨不猛。

老云接架，不阴就下。

热极生风，闷极下雨。

一场春风，一场秋雨。

天现鱼鳞云，出门不怕淋。

交了六月节，龙王不停歇。

东北风不到，别嫌雨小。

五月里雾，大水漫了路。

先下牛毛无大雨，后下牛毛不晴天。

云彩里穿太阳，大雨下一场。

小燕出窝，有雨不少。

龟求驾，当时下。

蚂蚁搬家，雨水哗哗。

天上白云瓦，晒死老妈妈。

风大雨点小，一会就完了。

大雾不过三，过三十八天。

九九有雪，伏伏有雨。

盐罐返潮，大雨难逃。

缸穿裙，下满盆。

西北风，天开锁；天不开，无处躲。

猪衔草，寒潮到。

晚上起南风，明天太阳凶。

清明不清，不下雨就刮风。

日出东南后，无雨也有风。

大风刮树头，雨水满地流。

乌龙挡坝，当时就下。

云向北，一阵黑；云向西，披蓑衣。

肥，肥不过春雨；瘦，瘦不过秋霜。

六月北风当时雨，七月八月秀巧云。

冷雨热雪，十雾九晴。

季节与耕作谚语

清明种瓜，担挑车拉。

谷雨芝麻小满黍，过了立夏种上谷。

立夏前后种山药，枣芽发青种棉花。

芒种芝麻夏至豆，秋分种麦正时候。

芒种栽葵花，立夏种花生。

入了伏，农民不离锄。

伏里西北风，田谷落个空。

入伏不点豆，点上也难收。

头伏萝卜二伏菜，三伏荞麦来得快。

惊蛰不耕田，不会打算盘。

有钱难买五月旱，六月连阴吃饱饭。

七月雨、八月旱，棉花桃子如蒜瓣。

蛤蟆打哇哇，四十五天吃疙瘩。

七月核桃八月梨，九月柿子乱赶集。

七月立秋，早晚都收。

七月荞麦八月花，九月荞麦收到家。

八月十五云遮月，正月十五雪打灯。

八月桂花香，粮食收满仓。

麦熟一晌，蚕老一时。

小雪拔白菜，大雪收菠菜。

吃罢冬至饭，一天长一线。

初二初三月牙钻，初七初八月东斜。
二十二三，月出正南，二十四五，月漫东屋。
二十七八，月出待一霎。
二十八九，月亮露一露。

不到冬至不寒，不到夏至不暖。

冬至天气晴，来年果木成。

冬至遇大雨，来年果不结。

小满风，树头空。

立秋摘花椒，白露打胡桃。

立秋荞麦白露花，寒露荞麦收到家。

夏至十八天，冬至当日回。

立冬不拔菜，一定受霜害。

小雪封地，大雪封河。

过完小寒过大寒，眼看又是一整年。

日暖夜寒，东海也干。

吃了麦黄杏，才把棉袄扔。

大二小三明四五，十五十六月正圆。

大雁不过九月九，小燕不过三月三。

一场秋雨一场凉，十场秋雨叫亲娘。

小暑小暑锄黍苗，雨水过大苗不牢。

腊七腊八，冻死叫花。

霜降摘柿子，立冬打软枣。

立秋十日吃早谷，处暑十日吃晚谷。

霜降霜见，米烂陈仓。

谷雨麦挑旗，立夏麦秀齐。

小满晴，麦子响铃铃。

过了夏至无青麦，过了寒露无青豆。

夏至东南风，立时就撤兵。

小暑不栽薯，栽薯白受苦。

春打六九头，穷人不犯愁。

六月六，看谷秀。

六月北风当日雨，好像亲娘看闺女。

芯门响，把麦耩。

二八月，乱穿衣。

进了腊月天要冷，年前年后就打春。

恶五月，热六月，鲜桃果木七八月。

立秋不立秋，六月二十头。

立秋十八天，百草要结种。

头伏有雨二伏旱，三伏有雨吃饱饭。

麦过芒种谷立秋，豆过伏天用镰勾。

夏至无青麦，寒露无青豆。

伏里三场雨，秋天不用看。

春分秋分，昼夜平分。

太阳过了门槛，就要快吃米面。

清明早，小满迟，谷雨棉花正适宜。

清明高粱，谷雨谷。

寒食撇花，谷雨种瓜。

一年之计在于春，一日之计在于晨，一生之计在于勤。

庄稼不收年年种，谁知明年情。

芒种芒种，样样要种。

没有乡下泥腿，饿死城里油嘴。

庄稼人要早起，生意人要算计。

忙时流大汗，秋来粮满仓。

要想吃饱饭，还得汗珠换。

地是刮金板，人勤地不懒。

一九二九不出手，三九四九冰上走，五九六九沿河看柳。
七九河开，八九燕来。
九九八十一，家里做饭坡里吃。

待要吃饱饭，土块地里算。
吃饭拣小碗，上鱼拣大叉。

好天防阴天，好年防荒年。

巧种，巧种，不如多上粪种。

人靠饭养，地靠水长。

旱田变水田，一年顶三年。

立了秋，挂锄钩。

种地没巧，粪足水饱。

粪大水勤，不用问人。

无水莫种麦，无粪莫种田，

粪倒三遍，不打自烂。

扫帚响，栏里长。

种地不上粪，等于瞎胡混。

肚里无饭心里慌，地里无粪难打粮。

要找肥源到处有，只要大家齐下手。

粪筐不离肩，几天粪满圈。

三山六水一分田，天下之人种不完。

勤上坡，懒赶集，出门背上粪箕子。

每天扫扫屋，一年买头猪。

土垫一寸，强似上粪。

老墙换新土，一亩赶二亩。

家里土，地里虎。

积肥不愁，尘土烂灰破墙头。

勤扫院子少赶集，三年能买一头驴。

东奔西跑，不如拾粪拔草。

今年春草沤好粪，明年麦子打满囤。

粪是麦子囤，雪是麦子被。

地是活宝，越种越好。

猪是家中宝，粪是地里金。

稀谷秀大穗，来年长好麦。

沙盖土，出地虎，土盖沙，是白搭。

冬耕深一寸，到春省堆粪。

春耕浇，秋耕深，遍地是黄金。

耕三耙四锄八遍，天不下雨也耐旱。

地要勤锄，场要勤翻。

锄头把得紧，棉花似白银。

田里能锄三遍草，打出米来格外好。

耙地看牛头，耕地看拖头。

麦捆根，谷捆稍。芝麻捆在正当腰。

大麦不过芒种，小麦不过夏至。

伏里豆，不收后。

黄豆开花，捞鱼摸虾。

豆锄三遍粒儿圆，谷锄七遍米汤甜。

谷要稀，麦要稠，芝麻地里卧下牛。

谷怕黄眼豆怕荚，芝麻怕得正开花。

从小旱个死，到老一饱粒。

淹不死的白菜，旱不死的葱。

北瓜地里听雨，槐树底下听风。

地瓜勤翻秧，刨时用车装。

葵花见霜，不必发慌。

种好一亩园，强似十亩田。

大家一条心，黄土变成金。

好种子出好苗，好葫芦解好瓢。

伏天深耕田，赛过水浇园。

三年不选种，粮食要落空。

要想明年好收成，还得当年选好种。

人勤地不懒，年年吃饱饭。

拉车不用教，甩开胳膊大下腰。

地里没粪，瞎胡混。

要叫粮食打得多，深耕细作翻虫窝。

种棉不除草，到冬没棉袄。

春天不忙，冬天无粮。

人误地一时，地误人一年。

春送千担粪，秋后万担粮。

人不吃饭饿肚皮，地不施肥哄自己。

肥是地个宝，种子少不了。

靠山吃山，吃山养山。

冬天不深耕，来年虫子生。

豆子锄三遍，豆荚连成串。

夏天弯弯腰，强似冬天转一遭。

锄地就怕垄串草，小伙计就怕铡谷草。

农家肥，养分全，施一季，壮一年。

摸鱼捞虾，误了庄稼。

春天粪满筐，秋后粮满仓。

庄稼没有别的巧，勤耕浇水和锄草。

水是庄稼血，没它了不得。

小孩要粮，种地要塘。

种地要三壮：人壮、地壮、牲畜壮。

家土换野土，一亩三石五。

青草大车拉，施在地里劲头大。

锄头底下见年成，锄头底下出黄金。

黄豆要密，高粱要稀。

一本万利，不如种地。

生姜老的辣，甘蔗老的甜。

二月二结厚冰，当年一定好收成。

收不收在于水，收多收少在于肥。

人靠五谷养，地靠粪土长。

金买卖，银买卖，不如在家搬泥块。

牛马年好种田，怕的是鸡猴那两年。

地锄三遍，豆子成串。

庄稼一枝花，全靠粪当家。

三星晌，把麦耩；三星落，把麦割。

春花落，吃馍馍。

麦怕胎里旱，人怕老来穷。

枣芽花，种棉花。

旱耪田，涝浇园。

饿死爹娘，不吃种粮。

要吃高粱面，扒出根来看。

杨叶扑拉翅，木瓜下了地。

一穗二穗，一月上顿。

三春没有一秋长，三秋没有一麦忙。

冬天浇地地发暖，夏天浇地地发寒。

三分种，七分管。

犁地深一寸，顶上一茬粪。

大暑到立秋，草沤肥好时候。

头遍浅，二遍深，三遍四遍下狠心。

大雪盖被，半年枕着馍馍睡。

春争日，夏争时。

打了春，立了夏，先种黍子后种麻。

夏种抢时，秋种抢晌。

五月六月不做工，十冬腊月喝西风。

庄稼长草，等于蛇咬。

长木匠，短铁匠。

雪水成河，来年吃馍。

春看粪堆，秋看粮堆。

上粪一大片，不如一条线。

要想庄稼好，底肥要上饱。

稀谷壮秆，三穗一碗。

先旱后淹，两手摸天。

杨叶钱大种甜瓜，杨叶哗啦种西瓜。

麦子黄了皮，这集到那集。

会扬场的一溜线，不会扬的一大片。

九月九不收葱，累死也无功。

槐花开，打蒜薹。

编席编篓能养家口，不会拿沿饿死一半。

家有车轮转，给官也不换。

赔了不要恼，下一回再找。

节气入了伏，棉花把头扭。

九九再九九，麦子入了口。

栽种抢春，割麦抢天。

九月温，十月冷，十一月里小阳春。

进了腊月天要冷，年前年后就打春。

过了端午节，锄地不能歇。

今年麦盖三层被，来年枕着馍馍睡。

大寒小寒，杀猪过年。

棉花不打叉，光长柴禾架。

勤锄草地皮松，打得粮食吃不清。

勤俭节约，积少成多。

开了药铺打了铁，什么买卖也别做。

人勤地出宝，人懒地生草。

青草粪，大车拉，施在地里劲头大。

早锄一顿，强似上粪。

金正月银二月，眼黄地黑三四月。

林业与果木谚语

泰山有石，黄山有松。

山上多栽树，等于修水库。

山区平原早绿化，风沙旱涝都不怕。

要想风沙住，山川多栽树。

桃三杏四梨五年，核桃柿子七八年。

桃花开，杏花败，李子开花卖苔菜。

桑树六年能喂蚕，酸枣当年就卖钱。

栽桑植桐，到老不穷。

门前一棵槐，银子到家来。

门前一棵柳，银子往家走。

家有千株柳，不用到处走。

人怕伤心，树怕伤根。

小孩要管，小树要修。

十个指头有长短，一棵果树有酸甜。

旱枣涝栗子，不旱不涝吃柿子。

苹果性喜寒，栽植不宜南。

树要长的凶，造林在春冬。

桃养人、杏伤人，李子行里抬死人。

小枣要晒，大枣要晾。

今年栽上一棵桃，几年结得吃不了。

今年栽上一棵槐，几年柴禾不用买。

不经霜打柿子不甜，不经冰冻梅花不香。

面好吃磨难推，樱桃好吃树难栽。

今年栽了一棵桃，他年果子吃不了。

春栽早，雨栽巧，深秋落叶栽正好。

寒露过后霜降到，秋季造林时机好。

绿了荒山头，千沟清水流。

山上没有树，五谷保不住。

年年栽树，冬春莫误。

栽树容易成林难，冬春管理是关键。

山区没有树，水土保不住。

山上光，年景荒。

城乡变林海，人民少受害。

栽树没巧，深埋实捣。

绿化四旁好处大，利国利民又利家。

树木栽满村四旁，空气新鲜精神爽。

要想果树长得好，年年要把老枝铰。

造林封山，防涝防旱。

栽树在河畔，防洪保堤岸。

家中栽上树，五年不富十年富。

栽树忙一天，好处得千年。

人靠友帮，树靠根长。

栽树成林，利国利民。

今年栽上一株桑，来年穿上丝绸装。

植树把林造，又防风沙又防涝。

能在人下为人，不在树下栽树。

搞好四旁绿化，风沙旱涝都不怕。

荒山变绿山，不愁吃和穿。

一棵果树三分田，百棵果树十亩园。

今朝栽上一山苗，来年桃李满山坳。

山区林是宝，没林富不了。

人挪活，树挪死。

千杉万松，吃穿不空。

到处绿葱葱，旱涝影无踪。

人人栽棵树，处处绿成荫。

家有百棵树，不愁吃穿住。

多栽树，风沙住。

路是人开，树是人栽。

增产不离猪，防灾不离树。

造下万亩林，栽下幸福根。

梨见梨，烂如泥。

植树种草两件宝，农业生产离不了。

河边千棵杨，不用打柴郎。

枣树三年不算死，柳树当年不算活。

大路好走要人开，大树乘凉要人栽。

种花不如插柳，养狗不如喂猪。

畜牧与养殖谚语

牛要满饱，马喂夜草。

驴子是个怪，骑着比牵着快。

懒驴上套，不拉就尿。

人怕不要脸，驴怕卧磨道。

驴骑后，马骑前，骡子骑在正中间。

驴老牙长，马老牙黄。

春牛要露，冬牛要雾。

庄稼人不喂猪，好比秀才不读书。

教学不离书，种田不离猪。

不养鸡猪鸭，肥料无处抓。

养猪不赚钱，肥了房后一块田。

猪恋食，狗恋家。

喂猪没巧，栏干食饱。

小猪要奔，大猪要困。

日喂猫，夜喂狗。

鸡吃活食，鸭吃死食。

买鸭看嘴，买鸡看腿。

喂羊养兔，穷可变富。

鱼吃跳，猪吃叫。

巧喂蚕，四十五天卖高钱。

牛鼻不冒汗，可能有病患。

赶车不上油，活活累死牛。

牛耳不大摇，服药快治疗。

养牛没有巧，水足草料饱。

牛不走棍棒揍，喂的再好牛也瘦。

早喂喂在腿上，迟喂喂在嘴上。

不怕使三天，就怕猛三鞭。

入九不加料，来春不上套。

养猪最合算，肉粪两头赚。

猪肥三层肉，牛壮劲头足。

盐水草上浇，过冬不掉膘。

三九四九，保护耕牛。

牛有千斤力，不能一时用。

宁拉十步缓，不拉一步喘。

不怕千日用，就怕一时劳。

冬牛不瘦，春耕不愁。

秋草备足料，腊月老牛笑。

寸草铡三刀，无料也上膘。

马无夜草不肥，牛无夜草不壮。

发现上火绿豆汤，精心喂养料多样。

牛栏不透风，耕牛好过冬。

鱼走一条线，牛喂一气草。

老牛过冬，就怕西北风。

为猪挑草，强似吃斋行好。

秀才不离书，庄稼不离猪。

头大尾巴短，必定长大猪。

猪多土地壮，苗旺多打粮。

猪吃百样草，看你找不找。

圈干槽净，少灾无病。

小猪好动，大猪好静。

清明蛾子，谷雨蚕。

粪稀粪干，猪体不安。

毛眼闪光，猪体健康。

家有万担粮，不喂脖子长（鹅）。

养蚕无巧，食少便老。

鸡鸭喂全，不愁油盐。

养花不如栽柳，喂鸟不如养鸡。

鸡抱鸡，二十一，鸭抱鸭，二十八。

三个月的鸡，吱吱吱；三个月的鹅，肩上驮；三个月的鸭，动刀杀。

拱腰驴，驼腰马，甩蹄子老牛不用打。

紧拉鱼，慢拉虾，不紧不慢打王八。

铁驴钢骡纸糊的马。

社会生活谚语

十人十双手，抱着泰山走。

泰安有三美：白菜豆腐水。

穷时给一口，强似有时给一斗。

不做亏心事，不怕鬼叫门。

肚子里无病，死不了人。

父子分居，财务各别。

大汶口的麻，莱芜的姜。
泰山的牙枣，磁窑的缸。
泰安四宝响当当。

说话不揭短，打人不打脸。

风不来树不响，虱子不咬不痒痒。

屋不漏，墙不倒。

家不和，外人欺。

有麝自然香，不必大风扬。

不立规矩，不成方圆。

老实常在，坑人不常。

衙门口朝南开，有理无钱难进来。

刷帚不离锅脖，秤杆不离秤砣，老头离不开老婆。

众人拾柴火焰高，独木桥上难行人。

十个厨子九个淡，开店的不怕大肚子汉。

前人栽树，后人乘凉。

树不修长不直，人不教育没出息。

出门多带钱，自己少作难。

不受苦中苦，难得甜上甜。

家里有个啯哆虫[①]，一辈子不受穷。

蚂蚁虽小，能搬泰山。

出门不叫哥，必然走路多。

破家值万贯，搬家三年穷。

---

① 啯哆虫：指老人。

人穷志不穷，勤俭当富翁。

水多泡倒墙，破鼓乱人捶。

人熟是一宝，两好合一好。

人多口杂，金子能化。

真金不怕火炼，真理不怕雄辩。

心静自然凉，肚子无饭怨天寒。

老鼠过街，人人喊打。

省囤尖，不省囤底。

细水长流，吃穿不愁。

一辈留一辈，老猫屋上睡。

兵熊熊一个，将熊熊一窝。

不经一事，不长一智。

交人要交心，浇树要浇根。

刀子嘴，豆腐心。

明人不用细讲，响鼓不用重捶。

只要功夫深，铁杵磨成针。

吃饭不忘种田人，喝水莫忘打井人。

山高遮不住太阳，水大淹不了月亮。

秤砣虽小压千斤，胡椒虽小辣人心。

你敬我一尺，我敬你一丈。

一天一根线，一年织成缎。

吃不穷喝不穷，盘算不到活受穷。

一花不是春，一木不成林。

三个臭皮匠，顶个诸葛亮。

好马长在腿上，好人长在嘴上。

人一张嘴，货一张皮。

墙头上的草，随风倒。

肥水不落外人田，家事不可向外谈。

人勤春来早，一勤生百巧。

不怕不识货，就怕货比货。

穷怕亲戚，富怕贼。

自己动手，丰衣足食。

你有千变万化，我有一定之规。

抓了芝麻，漏了西瓜。

人要实，火要虚。

只要动手干，吃穿也不难。

干一行爱一行，行行出状元。

小雨淋淋，喝酒半斤。

不怕贫，就怕勤。

一针不补，十针难缝。

游手好闲，倾家荡产。

鬼怕恶人，恶人先告状。

大路上谈话，草棵里有人。

听人劝，吃饱饭。

丰年节俭，灾年不慌。

死干活干，不如地主一算。

话多不养人，贵人不出乱语。

灰不如火热，酱不如盐咸。

烧了麦糠灰多，喝了糊粥尿多。

靠山吃山，养路开店。

有勤又有俭，生活甜又甜。

一顿省一口，一年省一斗。

节约节约，积少成多。

出门带盘钱，生活有打算。

越吃越馋，越闲越懒。

晴带雨伞，饱带干粮。

懒做懒做，必定挨饿。

人勤地不懒，粮棉堆成山。

冻的是闲人，饿的是懒人。

没有千顷地，难有万担粮。

百闻不如一见，百见不如一干。

勤俭致富，忠厚传家。

人无理说横话，牛无力把横耙。

强扭的瓜不甜，强捏的姻缘不贤。

在家孝父母，强似远烧香。

人多力量大，天大的困难也不怕。

地是刮金板，全靠人勤俭。

省了盐，酸了酱；省了坯，塌了炕。

老将出马，一个顶俩。

千方百计，不如种地。

要想日子甜，全靠勤和俭。

老手旧胳膊，不会也能哆嗦。

树老半心空，人老百事通。

节俭勤劳，招财进宝。

财主算盘响，穷人眼泪淌。

地主一席酒，穷人半年粮。

坐轿不知抬轿苦，饱汉不知饿汉饥。

猫哭耗子，不怀好意。

年轻不栽树，到老难成家。

小错不纠，大错难收。

万事俱备，只欠东风。

三天不吃饭，夫妻也要散。

批评规劝好同志，逢迎谄媚坏作风。

雨后送伞，贼走关门。

有钱常想无钱日，莫到无钱干着急。

狼走千里要吃肉，狗走千里要吃屎。

放虎归山，必有后患。

斩草不除根，春风吹又生。

救了落水狗，反被咬一口。

打蛇打七寸，挖树要挖根。

不是一家人，不进一家门。

亲帮亲，邻帮邻，天下穷人帮穷人。

包工联产，治穷治懒。

鱼找鱼，虾找虾，王八找个鳖亲家。

跟着好人学好人，跟着娘娘会下神。

大锅饭养人懒，责任制催人干。

海水难量，人心莫测。

破鼓乱人捶，墙倒众人推。

赶集没钱，不如在家玩。

一天省一两，十年用仓装。

张口三分利，不给也够本。

好话不瞒人，瞒人没好话。

来者不善，善者不来。

当面一盆火，背后一把刀。

嘴里喊哥哥，手里掏家伙。

台上握手，台下踢脚。

好话说尽，坏事做绝。

挂羊头，卖狗肉。

冰糖嘴，刀子心。

木匠怕砍楔，铁匠怕打钉。
瓦匠怕垒角，先生怕写帖。

雁飞千里靠头雁，羊群走路靠头羊。

火车跑得快，全靠车头带。

行船靠舵，赶车靠鞭。

上梁不正下梁歪，下梁不正倒下来。

心底无私天地宽，私字当头成事难。

一个和尚一本经，一个将军一道令。

穿衣戴帽，各人爱好。

无风不起浪，无水难行船。

头回上当，二回心亮。

路遥知马力，日久见人心。

男大当婚，女大当嫁。

有缘千里来相会，无缘对面不相识。

千里姻缘一线牵，强扭的瓜儿不甜。

狗不嫌家贫，孩不嫌娘丑。

一日夫妻百日恩，百日夫妻千日情。

天上下雨地下流，两口子吵架不记仇。

一生之计在于勤，一家之计在于和。

家有一老，强似活宝。

山高遮不住太阳，官大不能压爹娘。

铁匠过了九月九，还不如鸡和狗。

不当家，不知柴米贵。

齐不齐，一把泥。

养子不孝，不如不要。

客不离货，船不离舵。

教子不严父之过，养女不贤娘的错。

苗怕虫咬，孩怕惯娇。

舍得一身剐，敢把皇帝拉下马。

娘勤女不懒，爹懒儿好闲。

十匠九落，一个不落指山卖磨。

若要让人敬，必先敬别人。

兄弟易和，妯娌难处。

秀才不出门，便知天下事。

人敬我一尺，我敬人一丈。

与人方便，自己方便。

邻居好，赛金宝。

有借有还，再借不难。

远亲不如近邻，近邻不如对门。

千里送鹅毛，礼轻情义重。

朋友千个少，冤家一个多。

树直用处多，人直朋友多。

一个篱笆三根桩，一个好汉三个帮。

吃水不忘打井人，翻身不忘共产党。

天时不如地利，地利不如人和。

河水有清有混，朋友有假有真。

便宜无好货，好货不便宜。

有静有动，无病无痛。

邪底子瞒不过庄亲，家底子骗不过近邻。

放下屠刀，立地成佛。

宁走十里路，不走一步险。

吃人家的东西嘴短，拿人家的东西手短。

演戏碰了钉，方知艺不精。

巧说会拉，一毛不拔。

好戏能把人唱醉，孬戏能把人唱睡。

待要挣钱，渗锄打镰。

勤紧勤紧，吃饭有准。

人心坚，能胜天。

多年大道流成河，多年媳妇熬成婆。

有钱买种，无钱买苗。

不会精打细算，枉有家财万贯。

隔河一里不算近，隔山十里不算远。

一人一条心，穷断骨头筋；大家一条心，黄土变成金。

人不相处，不知厚薄。

大人不把小人怪，宰相肚里把船开。

帮人要帮心，帮心要知心。

为人别当差，应差不自在。

人心换人心，八两换半斤。

上梁不正下梁歪，脚子不正鞋排排。

孩子离开娘，有三分规矩。

不眠知夜长，久交识人心。

在家不打人，出门不挨打。

争着不足，让着有余。

各扫门前雪，莫管他人瓦上霜。

人心隔肚皮，看人看实际。

不怕吃亏，就怕忘事。

人有强弱，货有高低。

金马银铃铛，无亲也随上。

人不死，债不烂。

路直有人行，心好有人亲。

沙里澄金，多的捞摸。

乱世知忠臣，患难见人心。

不求有功，但求无过。

愿隔千重山，不愿隔一层板。

只叫一人单，不让二人寒。

草上的露水，见不得太阳。

只要有原物在，就不怕死胡赖。

种瓜养桃，自在逍遥。

人有三成三败，花有重谢重开。

难者不会，会者不难。

诚心待人朋友多，朋友一多事事成。

人心要公，火心要虚。

三只脚的蛤蟆找不到，两只脚的人多得很。

天上无云不下雨，世间无媒不成婚。

不出血汗，难吃饱饭。

端人家碗，服人家管。

一日动刀兵，十年不太平。

花无百日红，人无千日好。

增产不节约，好比无底锅。

不怕家里穷，就怕有懒虫。

一日不做，一日不食。

要同人家赛种田，莫与人家比过年。

出门走路看天气，吃喝穿衣量家当。

不怕别人看不起，就怕自己没志气。

只用不算，海干山空。

靠兄靠妹，不如靠手靠背。

行事行不正，口舌短三分。

细水长流，遇灾不愁。

争着不够吃，让着吃不了。

要想多赚钱，必须货物全。

莫说年纪小，人生容易老。

走路勤开口，天下随便走。

光说不干事事空，能说能干事成功。

说话没留手，必然吃苦头。

酒逢知己千杯少，话不投机半句多。

平时肯帮人，急时有人帮。

人穷志短，马瘦毛长。

不做贼心不惊，不喝酒脸不红。

姑息养奸，后患无穷。

人多心齐下力干，蚂蚁能把泰山搬。

万事不由人做主，一生都是命安排。

三日官府，百年父母。

官不打送礼的，狗不咬屙屎的。

出嫁闺女哭是笑，落第举子笑是哭。

官打民不羞，父打子不丑。

阎王好见，小鬼难缠。

贫住闹市无人问，富在深山有远亲。

宁做鸡头，不当凤尾。

当官一日，强似为民百载。

人在矮檐下，不得不低头。

饿死扛活的，饿不死做饭的。

秀才遇着兵，有理讲不清。

近水识鱼性，近山识鸟音。

胆大是吓出来的，本事是练出来的。

不怕门敞着，就怕贼想着。

好锁挡君子，高墙挡懒贼。

下不得狠心，当不了晚娘。

有谷不愁米，有饭不嫌晚。

乡下也有灵芝草，城里也有牤牛墩。

人无头不走，鸟无头不飞。

留得青山在，不怕没柴烧。

良药苦口利于病，忠言逆耳利于行。

这山看着那山高，到了那山没柴烧。

认理不认人，帮理难帮亲。

人敬有用的，狗咬穿破的。

宁欠阎王账，不赊小鬼钱。

腰缠黄金，不如一艺在身。

树大必招风，无风不起浪。

人怕揭短，树怕剥皮。

单丝不成线，独木不成林。

烈火见真金，患难识朋友。

话捎多了，钱捎少了。

从小偷针，长大偷金。

要想人不知，除非己莫为。

人外有人，天外有天。

学好千日不足，学坏一日有余。

一步走错，百步难回。

庄稼怕天旱，做事怕蛮干。

买卖好做，伙计难搁。

常揭短的人，不一定是仇人。

常说好的人，不一定是朋友。

岁寒知松柏，患难见友情。

困难是弹簧，看你强不强。

屈死别告状，饿死莫做贼。

不怕生得穷，就怕生得熊。

打虎不死，反咬一口。

劈木劈小头，问路问老头。

为官别逞强，逞强不久长。

会打人的打一顿，不会打的打一棍。

好儿不如好媳妇，好闺女不如好女婿。

三十不得子，到老累个死。

新娶的媳妇三天勤，新上任的干部五分热。

大娘婶子一大群，不如亲娘一个人。

养个闺女招来祸，养个儿子公婆乐。

树大分杈，儿大分家。

不当家不知柴米贵，不养儿女不知父母恩。

在家千日好，出门一时难。

男是挣钱的手，女是聚财的手。

一儿一女一朵花，多儿多女多冤家。

省了盐酸了酱，省了柴禾睡凉炕。

早晨不吃饼，晌午也不省。

一天二顿你嫌多，一顿三斤你不觉。

千日打柴。不能一日烧。

三年不吸烟，买个好彩电。

别看家有万贯，也有不便。

女大不可留，留来留去是个愁。

要吃还是大鲤鱼，要嫁还是大女婿。

七岁八岁讨人嫌，鸡鸭鹅狗不喜欢。

火从小救，树从小修。

饱不剃头，饿不洗澡。

馋猫鼻子长，馋人胳膊长。

三里不同俗，五里改规矩。

破家值万贯，要饭三年懒支锅。

盼邻居买大牛，期盼邻居做王侯。

半大小子，吃死老子。

十里赶个嘴，不如在家喝凉水。

摊着三门富亲不算穷，遇上三门穷亲不算富。

钱不妄花，力不乱用。

出门要带盘缠，工作要有打算。

无事别上街，上街小破财。

活不干总搁着，东西不吃总存着。

牛不知角弯，马不知脸长。

路不走不到，事不做不成。

勤耕勤作，日子好过。

天冷撒尿，人穷吃亏。

铁匠冒冒烟，强似木匠干一天。

人上百，各式各色。

百菜当中白菜好，诸肉当中猪肉香。

推小车的下了店，给个知县也不换。

公字当先，力量无穷。

待要生气，教书耕地。

无功受禄，寝食不安。

穷人身上两把刀，租米重来利息高。

只有丫头做太太，没有长工当老爷。

好事总归花大姐，坏事总是臭丫头。

天有不测风云，人有旦夕祸福。

牛角是弯的，道理是直的。

满堂儿女，不如半路夫妻。

糖甜不如蜜，棉暖不如皮。

没有金刚钻，别揽瓷器活。

眼见为实，耳听为虚。

嘴上没毛，办事不牢。

台上一分钟，台下三年功。

无人不为富，有人不算穷。

有冻死的苍蝇，无累死的蜜蜂。

闷哧狗，暗下口。

人死如虎，虎死如泥。

穷没根，富没苗。

不怕一人穿，就怕千人看。

话不说不知，木不钻不透。

有事但与君子讲，是非莫给小人言。

出门小三辈，穷家富路。

看树莫看皮，看人不看衣。

能吃过头饭，别说过头话。

肥了和尚亏了庙。

皇帝闺女不愁嫁。

浪子回头金不换。

丑媳妇早晚见婆婆。

千年亲戚万年邻。

肉里掺不得假。

物以稀为贵。

众人是圣人。

床前百天无孝子。

女大外向。

一家不和外人欺。

一人难称百人心。

按下葫芦起来瓢。

有钱不买半年闲。

一朝天子一朝臣。

强龙压不倒地头蛇。

跑了和尚跑不了庙。

小庙里装不下大神仙。

天狗吃不了日头。

巧媳妇难做无米之炊。

脚正不怕鞋歪歪。

天下乌鸦一般黑。

烧香能引出鬼来。

打狗还要看主人。

杀鸡取蛋砸锅卖铁。

饱带干粮晴带伞。

有钱难买老来瘦。

做菜容易请客难。

明人不干暗事。

纸里包不住火。

听人劝吃饱饭。

好了伤疤忘了疼。

拔出萝卜带出泥。

家和万事兴。

不看僧面看佛面。

十层单不如一层棉。

碗大勺子有数。

清官难断家务事。

杀鸡给猴看。

打马骡子惊。

官大自奸。

官大脾气大。

强龙斗不过地头蛇。

近水楼台先得月。

军令似圣旨。

车到山前必有路。

开弓没有回头箭。

庙里没有不屈死的鬼。

没有不散的宴席。

冰冻三尺非一日之寒。

磨镰不误割谷。

失败是成功之母。

千日胡琴百日笙。

人怕出名猪怕壮。

外来的和尚会念经。

日头不能常晌午。

手大捂不住天。

锣鼓长了没好戏。

好汉打不出村。

人慌无智。

长得丑不能怨镜子。

树大荫凉大。

苍蝇不抱没缝的蛋。

砍的没有旋的圆。

不吃黄连不知苦。

吃别人嚼的馍不香。

好酒不怕巷子深。

没有不吃腥的猫。

一辈同学三辈亲。

话是开心的钥匙。

学习与求知谚语

泰山不是堆的，学问不是吹的。

不怕不知，就怕不学。

不怕人老，就怕心老。

不怕学不成，就怕心不诚。

不怕练不成，就怕心不恒。

有志不在年高，无志空活百岁。

不懂装懂，永当饭桶。

虚度光阴糊涂虫，珍惜光阴头脑清。

只要功夫深，铁杆磨成针。

人当少年不努力，到老落个空。

年轻贪玩乐，到老不成人。

世上无难事，就怕有心人。

水滴石穿，绳锯木断。

虚心能得智，骄傲失理智。

年少力强，急需努力。

人活七十七，领教不为低。

自大不值钱，虚心受人赞。

天下无难事，只怕心不专。

学问无穷，人寿有限。

一寸光阴一寸金，寸金难买寸光阴。

求知要下苦功夫，学习莫嫌时间晚。

熟能生巧，巧能生妙。

见善就学，有错就改。

学习要虚心，自满是敌人。

骄傲出自浅薄，狂妄出于无知。

学习不温习，雨过地皮湿。

不怕慢，就怕站。

学问，学问，勤学多问。

字要习，马要骑。

黄金贵有价，知识无价宝。

走不尽的路，读不完的书。

学问之根苦，学问之果甜。

学习再学习，革命志不移。

求知无捷径，苦钻攀高峰。

读书破万卷，下笔如有神。

迎难攻关，险峰敢攀。

读书不解意，等于啃树皮。

书本是活法宝，行动做事要动脑。

实践出真知，实践出才干。

时间就是力量，时间就是知识。

一人不如二人计，三人打个好主意。

人心专，山石穿。

有志不在年高，从小看大。

知识在于积累，成功在于发奋。

刀在石上磨，兵在苦中练。

学海无涯勤是舟，书山有路志为梯。

谦虚使人进步，骄傲使人落后。

看得多，知识增加；写得多，笔底生花。

人生不读书，恰如眼无珠。

要想学到惊人艺，专心虚心加恒心。

家有万两金，不如藏上万卷书。

学在苦中求，艺在勤中练。

好书读得多，知识越广博。

不怕学问短，就怕志气短。

不知则问，不会则学。

树靠人修，学靠自修。

实践出真知，科学靠钻研。

少而不学，老而无识。

科学花儿是人栽，脑筋不动它不开。

少壮不努力，老大徒悲伤。

花有重开日，人无再少年。

学问勤中得，巧自熟中生。

笔杆并不重，无志拿不动。

晨不早起误一天，幼不勤学误一生。

泉水挑不干，知识学不完。

不入虎穴，焉得虎子。

高山流水长，志大精神旺。

听过不如见过，见过不如干过。

只要有志气，泰山也能移。

熟能生巧，勤能补拙。

栽树乘凉，读书求知。

人在苦中练，刀在石上磨。

聪明来自努力，天才出于勤奋。

知识好比海中水，贵在点滴常积累。

师傅领进门，修炼在个人。

要学聪明，先要打听。

有志者，事竟成。

不怕事不成，只怕志不坚。

活到老，学到老，八十八还学巧。

宁可直中取，不可曲中求。

勤学勤问，不愁没学问。

聪明靠学习，知识靠积累。

若能勤学苦练，妙词就在眼前。

少年不知勤学习，老来后悔读书迟。

要学好，多动脑。

立志不专，做事艰难。

字不嚼碎不知味，文不在多而在精。

只有学和问，才能长学问。

一日读书一日功，一日不读十日空。

读书百遍，其意自见。

年轻不学好，到老吃不饱。

放笔写宏文，篇篇尽有神。

暑天赶路要赶早，读书习艺要从小。

边学边做，学以致用。

事业要好，首先志高。

只要志坚，不怕路远。

拳不离手，曲不离口。

要聪明，多用心。

有状元徒弟，无状元老师。

好记性，不如烂笔头。

不怕不灵，就怕不学。

常思脑筋灵，常写手不笨。

人贵有志，学贵有恒。

投师不名，学艺不高。

笔记随身带，勤把百花采。

书到用时方恨少，是非面前方知难。

卫生与健康谚语

饭后百步走，活到九十九。

酒多伤人，气多伤心。

铁不炼不成钢，人不动不健康。

早起早睡，精神百倍。

早起床，精神旺。

早睡又早起，能活大年纪。

常开窗透阳光，通空气保健康。

饭吃八成饱，到老肠胃好。

笑口常开，青春常在。

自幼勤锻炼，年老身体健。

吃饭先喝汤，不用治病方。

有了病早治疗，花钱少痛苦小。

心宽长寿，乐观体胖。

冬天练长跑，体壮不感冒。

有尿不尿，耽误睡觉。

勤洗澡，疾病少。

宁吃鲜桃一口，不吃烂杏一筐。

田要种，人靠练。

生气催人老，笑笑变年少。

人不动，难长寿。

不锻炼，百病染。

烟酒不沾口，活到九十九。

饭前开水烫碗筷，不得疾病不受害。

大蒜是个宝，常吃身体好。

不吸烟不喝酒，病魔都要绕道走。

葱辣眼，蒜辣心，辣椒辣嘴唇。

脾气躁，促人老。

一只苍蝇一只虎，谁家有了谁家苦。

害眼洗脚，强似吃药。

预防肠道传染病，要把苍蝇消灭净。

生水不烧开，喝下必受害。

没脏没净，吃了得病。

预防为主保健康，卫生积肥多打粮。

千锤百炼，益寿延年。

预防百病，饮食要净。

垃圾污水不乱倒，清洁卫生蚊蝇少。

冬吃萝卜夏吃姜，不用医生开药方。

早饭好，午饭饱，晚饭要吃少。

人是铁饭是钢，一顿不吃饿得慌。

饭前要洗手，饭后要漱口。

不气不愁，活到白头。

早起活活腰，一天少疲劳。

气功太极拳，常练精神好。

笑一笑，十年少；愁一愁，白了头。

少年不锻炼，到老病来缠。

疮怕有名，病怕无名。

要想身体好，吃饭不过饱。

臭鱼烂虾，害命的冤家。

不喝过夜茶，不饮过量酒。

体育疗法是个宝，治病健身显功效。

饥不暴食，渴不狂饮。

有静有动，无病无痛。

疖子出了头，力气大如牛。

美酒不过量，好菜不过用。

仔猪断奶加营养，锻炼吃盐喝面汤。

睡觉多了要得病，衣穿多了要上火。

若要饭菜香，细细嚼成浆。

夏季防暑冬防疫，勤换干草堵风洞。

气多损身，忧多伤神。

春秋二季要防冻，防治疾病要积极。

干干净净，预防百病。

害眼剃头，火上浇油。

要想人长寿，多吃素少吃肉。

得病容易除病难，久不医治成大患。

睡前洗脚，强似吃药。

常运动，赛寿星。

睡觉不蒙头，能活九十九。

春捂秋冻，一年不病。

不吃烟不饮酒，疾病绕着走。

吃零食，伤胃肠；吃偏食，缺营养。

要想离药罐，吃饭要洗手。

情绪低，损身体。

天天洗脚，胜过吃药。

床铺干净，睡得安静。

早安眠，睡得香。

一顿吃伤，十顿喝汤。

有病请医生，迷信害性命。

少吃有滋味，多吃伤脾胃。

要想身体健，食物要新鲜。

多吃味不美，少吃好滋味。

天天锻炼，身体强健。

贪吃贪睡，添病减岁。

常晒阳光，身体如钢。

经常一身汗，小病不用看。

细嚼烂咽，强似吃仙丹。

吃药不忌口，枉费大夫手。

会吃千顿香，滥吃一顿伤。

感冒不算病，不治要了命。

手懒没有好生活，贪嘴没有好体格。

恶语伤人，气大伤身。

冬吃姜夏吃蒜，不用医生开药方。

要想吃药少，天天练长跑。

牙齿不掏不空，耳朵不挖不聋。

早起做做操，一天精神好。

要想身强疾病少，天天跑步做早操。

剃头洗脚，胜似吃药。

庄稼没肥不长，人不锻炼不壮。

衣服经常换，强似上医院。

跳跳蹦蹦浑身轻，不走不动多疾病。

宁可顿顿稀，不能一顿饥。

甜瓜，黄梨，吃多坏肚皮。

预防百病，饭食要净。

有钱难买老来瘦。

伤筋动骨一百天。

处世与修养谚语

人心齐，泰山移。

只要拧成一股绳，泰山也能摇得动。

千条扁担能搬山，万根松木能顶天。

冻死迎风站，饿死不弯腰。

小时不学种，到老两手空。

十年树木，百年育人。

人往高处走，水往低处流。

有理走遍天下，无理寸步难行。

有话当面说才亲，有事商量办才成。

冰冻三尺，非一日之寒。

人怕出名猪怕壮，好马不在铃铛响。

不过河水，不知深浅。

开水不响，响水不开。

喊破嗓子，不如甩开膀子。

强中还有强中手，莫在人前自夸口。

大鱼吃小鱼，小鱼吃虾米。

山外有山，天外有天。

聪明一世，糊涂一时。

亲自下河知深浅，亲口尝梨知酸甜。

人凭志气，虎凭威。

有志不在年高，无志空活百岁。

脚正不怕鞋歪，身正不怕影斜。

不敢下海的人，永远成不了水手。

人正邪不入，臭肉惹苍蝇。

穷了别提方便，老了别提当年。

白的容易黑，黑的不易白。

补漏趁天晴，学习趁年轻。

树不修不直，人不学不知。

为人不到八十八，别笑人家瘸和瞎。

人有过错，马有失蹄。

儿大三分客，贤妻夫祸少。

三年不上门，是亲也不亲。

外甥是个狗，吃了就要走。

男不要妻不成家，女不嫁人身无主。

办案好比一面镜，人妖是非照得清。

一个和尚挑水喝，两个和尚抬水喝，三个和尚没水喝。

软的怕硬的，硬的怕愣的，愣的怕不要命的。

有错不认错，还要犯大错。

棋错一步，全盘皆输。

家丑不可外扬。

县官不如现管。

笨鸟先飞早入林。

瘦死的骆驼比马大。

丑媳妇早晚见公婆。

土打墙还有个穿钉眼。

墙内开花墙外香。

身教重于言教。

三人行必有我师。

阎王不嫌鬼瘦。

落地的凤凰不如鸡。

打铁先要自身硬。

树大荫凉大。

贪多嚼不烂。

一口想吃个胖子。

人要衣裳马要鞍。

紧走不如不歇气。

枪打出头鸟。

慢功出巧匠。

柴多无湿。

无丑不显俊。

常吃地瓜眼是秤。

叫唤猫不捉老鼠。

人多才子多。

紧提酒慢打油。

偷来的馍馍上不得供。

艺多不压身。

锯响就有沫。

问遍千家成行家。

君子不与牛治气。

怕摔倒学不会走路。

狗皮褥子没反正。

战而无备，就有大患。

阎主好见，小鬼难缠。

虱子多了不痒痒，债务多了心不慌。

狼死不改性，虎死不变形。

好事不出门，坏事传千里。

大河无水小河干，大河有水小河满。

壶里无酒难留客，池里无水难养鱼。

临阵磨枪，不快也光。

患难识挚友，日久见人心。

老鼠看仓，看个精光。

明枪易躲，暗箭难防。

父病知孝子，家贫出贤妻。

打虎要打头，杀鸡要割喉。

劈柴要寻纹，刨树要挖根。

鼓要敲在点上，笛要吹在眼上。

伤其十指，不如断其一指。

大处着眼，小处着手。

看客上菜，量体裁衣。

人死艺不绝，贵人忘事多。

嘴勤不走冤枉路，处处留心皆学问。

一鸟入林，百鸟压音。

一粒老鼠屎，坏了一锅粥。

媳妇一多，做饭靠婆婆。

有理不在喉咙高，有理不怕势来压。

有理胆子壮，无理心里慌，

挡得住千人手，堵不住百人口。

灯不拨不亮，理不辩不明。

头三脚难踢，万事开头难。

严师出高徒，艺高人胆大。

有火就有灰，肉肥汤也肥。

深山出骏马，深水藏大鱼。

远水不解近渴，远水难救近火。

官大一品压死人，好汉不吃眼前亏。

买卖不成话不到，巧买哄不了拙卖的。

浪子回头金不换，赤金难买赤子心。

死猪不怕开水烫，聋子不怕鞭炮响。

人凭地，虎凭山，大树底下好乘凉。

风不静，浪难平。

眼见为实，耳听为虚。

根不正，苗儿歪。

前面有车，后面有辙。

你帮我来我帮你，互相团结力无比。

柴多火焰高，众人推倒墙。

麻雀虽小，五脏俱全。

不经实践，不增才干。

两虎相斗，必有一伤。

人尽其才，物尽其用。

不在其位，不谋其政。

谁人背后不说人，谁人背后不挨说。

君子报仇，十年不晚。

大敌当前，不要弃枪。

虎不怕山高，鱼不怕水深。

有福同享，有事同干。

人软遭人欺，马善乱人骑。

是虫就咬草，是坷垃就绊人。

饥时糠如蜜，饱时蜜不甜。

好种出好苗，好葫芦解好瓢。

人不可貌相，海水不可斗量。

治气不养家，养家不治气。

人逢喜事精神爽，月到中秋分外明。

近水楼台先得月，兔子不吃窝边草。

不当家不知柴米贵，不出门哪知行路难。

无巧不成书，不打不相识。

不怕没经验，只要肯实践。

小洞不补，大洞难堵。

旧的不去，新的不来。

不受挫折，不长知识。

星多天空亮，人多智慧广。

众人一条心，黄土变成金。

一根筷子容易折，十根筷子硬如铁。

天不怕，地不怕，团结紧，力量大。

独木不成林，独砖不成墙。

宽桥好走，独木难行。

一个巴掌拍不响，一粒黄豆磨不成浆。

人往高处走，鸟往亮处飞。

宁愿站着死，不愿跪着生。

少怕丧母，中怕丧妻，老怕丧子。

蝎子尾，黄蜂针，最毒不过晚娘心。

人多主意好，柴多火焰高。

好马不吃回头草，好蜂不采落地花。

明知山有虎，偏向虎山行。

不怕天旱，就怕不干。

井水挑不干，力气用不完。

冻死闲人，饿死懒人。

鸟美在羽毛，人美在勤劳。

三秋勤耕田，丰收在来年。

要比人家种田，不比人家过年。

一天省一把，十年买匹马。

不怕一万，就怕万一。

莫道春光好，须防寒来早。

小水不防，大水难挡。

天晴不修屋，大雨抱头哭。

话多不甜，胶多不粘。

一言既出，驷马难追。

良言入耳三冬暖，恶语伤人六月寒。

帮人帮到底，救人要救活。

不怕人不敬，就怕己不正。

王婆卖瓜，自卖自夸。

只讲过五关，不谈走麦城。

不做亏心事，哪怕鬼叫门。

丢了打狗棍，不认讨饭人。

有钱好为人，无钱难为人。

灯里无油熬捻子，锅里无米骂汉子。

雪中送炭是良友，当面奉承是扒手。

老婆懒汉子猾，起了北风呲了牙。

买起猪垒起圈，娶起媳妇管起饭。

穷怕亲戚富怕贼，人怕出名猪怕肥。

不怕反战失利，就怕灰心丧气。

宁喝朋友的白水，不吃敌人的蜂蜜。

空想一百年，不值一文钱。

在家不打人，出门不挨打。

坑骗偷盗再巧妙，街坊邻居都知道。

在家不理人，出门没人理。

算盘靠拨拉，拳脚靠踢打。

若要好，大敬小。

打人无好拳，骂人无好言。

知多与知少，不在人大小。

泰山谚语（二）

泰山景物谚语

人若有志，上泰山观日。

观得泰山云，不白做回人。

看过泰山日，不白来一世。

泰安有三夸：公路平，宾馆大，人情风物甲天下。

泰山名胜多：王母池，半母宫，燕子石，罗汉松。

泰山顶上有玉皇，泰山脚下冯玉祥。

游过曲阜成圣贤，上得泰山活神仙。

泰山路宽平，泰山缆车稳，平步登山如驾云。

泰安城四大反：南天门在北，北集坡在南，西张店在东，东家庄在西。

烟台的苹果莱阳的梨，泰安的牙枣没比的。

泰安城小名气高，秦皇汉武都来朝。

天下灵气在泰山，山东名气在泰安。

冯玉祥在泰安，留下壁画后人观。

天下刻石泰山多。

武则天朝泰山，从此女人也祭天。

诗圣杜甫登泰山，名句“一览众山小”。

泰山石头也有灵，石敢当最有名。

晴是泰山日，阴是泰山云，阴晴都招人。

泰山松树有官品，泰山石头压百邪。

雪中泰山松，雾中泰山峰。

秀才认不全泰山字，皇上硬不过泰山石。

不临泰山刻，不得高官坐。

泰山树上石头多，压子枝头成一景。

好汉难过十八盘，一步更比一步难。

紧十八慢十八，不紧不慢一百八。

英雄好汉，南天门见汗。

圣不过孔子，高不过泰山，老不过汉柏，少不过“娃娃”。

泰山的卦灵三分，天街的买卖贵三成。

泰安的路，泰山的树。

泰山石多，泰安客多。

皇帝的影像贵人的字儿，燕子石的制品头一份儿。

泰安有三景：泰山、岱庙、泰安城。

泰山步行一路紧，脚下留意眼留神。

泰山一路如天梯，九天景致在眼底。

泰山娃娃红线拴，泰山老奶奶心慈善。

健步上泰山，一步一层天。

生不上泰山，死了心不安。

岱庙宝三件：铜亭、汉柏、天贶殿。

人生三大愿：逛曲阜，游济南，八十健步上泰山。

羊楼村的席，苑庄的箔，许家埠的扫帚，赵安庄的杀猪锅；西夏村的木匠多，泰山豆腐刚出锅。

泰安活历史，泰山名字帖。

泰山气象谚语

山下雨是水，山上雨是冰。

大雾不过三，过三十八天。

先下牛毛无大雨，后下牛毛连阴天。

四月雨泰安，四月冰泰山。

月亮长毛，大雨浩浩。

一天不住雨点，明天必定晒破脸。

星星睁眼，大雨不远。

日落红云接，黄泥晒成铁。

黄鼠狼子叫三声，不下雨就刮风。

春雷响，万物长。

日落乌云中，半夜听雨声。

东北风不倒，别嫌雨点小。

泥鳅翻湾，立即变天。

燕子低飞蛇过道，家里有人场里跑。

一滴一个泡，还有大雨到。

风不吹，树不摇，天不下雨地不潮。

星稀，晒死鸡；星密，大雨不过三五日。

河水出泡，大雨来到。

有雨山戴帽，无雨山扎腰。
早上火烧天，下雨一白天。

北风下，南风开，不到三天雨回来。

夏天雨大，春天风大。

晚上一夜风，早晨听鸟鸣。

早雾晴，晚雾阴。

下雨不碍事，刮雨难上山。

有钱难买五月旱，六月连雨吃饱饭。

云彩往北泰安黑，云彩往南跑大船；
云彩往东满城风，云彩往西披蓑衣。

初七阴，初八下，初九初十太阳红。

天刮大风，泰山奶奶歇工。

山上黑，城里水。

东出虹，一天晴；西出虹，一天雨。

北山发亮，天晴有望。

夏至短三月。

初一阴，初二下，初三初四，泰山洗石。

泰山节气与耕作谚语

三分种，七分管，十成收成才保险。

春打六九头，种地不犯愁。

春打五九尾，种地碰见鬼。

小满种花，十年九瞎。

一九二九不出手，三九四九冰上走。

五九六九抬头看柳，七九八九耕牛遍地走。

九九大热天，黄狗溜树荫。

长五月短六月，不长不短二八月。

冬走十里不明，夏走十里不黑。

夏至栽茄子，一栽一碟子。

天河调角，南瓜豆角。

樱桃喊一声，黄瓜吓一惊。

苔下韭，花下藕，刚开花的黄瓜纽。

农副业，千条路，盘算好了穷变富。

下雨刮风，扛活的歇工。

不怕初一阴，就怕初二下。

初二下雨半月阴，十六下雨愁死人。

麦子不怕草，就怕坷垃倒。

春天晒太阳，冬天饿断肠。

树好根杆壮，根坏树枝焦。

人勤地出宝，人懒地生草。

春天捅一棍，秋天吃一顿。

打猎要知山情，种田要懂节令。

青割稻子吃饱饭，青割麦子得难看。

春天不着忙，秋后没有粮。

春耕抓得早，地里杂草少。

春除一条虫，秋添一条垄。

春天不生产，秋天白瞪眼。

芒种见麦茬，不熟也要拔。

社会生活谚语

眼往大处看，心往小处想。

大河有水小河满，大河无水小河干。

人不可看貌相，海水不可斗量。

百里不同俗，十里改规矩。

一分精神一份财，呆头呆脑财不来。

一家过日子，十家看景致。

一分钱一分货，十分价钱买不错。

贪贱吃穷人，贪小便宜吃大亏。

不怕不识货，就怕货比货。

一年学个庄稼汉，三年学个买卖人。

十年寒窗无人问，一举成名天下知。

人正不怕影子斜，脚正不怕鞋子歪。

人争一口气，佛争一炉香。

一个和尚一本经，家家都有一出戏。

货好货孬问三家，三家过后差不大。

大买卖怕赔，小买卖怕赊。

穷怕来客富怕贼。

紧留客，慢点锅，不吃不喝礼数多。
出门送出二里多，亲亲热热有话说。

卖香油的不掺假，拿毛驴换大马。

文官动动嘴，武官跑断腿。

只许州官放火，不许百姓点灯。

无梭难织布，无针难绣花。

眼见为实，耳听是虚。

鸡多不下蛋，人多瞎胡乱。

亲戚远了香，同院兄弟搭堵墙。

远亲来了一屋香，近邻进门打饥荒。

灶坑打井，房上开门，得罪不起当村人。

穷找穷富找富，二半悠子找个租地户。

什么娘，什么女，什么谷子什么米。

姜是老的辣，酒是陈的香。

隔千山不远，隔一水是难。

清官不爱色，爱色没好官。

人比人气死人，货比货就要扔。

买猪不买圈，娶媳妇不看娘家人。

老鸡不上灶，小鸡不乱跳。

龙头往哪摆，龙尾往哪甩。

娶媳妇往下瞅，嫁闺女往上看。

娶了媳妇满屋红，嫁了闺女满屋空。

山山有老虎，处处有能人。

临阵磨枪，不快也光。

人大心开，树大自直。

人为财死，鸟为食亡。

不怕没钱，就怕没志。

娘家屋里大小姐，公婆手下小贱人。

往上敬公婆，往下让小姑。

勤动筷少夹菜，做客规矩人不怪。

穷在家富在路，盘缠在腰不离步。

火烧邋遢，贼偷方便。

穷人家坐轿，没有好兆。

谷草烟多，穷人气多。

一人做事一人当，哪有嫂嫂替姑娘。

一日夫妻百日恩，百日夫妻百载情。

该断不断，反受其乱。

真人不露相，露相非真人。

穷招白眼，富招贼眼，闺女出门招歹人。

有肉埋在饭碗里，有钱存在银行里。

有粉擦在脸上，有钱花在点上。

粗碗里装肉不显眼，破袄里藏钱装得穷。

一根木头做不成梁，一块砖头垒不了墙。

人有失脚，马有失蹄。

十里路赶个嘴，不如在家喝凉水。

女大十八变，越变越好看。

星多天空亮，人多智慧高。

真亲恼不了一百日，干亲扛不住一件事。

人心隔肚皮，做事两不知。

羊肉贴不上狗身，隔层肚皮隔座山。

隔行如隔山。

秀才念经，笑死老僧。

隔山不算远，隔水不见面。

外贼好防，家贼难看。

千痛苦万痛苦，国破家亡最痛苦。

田要冬耕，儿要亲生。

有屋不怕寒风，有儿不怕老来穷。

好汉不打妻，好狗不咬鸡。

没有家贼，引不来外鬼。

宁做安定犬，不为离乱人。

有骂就有打，有骡子就换马。

炕头狸猫坐地虎，惹不起的大小姑。

好汉外头争出头，草包家里逞英雄。

好爹不打过头子，好娘不打出嫁女。

看自己一朵花，看别人豆腐渣。

捡了芝麻，丢了西瓜。

知足得安宁，贪财易招祸。

父打子不羞，娘训女不羞。

年轻受贫不算贫，老来受贫贫死人。

少年莫笑白头翁。

树高千丈，落叶归根。

杀人不过头点地，伸手不打笑脸人。

长兄如父，长嫂如娘。

妻贤夫祸少，子孝父心宽。

交上钱粮不怕惊，孝敬父母不怕天。

吃饭还是家常饭，穿衣还是粗布衣，要好还是结发妻。

苗好一半谷，妻好一半福。

冤家转弟兄，娶妻便翻脸。

儿大不由娘，气大不养身。

老儿子大孙子，老太太的命根子。

赶集逛会，受苦挨累。

贼咬一口，入骨三分。

民心所向，国家兴旺。

一家出个贤嫂嫂，全村姑娘都带好。

买尽天下物，难买子孙贤。

嫁出去的女，泼出去的水。

会做媳妇的两头瞒，不会做的泪串连。

茄子花葫芦花，有了女婿忘了妈。

娘亲舅大，爹亲叔大。

宁说笑话，不传闲话。

会当姑娘两头瞒，不会当姑娘两头传。

十个婆媳翻了脸，九个小姑传闲言。

当家不理财，等于瞎胡来。

笑迎天下客，温暖万人心。

党风不正必乱，家风不正必散。

江河有深浅，群臣有忠奸。

满堂儿女，不如半路夫妻。

自己的闺女贴心肉，人家的闺女脚后跟。

十个后娘九心偏，一个不偏也是偏。

三岁带出七十相。

不过火的炕，后娘的心。

好人不用管，管死不成人。

孩子不用管，全靠德行感。

严父出孝子，慈母出巧女。

人有乌纱帽，说话就变调。

官清廉，民安然。

家贫思良妻，国难想忠臣。

邻居好，胜金宝。

说嘴打嘴，吃胡椒麻嘴。

笑话人不如人，随着屁股学歹人。

跟凤凰走是俊鸟，跟老虎走是恶兽。

晚上老来少，早上七八十。

庄稼饭十点半，干不干三顿饭。

亲戚有远近，朋友有厚薄。

官清正，民心顺。

富人家一顿饭，穷人家一年汗。

坏人活一天，百姓苦一年。

驴子不喝水，不能强饮。

夜晚点灯熬油，大白天压炕头。

当着真人莫说假话，守着瘸子莫说短话。

人前多夸人，人后少是非。

手是好汉，眼睛是孬蛋。

看起来是座山，禁不起扁担担。

手闲长指甲，心闲长头发。

眼跳心惊，坐卧不宁。

不怕认不清，就怕艺不精。

无吃无穿，妻离子散。

一夜不眠，十日不安。

亲戚盼你富，邻居盼你穷。

多养儿女多受累，一个是宝贝。

一个爹能养十个儿，十个儿养不下一个爹。

养儿不养俩，养俩轮官马。

养儿不养仨，养仨没有家。

三杯和万事，一醉解千愁。

一年空，十年穷。

儿要亲生，财要亲挣。

若要富，先修路。

若要发，牙齿上刮。

家和万事兴，争斗万事空。

养儿贪多，废货一窝。

养儿一窝，一辈子扛活。

养儿嫌少，临死落个破棉妖。

赌钱赌薄了，喝酒喝厚了。

父偷鸡，儿偷鹅，一代更比一代恶。

打鱼的不离船，打柴的不离山。

三人当家，七扯八拉。

人饿怕推磨，人饱怕吹火。

一时苦，万年福。

酒桌上搭亲家，牌桌上结冤家。

进京的喇嘛，出京的官员。

远敬衣裳近敬钱，邪底子瞒不过老乡亲。

人敬有的，狗咬丑的。

家里有金子，邻居有戥子。

好火暖身，好话暖心。

好话众人听，好菜众人尝。

日长事多，夜长梦多。

左眼跳财，右眼跳灾。

懒汉当家，饿死全家。

守啥人学啥人，守着萨满跳假神。

是亲三分向，有事当照应。

肉烂在锅里，人臭在家里。

见人嚓嚓话，不是大人相。

长木匠，短铁匠。

走路免不了绊脚，夫妻少不了口角。

树怕老来枯，人怕老来孤。

要知父母恩，怀里抱小孙。

牛懒荒田，人懒无钱。

收粮万担，不忘粗茶淡饭。

木长了截，铁短了砸。

在下自做主，累死没有功。

主意当家的出，力气干活的出。

众怒难犯，众口难调。

会吃会算，锅里有饭。

宁可顿顿稀，不让一顿饥。

朝中怕出奸臣，家中怕出病人。

一俊遮百丑。

笨鸟先飞。

外来和尚会念经。

七岁八岁狗也嫌。

男人最怕心如针，看见老婆起疑心。

女人最怕花了心，贪了便宜卖了身。

男人出力人敬重，女人自强人恭敬。

好事尽归花大姐，坏事专找麻丫头。

兄弟如锉，妯娌如刀。

椿芽扑拉翅，穷人饿的没了气。

椿芽成了苔力头，穷人家不发愁。

三秋好过，一春难熬。

三春不如一秋忙。

秀才小姐爱春天，穷汉爱的大秋天。

一动不如一静。

官大一级压死人。

天下爹娘爱小儿。

久病床前无孝子。

多儿多女多冤家。

小孩嘴里吐真言。

一心不能二用。

好汉不怕出身低。

一善改千恶。

一蟹不如一蟹。

小儿子好做，大媳妇难当。

要三年大饭，给个知县也不换。

不怕贼偷了，就怕贼想着。

干亲进门，两眼留神；不是借钱，就是拐人。

敬神有神在，不信妨何在。

丈夫官多大，太太多大官。

铺把豆秸放把草，小的跟着大的跑。

买起猪，垒起圈，娶起媳妇管起饭。

老婆懒，汉子滑，起了北风呲了牙。

打春的萝卜，立秋的瓜，死了老婆的丈人家。

立夏的棉袄，立秋的扇，死了老婆连襟断。

小看嘴，大看腿。

大庄稼，小买卖。

破裤子怕下蹲，破袜子怕脱鞋。

金正月，银二月，眼黄地黑三四月。

男子汉，屋子梁，身子懒，塌子房。

铁驴钢骡，纸糊的马。

没有男人地荒，没有女人屋空。

男是搂钱耙，女是装钱匣。

看家狗，护院枪，不如邻居心地强。

人不知死，车不知翻。

出门小三辈，住店醒三分。

拱腰驴，驼腰马，甩脚牛不用打。

紧拉鱼，慢捞虾，不紧不慢拉王八。

官找官，吏找吏，跑买卖找开店的，耍戏法的找个唱戏的。

望山跑死马，贪贱吃穷人。

没事多插柳，三年树有荫。

媒人的嘴，两尖的枪，主意不正两面伤。

儿子亲，闺女亲，不如老伴心疼人。

少年找少年，老人知老人。

老要张狂少要稳。

老不舍心，少不出力。

学习与求知谚语

泰山泉水喝不干，世上知识写不完。

不撒种子难开花，没有文化难当家。

吃不尽的苦，学不完的乖。

求知好比爬泰山，心志不坚难上山。

早起读书，晚上练字。

肚里有诗书，口舌自留香。

嘴勤腿勤，手勤笔勤。

火不吹不红，子不教不明。

读不尽的书，走不完的路。

学好三年短，学坏一瞬间。

要吃鱼修水塘，要有知识进学堂。

积钱不如教子，闲坐不如看书。

少说闲话招口舌，多诵诗句有收获。

一天看一行，十年出个状元郎。

不怕记不住，就怕劲不足。

勤翻书，少赶集。

开卷有益，下笔有题。

难者不会，会者不难。

小时不学，大时无知。

山高有登头，路远有奔头。

小时不离娘，大时靠教养。

龙不教成鱼，虎不教成犬。

宁给子孙留书，不给子孙修屋。

学东西趁小，买东西赶早。

东问西问，增长学问。

圣人留下书，老人留下话。

眼睛留神，心里留意。

起早读书一天功，贪黑不如起早。

脚下有金子，身边有学问。

一天学一字，十年当塾师。

学问无形长，小苗眼看高。

学会千字文，说话有滋味。

唐宋元明清，藏在字书中。

三天紧两天松，扔下书本一场空。

刀子砍不断学堂路。

学生不懂礼，念的牛马经。

八十不算老，学问喜老人。

磨秃千管笔，练出有才人。

功课日日勤，学问天天长。

一天不练功，腰腿自然松。

贫家出才子，苦读出官人。

一招鲜，吃遍天。

学生不怕师多，买卖不怕客多。

屋前屋后树多，床前床后书多。

闲话少说，好书多读。

处事无字书，学好费功夫。

在家敬老人，在学敬先生。

动手早，学得好，动手晚，干瞪眼。

三天打鱼，两天晒网，银子白花，学问不长。

行家一伸手，便知有没有。

过了星期三，不愁星期天。

有钱难买星期六，吃个饱睡个够。

平时有准备，临考不发慌。

有志读书，无志放猪。

穷放猪，富读书。

读书不用功，瞎子点灯。

读书不用，有地不种。

上学一群，出息一人。

量车使牛，因材施教。

老师无私心，偏爱有才人。

学古文像和尚，学外语像疯子。

天上的星，学校的灯。

家有万贯，不如本事在身。

文章不厌百回改。

少年学，一整天；中年学，得半天；老年学，在灯前。

世上百行，读书为强。

家有读书郎，树上落凤凰。

读书长志，看戏迷心。

火中炼真金，苦中出状元。

少往外跑，多坐板凳。

字要勤写，书要精读。

一目十行，不是读书郎。

天地君亲，师傅最重。

师徒如父子，同学如弟兄。

十岁的神童，二十的才子，三十的凡人，四十五十老不死。

井要淘水清，人要学成人。

管是师，教是师，不管不教是白吃。

管是亲，教是爱，放任自流要变坏。

东西越给人越少，学问越给人越多。

人有恒，万事成。

不怕笨，就怕问。

专心绣花红，专心学问成。

幼年学的，石上刻的。

井淘三遍出好水，人从三师学问高。

一处投师，百处学艺。

路旁有师傅，草堆有圣人。

学无老少，能者为师。

师祖拜徒孙，有道便为尊。

老姜辣味大，老人经验多。

求师不脸红，问人不为低。

人活七十稀，立志不算晚。

学问不喜懒人。

笨鸟先飞，勤能补拙。

要想学好，贪黑起早。

死背不如动脑，贪黑不如起早。

一心二用，半种不种。

读书要想，种地要耪。

不懂装懂，一世饭桶。

多问不吃亏。

言过其实，终无大用。

小聪明顶不上大用功。

小时差一点，长大差一截。

买书不如借书：买书生尘土，借书贪黑读。

卫生与健康谚语

泰山灵芝，百病皆治。

少吃多餐，无病自安。

早饭吃饱，午饭吃好，晚饭吃少。

吃了就困，到老无病。

八十爬泰山，心诚志更坚。

三餐八分饱，胃口自然好。

早起活神仙。

小病爬山，赛过灵丹。

粗茶淡饭身体好，鱼肉鸡鸭不养身。

学医不明，暗刀杀人。

不气也不愁，能活到白头。

白天多动，夜里少梦。

练出一身汗，小病不用看。

梳头洗脚，胜过吃药。

酒大伤身，烟大焚人。

公家酒，公家菜，三天下来胃口坏。

喝酒不强灌，才是文明人。

酒桌上充不得好汉。

人前不吸烟，人后不骂人。

父母吸烟，贻害子孙。

怒人伤气，恼人伤肝。

不气不恼，长寿神仙。

宁走十里远，不走一步险。

不喝凉酒，不喝浓茶。

早茶晚酒半夜色，不等人杀自己宰。

三餐八分饱，百年无灾病。

早起遛早，午间小眠，晚上早睡，长命百岁。

素食养身，五谷养人；粗衣淡茶，养育身家。

日走千步，饭后百步。

吃饭不过饱，睡觉不蒙头。

手握球，筋骨柔。

勤洗澡，多梳头。

洗脸先洗手，手净脸无尘。

手不揉眼，指甲常修。

细嚼慢咽，身体大安。

处事与修养谚语

紧睁眼睛慢开口，处事谨慎敬为先。

后退一步让三分，切莫得理不让人。

人怕老来苦，麦怕胎里寒。

赖狗扶不上墙，帮腔唱不了戏。

千事万事，一笑了之。

弓别过满，话别说大。

话如利箭，小心伤人。

千军易得，一将难求。

事前多用心，别找后悔药。

没有过不去的河，没有上不去的坡。

天堂有路无人到，牢门紧闭有人敲。

强扭的瓜不甜，硬捏的姻缘不长。

屈死不告状，饿死不做贼。

路不平有人铲，事不平有人管。

冰冻三尺，非一日之寒。

交友讲心平，信神讲心诚。

世上无傻人，切莫装聪明。

上门都是客，莫论富与贫。

见老让三分，才是好子孙。

人无远虑，必有近忧。

万物开头难，万事求人难。

杀人抵命，欠债还钱。

笑面官，打死人。

差不怕你穷，鬼不怕你瘦。

量体裁衣，看菜下酒。

腹有诗书气自芳。

国难家仇当须报，鸡毛蒜皮让何妨。

人争一口气，佛争一炷香。

多干分外事，少插分外嘴。

台上不理人，下台没人理。

台上气如斗，下台不如狗。

大人不记小人过，小人全靠大人扶。

娇养无孝子，严师出高徒。

女儿哭娘真心实意，媳妇哭婆虚心假意。

礼物有轻重，朋友有厚薄。

明人不做暗事，好人不说假话。

贫家出好女，富家有诗书。

堂上的老爷，堂下的衙役。

话多有闪失，人多有孬的。

少在人前卖嘴，多在人后看人。

有火压一压，说话缓一缓。

日省一口，细水长流。

出门看天色，进门看脸色。

三个公章，不如一个老乡。

富人求大官，穷人求吃穿。

骂人先挨骂，笑人笑自家。

一人处事十人瞧。

要服人，先敬人，礼多人不怪。

话说当时，莫找后账。

当面有甜言，背后有苦语。

当官的好不好，要看百姓饱不饱。

官民一条心，世道就太平。

一家女出嫁，百家儿着急。

黄蜂针、马蜂针，最毒不过财主心。

出言如刀，自伤三分。

恶言当笑谈，早晚讨人嫌。

一把萝卜一把蒜，缠和不清人讨厌。

爹挑娘挑，不如闺女自挑。

挑拣三年，闺女心寒。

爹可心娘可心，谁知闺女难可心。

大斗糠小斗谷，压断穷人脊梁骨。

有了千田想万田，当了皇帝想成仙。

咬人狗不露牙，笑面虎腰藏刀。

理正不怕官，心正不怕雷和闪。

世上恶人存，社会不安宁。

宁可直中取，不可曲中求。

下棋看三步，看人看心术。

靠本事自强，莫靠嘴皮争强。

少不欺老，新不压旧。

哄死人，不偿命。

伸手打了人，有理说不清。

政策对了头，工作有劲头。

政策和民心，人人心里宽。

狗咬吕洞宾，不认真人。

戏法人人会变，各有巧妙不同。

疏不间亲，下不越上。

宁去扫地，别拍马屁。

宁给儿孙留本事，别给儿孙留钱财。

钱堆里长出败家子，吃喝嫖赌短命鬼。

有理不在声高，无理乱放空炮。

路平有人走，歪理无人听。

有理像秤砣，无理打哆嗦。

人若保守，寸步难走。

不怕少年苦，就怕老来孤。

多栽花，少挑刺。

傻狗不识唆，挨踢瞎叫唤。

朋友不怕多，冤家不嫌少。

身边人要信，面前的人要防。

听话听声，锣鼓听音。

一生忙奔走，只为穿和口。

是真是假当众验，是善是恶查分明。

坏马害群，坏人害众。

好亲好友能帮人，贪官坏人会整人。

从小偷针，长大偷金。

自己的肚子旁人的酒，贪图便宜活受苦。

立如松，坐如钟。

看人用正眼，莫拿余光瞧。

张口莫使气，说话防伤人。

装聋作哑当神仙，婆婆妈妈惹人嫌。

人过有脚印，鸟飞会留影。

和尚要钱，木鱼敲穿。

水深三尺难见底，人隔肚皮难见心。

无土难打墙，没苗难打粮。

人无大志，枉活一世。

闲话过多讨人嫌，热心过头讨人烦。

是佛就烧香，是庙就磕头。

独木难行，孤掌难鸣。

志大才疏，到老放猪。

在家认父母，在外认乡亲。

黄金有价，人格无价。

人靠心好，树靠根牢。

心换心，值千金。

刀好不在把，人好不在话。

多积德，路不窄。

争则不足，让则有余。

仗财欺人找败家，恃才傲物惹人骂。

遇事强出头，自己找忧愁。

人有三朋四友，切莫胡乱开口。

两军对垒，骑墙的挨枪。

只要身子正，不怕坐歪凳。

刻苦自己，厚待别人。

放下屠刀，立地成佛。

好事不出门，坏事传千里。

明人不做暗事，响鼓不用劲擂。

得罪人容易，交下人太难。

物以类聚，人以群分。

鱼找鱼，虾找虾，乌龟找王八。

秀才见面谈书，屠夫见面谈猪。

猪往前拱，鸡往后刨。

好酒不醉人，好汉不欺人。

只要根基牢，不怕楼房高。

千锤百炼出好汉，十磨九难出人才。

树不经风不成材，人无受苦志不坚。

走路朝前看，做事往后想。

宁拿礼敬人，别拿话压人。

哄乐一人，得罪一群。

出口知深浅，出手见高低。

宁学人本事，莫贪人钱财。

贤人也有错失，强者也有滑脚。

人靠心计，马靠脚力。

嘴巧不如手巧，手巧不如动脑。

人穷志短，马瘦毛长。

人眼是秤，众人是镜。

亲戚明算账，防备翻脸皮。

亲戚别犯财，犯财两不来。

出头三分罪，官大不养身。

官的儿子当官三天，民的儿子当官十年。

捧你是神，贬你是鬼。

一墙难挡八面风，一人难顺百人心。

喝水要喝干净水，交友要交老实人。

人死如灯灭，虎死如绵羊。

要饭无人笑，做贼打得叫。

知足常乐，吃亏是福。

人嘴两层皮，听话要仔细。

傻子压不住气，傻狗看不了门。

说你行，你就行，不行也行。

说你不行，就是不行，行也不行。

大丈夫难免妻不贤子不孝。

各吹各的调，必定会乱套。

心眼正，人尊敬。

山好游人多，人好朋友多。

请神请大神，敬人敬贤人。

不听老人言，吃亏在眼前。

父母谈话不插嘴，朋友打仗不伸腿。

宁跟明白人打架，不跟糊涂人说话。

问到照实说，不问莫去说。

瞒得过朝廷，瞒不过乡邻。

便宜不过一家子，肥水不落外人田。

雁过留声，人过留名。

自家吃了香嘴唇，客人吃了传名声。

井水可以外淌，机密不可外讲。

不当媒人不做保，一生无烦恼。

打虎亲兄弟，上阵父子兵。

一次告诉一人，半天传遍全村。

嘱咐别人莫讲，不如自己不说。

河出槽涨水，人出言打嘴。

不怕头脑计谋少，就怕身边好人少。

小人的嘴，小鬼的腿。

先当小人，后当君子。

事前不商量，做事无主张。

高兴太早，滑脚摔倒。

先下手为强，后下手遭殃。

是非天天有，不听自然无。

不思忖，不讲话，不亏心，不后怕。

露多大脸，现多大眼。

笑脸好看，白眼难瞧。

算计别人垮台，自己墙角先塌。

书生当不了将军，菩萨当不了天子。

锄草不锄根，逢春芽又生。

无中生有，画蛇添足。

踢人一脚，要防十拳。

好酒三碗就够，好话三句就明。

水多淹庄稼，话多仇自家。

借梯子上房难下地，牛犊顶虎少见识。

识得话外音，方为有心人。

站高处眼自宽，蹲矮处难见天。

多听少讲，黄金万两。

嘴大舌长，损爹伤娘。

讲话要有理，煮饭要有米。

小孩说实话。

小和尚念经，有口没有心。

大难不死，必有大福。

泥人经不起雨打，假话经不起调查。

宁当打锣的管点，莫当耍猴的管彩。

一人难讨百人好，一个不好吃不了。

任人说讲，自拿主张。

偷吃不肥，做贼不富。

福不双降，祸不单行。

舌长事多，夜长梦多。

逢人莫乱讲，遇事莫乱闯。

算命若要灵，天下无孬人。

灯花今夜开，明早喜事来。

说话不真，惹事上身。

明知自己丑，也愿听俊话。

多咧嘴笑，少放大炮。

有才别毛躁，没有机会瞎跳。

不怕角色小，就怕演不好。

三十年河东，三十年河西。

路远不愿走，话长不爱听。

难事要先办，丑话讲在前。

好酒易醉人，巧语易害人。

马到成功，旗开得胜。

懒人忙在嘴上，勤人忙在腿上。

开口别犯脏，犯脏脸无光。

二十知羞耻，四十没脸皮。

人坏三十后，晚节最难求。

小心无大错，谨慎出诸葛。

任劳不任怨，累死也白干。

懒惰催人老，勤劳寿年高。

少年夫妻老来伴，一天不见问三遍。

借钱是亲家，还钱是冤家。

年老求温饱，年轻求美俏。

见钱不要命，必定要丧命。

贫贱夫妻苦中乐，富贵夫妻乐中苦。

人过三十，老天过午。

柴湿烟多，人老话多。

母鸡下蛋叫破天，母牛下犊自己舔。

年过中秋月过半，人老不能转少年。

当场不让步，举手不留情。

八十老人，三岁孩子。

狗识主人，人知远近。

有理让三分，才是大人心。

常说对不起，才是礼貌人。

抗日歌谣

歌唱毛泽东

（一）

河水向东流，花开满山沟。
有吃又有穿，人人不发愁。
因为有了毛泽东，亿万人民抬起头。

（二）

毛泽东订规划，遍地开红花。
土地归农民，人民坐天下。

鲜艳的红旗飘九州

太阳出来照九州，咱们穷人没自由，思想起来实难受。
富人吃的鱼和肉，穷人缺粮少盐又无油，饿得面黄又肌瘦。
富人出门车和马，穷人拉着富人走，累得汗水不停流。
富人的孩子能上学，穷人的孩子放大牛，不识字比人家矮一头。
富人娶了东房娶西房，穷人一个也没有，越想越难受。
自从来了共产党，咱们穷人得自由，鲜艳的红旗飘九州。

联合起来打东洋

不争气的国民党，天天打败仗。
不到几个月，丢失河山万里长。
老百姓把他养得肥又胖，站在人民头上把福享。
咱们的好家园，绝不许他们糟蹋光。
全靠共产党，动员人民把日抗。
举红旗，来救亡，联合起来打东洋。

劳动人民把头抬

一轮红日出山来，云开雾散红旗摆。
自从来了共产党，劳动人民把头抬。

永远离不开共产党

瓜儿离不开秧，孩儿离不开娘。
咱们老百姓，永远离不开共产党。
共产党像亲娘，领导我们求解放。
有自由，有幸福，大家心里喜洋洋。

洪司令[①]来到徂徕山

洪司令来到徂徕山，领导穷人把身翻。
打倒土豪分田地，男女老少都喜欢。

徂徕山上红旗飘

汶河水，浪滚翻，穷人的日子实在难。
春天雷，震天响，徂徕山来了共产党。
你拿枪，我带刀，徂徕山上红旗飘。
徂徕山，层层陡，穷人缺吃少穿无路走。
受苦人，举红旗，徂徕山上来起义。

大寺[②]起义之歌

红旗一展满山岗，大寺起义举刀枪。
工农兵学齐救亡，抗日烽火燃四方。

---

① 洪司令：指洪涛司命员。

② 大寺：徂徕山西面的一座寺庙。

亿万人民笑嘻嘻

徂徕山上飘红旗，起义大军有勇气。
赶走日本狗强盗，打倒土豪分田地。
幸福生活多亏党，亿万人民笑嘻嘻。

保卫徂徕山

大家齐动员，保卫徂徕山。
军民要团结，力量大无边。

红旗飘在徂徕山，起义大军威名传。
同心同德把敌杀，徂徕山上见晴天。

反扫荡歌

烈火燃烧在徂徕山上，愤怒充满人民的胸膛。
汉奸鬼子来扫荡，杀人放火奸淫又抢粮。

山川咆哮，林木动荡。
满山是抗日的武装，到处是救亡的热浪，同心协力打东洋。

展开游击战场，打击敌人后方。
拆桥破路大反攻，向敌人来一个反扫荡。

太阳出来楼上楼

太阳出来楼上楼，穷人的日子没个头。
想起来实在难受，哎嗨哎嗨哟——实在难受。

富人吃的鱼和肉，穷人吃的糠窝头。
糊涂汤子[①]跟不上流，哎嗨哎嗨哟——跟不上流。

富人穿的绫绸缎，穷人浑身破衣衫。
补丁难遮还漏着肉，哎嗨哎嗨哟——还漏着肉。

富人住的瓦房楼，穷人躺在破草屋。
进门还得先低头，哎嗨哎嗨哟——先低头。

自从来了共产党，穷人翻身得解放。
幸福生活有了保障，哎嗨哎嗨哟——有了保障。

① 糊涂汤子：小米或玉米面汤。

和平花开幸福来[①]

山上的荒地谁来开？山上的鲜花谁来栽？
什么花开能结自由果？什么花开幸福来？

山上的荒地游击队开，山上的鲜花八路军栽。
民主花开结满自由果，和平花开幸福来。

和平民主鲜花开，自由快乐幸福来。
我们看好花和果，亿万人民多自在。

提防坏人乱来采，严禁鬼子来破坏。
团结起来看好花果树，让她永世长起来。

好汉歌

游击战，游击战，我们个个是好汉。
破坏桥梁割电线，敌人吓破胆。

一条汉子一支枪，处处都是最前线。
打得鬼子抱头窜，我们个个是好汉。

---

① 此歌谣在解放区流传甚广，徂徕山人民也十分喜爱歌唱这首歌颂共产党和人民军队的歌谣。

自卫团之歌

各村自卫团，个个真勇敢。
主动组织起，就把岗来站，专门抓汉奸。

来往行路人，都要问一番。
只要语音变，就送盘查站，都把功来献。

没有钱买枪，咱有锄和镰。
这些顽固蛋，铲除不费难，全靠自卫团。

抗日的新一辈

腊月里，雪纷纷，省委号召组织游击队。
来到徂徕山，创建四支队。
洪涛是司令，黎玉是政委，副司令是赵杰。
集合了抗日的新一辈。

光荣传统歌

发扬我们的光荣传统，转变我们的工作作风。

我们要艰苦，要奋斗，不敷衍，不自满。
我们要团结，要自强，用斗争，来保证。
为党的事业，起来！斗争！
向非无产阶级作风斗争！

抗日队员之歌

抗日队员真勇敢，撇家离乡走得远。
过河湿了两只脚，爬山越岭过天险。
凑点干粮实在难，穷苦百姓不能担。
一日两餐肚难饱，吃的煎饼喝稀饭。
住的房子更可怜，破屋烂庙露着天。
铺的乱七八拉草，少窗无门难挡寒。
一件破袄身上穿，天冷天热无衣换。
我们的队伍不怕难，半年才发一元钱。
一切零花都没有，只能买它四两烟。
我们的队伍真勇敢，坚决抗战齐向前。
消灭日本侵略者，铲除一切大汉奸。

胜利全靠毛泽东

同志们，细听言，国民党反动派，真正不要脸。
关键时刻停了火，暗地造内战，自己打自己的脸。
反动派，你不要太猖狂，睁开眼看一看，老百姓有力量。

谁要顽固到底，势必要遭殃，一定把他消灭光。
同志们，要认清，前进路上有障碍，全靠我们平。
打垮那些顽固蛋，抗日有保证，胜利全靠毛泽东。

歌颂共产党

狂风暴雨中的灯塔——中国共产党。
您明亮的光芒，指明了我们前进的方向。
困难面前不低头，领导我们奔向前方，光明在我们面前招手。
中国共产党，我们永远跟着您，幸福生活闪耀在我们前头。

送郎去当兵

送郎去当兵，奴家心高兴。
郎在前面走，奴家话小声。

劝郎去当兵，莫挂咱家中。
一心去抗战，为救老百姓。

劝郎去当兵，敌我要分清。
爱护老百姓，对敌别留情。

劝郎去当兵，纪律要严明。
说话要和气，买卖要公平。

劝郎去当兵，杀敌要英勇。
革命成了功，早日回家中。

秧歌小调

哥儿十八正年轻，离别家乡去当兵。
小奴家上前忙拉扯[①]，拉拉扯扯不放松。
哎嗨哟！不放松。
哥儿忙和奴家话小声，叫声奴家你要仔细听。
我上前线去打鬼子兵，你在家里生产也光荣。
哎嗨哟！也光荣。

光荣牌子门前挑，一年更比一年好。
青年参军志气豪，胜利眼看来到了。
哎嗨哟！来到了。

五劝歌

一劝爹和娘，鬼子太猖狂。
要想活命快把兵来当，赶快上战场。

二劝我的哥，听我把话说。

① 忙拉扯：即依依不舍之意。

快去抗日把家撇，不要再迂磨[①]。

三劝我的嫂，支前要做好。
八路军来了好好照应到，要啥赶快找。

四劝我的妹，正好十八岁。
快去参加妇救会，抗日不落队。

五劝我的妻，听我把话提。
我去当兵千万别哭啼，支前要努力。

汶河战歌

南风吹来山河暖，汶河修桥工程完。
各路鬼子来架桥，庆祝大会在旧县[②]。

旧县紧靠徂徕山，山上住着警卫连。
鬼子怕得不得了，周围放哨十里远。

警卫员得信下山岗，便衣短枪来武装。
早想找个好机会，专叫鬼子遭个殃。

一路找到羊楼庄[③]，良好时机正遇上。

① 迂磨：慢腾腾的。
② 旧县：汶河旁的一个村庄。
③ 羊楼庄：在旧县村北。

两个鬼子住村里，喝酒捞肉闹嚷嚷。

警卫连，真勇敢，一个箭步冲上前。
鬼子一看害了怕，两手抱头床底钻。

喊声鬼子哪里逃，叭！叭！两枪完蛋了。
缴获洋车[1]和手表，枪支子弹和背包。

任务完成回老营，鬼子来了捕个空。
警卫连立了功，人人称赞是英雄。

徂徕山战歌

正月里，是新年，日本鬼子抢占徂徕山。
发出了大马队，来到了汶河边。
徂徕山上起狼烟，百姓哭叫响连天。
我说同志啊！
群众急的双脚跳，心中烈火燃。

二月里，龙抬头，山东大地全失守。
大片好河山，都落日寇手。
奸淫烧杀抢，死尸满山沟。
我说同志啊！
男女老少无处躲，都要遭毒手。

---

① 洋车：自行车。

三月里，杏花甜，韩复榘当了大汉奸。
交出了济南府，急忙退泰安。
他一枪也不放，急忙向南窜。
我说同志啊！
白白丢了祖国好河山，叫人真心酸。

四月里，青苗肥，洪涛组织游击队。
徂徕山大寺前，组织四五百。
队副是赵杰，黎玉是政委。
我说同志啊！
起名就叫人民抗日游击队，徂徕山上的新一辈。

五月里，是端阳，鬼子扫荡我后方。
带上汉奸队，一心打王庄[①]。
徂徕山区老百姓，全部遭了殃。
我说同志啊！
赶快上战场，杀敌保家乡。

妇女抗战歌

一更里来月儿刚出山。
奴家房中暗盘算，阵阵好为难。
有心去抗战，爹娘又阻拦。
想起当年花木兰，心中更不安。

① 王庄：徂徕山附近村庄，现在属峋峪乡。

二更里来月儿刚正东。
千万姐妹在军营中，个个是英雄。
不怕大炮轰，不怕子弹崩。
为国为民总得有牺牲，虽死也光荣。

三更里来月儿照屋门。
想来想去要做正直人，杀敌把命拼。
万恶的日本鬼儿，野兽一样的心。
大好河山血淋淋，这气实难忍。

四更里来月儿刚正西。
爹娘床上睡得死，奴家心欢喜。
穿上奴家鞋，带上奴家衣。
挎上包袱出了门，一心投军去。

五更里来月儿刚刚落。
高山深水扎破奴的脚，虽疼也忍着。
爬过了几道山，淌过了几条河。
游击队里去找奴的哥，抗日真快活。

送情哥上战场

情哥上战场，小妹也不留。
手拉哥的手，送哥打日寇。

送到大门口，难撒哥的手。
有句知心话，千万记心头。

放枪要瞄准，专打小日寇。
赶走东洋兵，早日回家走。

找个抗战的

小奴家今年才十七，扛起锄头去下地，来到了庄头西。
（白） 你没有哥哥吗？
哥哥当兵在陕西，走出二千五百里，他去抗战哩。
二哥住在深山里，为了抗战把家离，天天打游击。
（白） 你爹娘呢？
爹爹今年六十七，俺娘正好六十一，都是一把大年纪。
（白） 给你找个婆家吧！
东庄的孩子不争气，西庄是个敌占区，不称小奴家意。
（白） 你愿找个啥样的？
肩宽腰粗有力气，举起钢刀能杀敌，找个抗战的。

王大嫂劝郎打东洋

天上的月亮明晃晃，王大嫂劝郎打东洋。
叫声郎哥听端详，你男子汉不如俺婆娘。
俺天天给游击队缝衣裳，做鞋补袜送前方。
郎哥一听心欢喜，拿起钢枪上战场。
俺在前线杀鬼子，得了胜利喜洋洋。

一同去抗战

叫声我的妻，我和你商议。
我去当八路，家里留下你。
不知你心里，乐意不乐意？

你去当八路，俺也不阻拦。
可是咱的家，房子露着天。
一个妇道人，俺可怎么办？

叫声我的妻，你也去抗战。
一同去杀敌，舍了这一摊。
打走日本鬼，大家把身翻。

缝衣歌

太阳落，天地暗，床前挑灯做衣衫。
前方战士去杀敌，顶风冒雪衣食寒。
抗战都是自家人，亲人谁不挂心间？
乖孩儿别淘气，安睡一觉到明天，缝好棉衣送前线。

送郎歌

郎　今年是一九四一年，我去参军到兵团。
　　同妻谈一谈。
妻　听说我郎去参军，心里笑盈盈。
　　送郎去参军。
郎　我去参军上前线，你在家里搞生产。
　　努力去支前。
妻　你去当兵上前线，我在家里搞生产。
　　织布又纺线。
郎　我去当兵救国难，打走鬼子把家还。
　　咱们得团圆。
妻　你去当兵到兵团，不知哪营和哪连。
　　写信捎给俺。
郎　我去当兵到兵团，驻地就在鲁中南。
　　保卫咱家园。
妻　送郎送到大门外，回过头来把门关。
　　送郎到兵团。
合　顺着大路往前走，前面不远是兵团。
　　大家欢迎咱。
　　欢迎欢迎真光荣，光荣牌子挂门庭。
　　大家都尊敬。

敬茶歌

石榴开花满山红，二十的青年去当兵。
全家人，屋里坐，一壶茶水来送行。

头杯茶，敬我的大[①]，我去当兵你在家。
你在家里搞生产，提防汉奸和恶霸。

二杯茶，敬我的娘，我去当兵莫要想。
为了不做亡国奴，送子参军理应当。

三杯茶，敬我的哥，我去当兵为祖国。
你快参加“青抗先”，为了胜利多工作。

四杯茶，敬我的嫂，我去当兵妯娌们好。
帮助弟妹学文化，识字班里去报到。

五杯茶，敬我的妹，我去当兵你陪嫂睡。
你们二人团结好，一齐参加妇救会。

六杯茶，敬我的弟，红缨枪要握手里。
当个模范儿童团，站岗放哨要机智。

七杯茶，敬我的妻，支援前线要积极。
做军鞋，送军粮，让前方战士打胜仗。

① 大：方言，即父亲。

石榴开花满树红，全家送我去当兵。
我去当兵打日寇，赶走鬼子享太平。

咱们都是中国人（反正歌）

慢打枪来别开火，听我唱个反正歌。
咱们都是中国人，一无仇来二无恨。
本来都是好弟兄，为何亲人变仇人？
当兵就该打鬼子，赶走日寇都有份。
别给敌人当汉奸，快调枪口把敌杀。

劝说歌

一劝爹和娘，听孩儿把话讲，我去当兵莫要泪汪汪。
二劝我的哥，听你弟弟说，我去当兵你好好把活做。
三劝我的嫂，听你弟弟表，我去当兵家里照应到。
四劝小弟弟，赶快上学去，读书识字才能懂道理。
五劝我的妹，抗战都有份，抗日救亡快去打日本。
六劝我的妻，我要当兵去，家里事情全部交给你。
七劝众老乡，快去把兵当，打走日本鬼子才能得解放。
八劝众同志，站岗要注意，盘查汉奸清除贼奸细。

男女老少来致敬

鼓儿敲，锣儿响，大家一齐到会场。
农救会，把话讲，欢送参军好儿郎。
骑着马，披着红，你看光荣不光荣。
光荣牌子门前挂，男女老少来致敬。

夫妻对话

妻　劝郎赶快上前线，打走鬼子和汉奸，再过太平年。
夫　当兵虽说是好事，只是挂着咱家里，过着穷日子。
妻　郎呀，别说离不开家，为奴的过日子也不差，请你心放下。
夫　种地这事不牵挂，只是还有爹和妈，需要照顾他。
妻　郎呀，你上前线去打仗，为奴在家种地多打粮，照顾二爹娘。
夫　你样样活儿都能干，家里没有男子汉，别人欺负咱。
妻　郎呀，你上前线去抗战，为奴在家参加识字班，谁敢欺负咱？
夫　你今年只有二十春，家里舍下你一人，有点不放心。
妻　郎呀，你上前线杀敌人，为奴在家处处要小心，绝不去丢人。
夫　你这一说心喜欢，我到兵营安心干，争取当模范。
妻　郎呀，你快快上前线，咱们二人都抗战，人人都称赞。

快去参加八路军

北旺村[①]，真困难，徂徕山上战壕剜。
家家户户出民夫，老婆孩子遭了难。

保长领着去出工，北大庙[②]前来点名。
鬼子汉奸发大坏[③]，老人饿在破庙里，见了小孩就活埋。

咱们大家一条心，快去参加八路军。
八路军和咱一条心，又爱国来又爱民。

徂徕山儿女笑嘻嘻

日本鬼子似豺狼，徂徕山上抢个光，男女老幼齐遭殃。
问　为何不躲起来？
只因我们躲，鬼子找不着，房子一把火。
问　没有什么好办法吗？
只有组织起，赶出鬼子去，徂徕山儿女笑嘻嘻。

---

① 北旺村：位于徂徕山的西侧附近。
② 北大庙：北旺村里的一个庙寺。
③ 发大坏：使坏。

情愿歌

我们不怕流血，我们不怕流汗。
因为流血流汗，是为我们自己干。

敌人尽管毒辣凶残，丝毫动摇不了我们抗战。
为使我们的田园更好，为使我们的日子更甜。

我们不怕流血，我们不怕流汗。
为杀敌这血汗流了，我们心甘情愿。

英勇善战不弯腰

敲锣打鼓放鞭炮，嘟嘟吹起集合号。
抗日军队站好队，队伍就要出发了。

上前抓住郎的手，小声把话说：
“狠狠打日本，莫要挂念我。
站好岗，放好哨，经常要把信来捎。”

敌人的飞机喔喔叫，大炮子弹头上飘，英勇善战不弯腰。
赶走日本鬼，人人拍手笑。

深夜拔据点

一更里来黑了天，一个命令下了山。
悄悄来到岳家店，夜袭鬼子和汉奸。

二更里来进了院，慢慢摸到炮楼前。
嘟嘟一声攻击号，齐心协力拔据点。

三更里来半夜天，机枪大炮响得欢。
敌人炮楼坐“飞机”，鬼子汉奸一窝端。

四更雄鸡叫得欢，打扫战场莫迟延。
收拾枪支和弹药，集合队伍返回山。

五更里来天刚明，我们的任务已完成。
叫声百姓别害怕，敌人据点全铲平。

当兵真光荣

哥哥去当兵，奴家不应承。
哥哥来劝说，奴家把话听：
“我去参加游击队，你在家里支前当尖兵。
赶走日本鬼儿，我再回家中。”

哥哥看俺不快活，还是耐心来劝说：
“先有国，后有家，有家才有你和我。
赶不走日本鬼儿，日子没法过！”

俺笑着点点头，哥哥心高兴。
送出大门上正东，手拉手儿进兵营。
当兵的兄弟都欢迎，当兵真光荣。

送情郎上前线

大辫子甩三甩，走进屋里来。
娘呀！部队马上要离开。

拉着婆娘的手，送到大门口。
望着郎哥出发打日寇。

连长把哨吹，郎哥站好队。
武装起来真雄伟。

喊了声向左转，奴家把头点。
二把盒子压子弹。

喊了声齐步走，奴家摆摆手。
二把盒子敞开大机头。

机枪哨哨响，队伍上战场。
郎哥一去准能打胜仗。

郎哥真勇敢，冲锋在前面。
插进敌人阵地消灭一个班。

大辫子甩三甩，迎到大门口。
同志们胜利都回来。

郎哥扛着枪，脸上喜洋洋。
哼呀咿哟不住地唱。

步枪一支支，子弹一箱箱。
还有两条腿的重机枪。

打开了东厢庄，得了些好衣裳。
分给百姓都穿上。

打开了米粮仓，分给众老乡。
郎哥扛着粮袋送给张大娘。

集合军号嗒嗒响，队伍继续向前方。
拉住郎哥把话讲：
“郎哥放心去，莫要把我想，一心去把鬼子消灭光。”
“要多多立战功，不要怕负伤，为人民流血负伤也应当。”

队伍出发走，我向郎哥招招手。
郎哥的笑容留在我心头。

劝郎去抗战

郎 走进奴绣房，见奴坐在床沿上。
无精打采头不抬，不由一阵好凄凉。
奴 一更里来点上菜油灯，见郎满面带愁容。
你有什么为难事，快向奴家来说清。
郎 我实话告诉你，咱二人要分离。
二老叫我去抗战，有心不去难启齿。
奴 二更里月正东，你去当兵我应承。
参加八路去抗战，小奴心里也高兴。
郎 我实话告诉你，当兵不容易。
爬山越岭打游击，拼命流血苦差事。
奴 三更里来半夜长，叫声郎哥听端详。
抗战为咱老百姓，吃苦也荣光。
郎 我若离家去抗战，心里总把你念记。
咱们还是青年夫妻，何时回家再见面？
奴 四更里来月儿落平西，俺郎句句话儿掏心里。
将人比己是一理，难道抗战的人儿都无妻？
郎 叫贤妻，听我言，你的话儿记心间。
我当八路去抗战，赶走日寇回家再团圆。
五更里来天大明，光荣牌子挂门庭。
你郎参军上前线，全村老幼来送行。

一齐上战场

奴在房中默沉沉，忽听门外来调军。
不知要调哪一军？
南军北军都不调，专来调我八路军，前方打日本。

青年的男女去打仗，老人支前送给养，儿童路口去放哨，一齐上战场。

左手拿着盒子枪，右手拿着冲锋枪，勇敢杀敌人。
别的军队先不打，专打鬼子东洋兵，保护老百姓。

消灭野心狼

鬼子野心狼，侵占我村庄。
奸淫烧杀搞“三光”，好比活阎王。

大家齐奋起，拿起刀和枪。
保家又保国，齐心消灭野心狼。

王三姐卖鞋

王三姐今年二十一，手提着包袱去赶集。
卖的是那鞋袜子来，哎嗨哟！
白　卖的是什么布的？
青土布表，洋白布里。
鞋底使上那扎布子，鞋口细线缉来，哎嗨哟！
白　你大姐卖的多少钱一双？
头午卖的三元五，同志们穿算你二元七。
小奴家很乐意来，哎嗨哟！
白　你这个大姐说话这么好？
要穿你就拿双去，穿着不行就扔回包袱里。
小奴家不嫌弃来，哎嗨哟！
白　大姐家住哪里？
我家本是鲁中南[①]，找了个婆家是敌占区。
小奴家可不乐意来，哎嗨哟！
白　你愿找到哪里去？
小奴家乐意找到八路军根据地，不管是穷还是富！
只要是个抗战的来，哎嗨哟！
白　大姐你跟我到根据地去吧！
看你说话带笑又和气，只要你是抗战的，奴家我乐意跟你去来。
哎嗨哟！

① 鲁中南：指鲁中南抗日根据地。

送郎去抗战

小奴二十三，送郎去抗战。
今晚缝军装，明天就去独立团。

天亮郎要走，行装奴安排。
穿上粗布袜，蹬上“老产鞋”[①]。

粗布裹腿扎起来，毛巾钢笔别忘带。
胸戴大红花，欢送的老乡站两排。

锣鼓震天响，男女老少多自在。
郎哥雄赳赳，英武又气派。

郎哥上前线，小声对郎言：
“等你来捷报，盼你早日还。”

全民抗战去杀敌

三七年，七月七，日本鬼子“大演习”。
强盗要诡计，飞机和大炮，向我中华来袭击。

① 老产鞋：山区农民常穿的一种布鞋，用细麻线细纳鞋帮。硬似铁片，极为结实。

卢沟桥上炮声急，侵占我中原，杀我好儿女。
端起枪，举起刀，全民抗战去杀敌。

收回泰山歌

组织起来，收回泰山，泰山是中国的宝山。
我们拿起枪杆，奔向战场，要与东洋兵拼个你死我亡。
流尽最后一滴血，打好最后一枪，冲破侵略者的罗网。
快赶走日本小东洋，收回我们的泰山，人人喜洋洋。

枪口一致对外

祖国在死亡线上，同胞们在饥饿中彷徨。
四万万五千万人民要翻身，四万万五千万人民求解放。
不分阶层，不论党派，反对一切内战，同心协力来救亡。
枪口一致对外，彻底消灭侵略者，誓死不投降。

起来！同日本鬼子拼命干

起来！同胞们，起来同日本鬼子拼命干。
把掠夺去的土地，把抢去的财产，叫敌人全部偿还！

起来，同胞们，起来同日本鬼子拼命干。
决不让日寇炸毁我们的城市，决不让日寇烧掉我们的庄园。

起来！同胞们，起来同日本鬼子拼命干。
只有拼杀，只有战斗，才能死里生还。

拿起我们的武器——镰刀、斧头、鸟枪、土炮……
保卫我们的父老、兄妹，保护我们的生命财产……
起来！同胞们，起来同日本鬼子拼命干。

查路条歌

红枪头，柳木条，兄妹二人去放哨。
哥哥藏在山沟里，妹妹就把路条要。

山下来了一个人，贼头贼脑四处瞭。
看样不像正经人，妹妹上前要路条。

那人龇牙又咧嘴，腰里拔出刀一把。
没等妹妹开口喊，哥哥背后一棍给他开了花。

游击队战歌

日寇侵占徂徕山，投降派们忙逃窜。

我们要从地上站起来，同侵略者决一死战。

徂徕山上举义旗，誓死守土不分离。
别看我们土生土长赤手空拳，千千万万人民和我们血肉相连。

虽然是年轻的军队，用土炮能打下飞机，击沉敌舰。
只要我们团结一心，用热血保卫祖国江山。

动员参军歌

光荣的八路军，美名天下传。
青年们快参军，保国保家园。

千万别落后，争先把军参。
迎接反攻大胜利，个个把力量献。

青年人前途无限，快快把军参。
为解救老百姓，勇敢上前线。

消灭日本狗强盗，建立民主政权。
全国得解放，人民都喜欢。

于大娘是个好榜样

冬季里，天气寒，家家户户把棉衣赶。
于大娘不歇闲，怀抱孙儿做针线。
忽听门外闹嚷嚷，莫非汉奸进了庄。
急插钢针放下线，针线活落扔一旁。
只听大门阵阵响，一人闪进大娘房。

于大娘忙上前，只听那人说端详：
“叫声大娘你听准，我本是一个八路军，前来探信进你庄。”

于大娘主意多：
“叫声同志炕上坐，抱小孩，围被窝，汉奸来了我有话说。”

汉奸闯进大娘房，张口骂了声狗娘养：
“你敢把八路藏，全家给你杀个光！”

于大娘，心不慌：
“叫声老总你想想，俺娘们家哪有这胆量？”

“别装相！眼看进了你的房！
炕上是谁？赶快讲！不然老子叫你见阎王！”

于大娘有主张，指着炕上骂了声太混账：
“你不打水，干了缸，老总来了你也不下炕。”
“叫声老总，你原谅，俺这孩子傻哩咣当。
媳妇去碾米，这孩子长得没个样。”

汉奸一听傻了眼，拖着枪杆出了房。

于大娘骂了声王八养：
“你们这些狗汉奸，又上了老奶奶的当！”

同志们，想一想，于大娘是我们的好榜样。
爱护军队保家乡，妇女们抗战献力量。

坚壁清野

春季里来暖洋洋，家家户户备战忙。
粮食柴草都藏好，鬼子来了空扫荡。

八路军独立营

八路军来独立营，谁参加来谁光荣。
骑着马，披着红，你看光荣不光荣？

张大哥，李二弟，咱们都去参军去。
别的部队咱不干，参加八路军独立营。

家里事情你别管，耕地种田有自卫团。
农救会，争着干，样样事情要领先。

奉劝姐妹们

月儿渐渐高，挂在杨柳梢。
小奴在绣房，心中好苦恼。
白　你苦恼什么？
想起奴的郎，死得真冤枉。
白　他是怎么死的？
日本鬼子丢炸弹，正巧落在他身旁。
白　你怎么不报仇？
有心去报仇，脚小不能走。
还有小心肝，心中实难受。
奉劝姐妹们，救国都有份。
赶不走日本鬼，谁也不安心。

劝郎快回头

我郎好狠心，当了敌伪军。
这个小冤家，不是中国人！

他干了汉奸队，进了特务连。
咱家不愁吃和穿，为何当汉奸？

我一听大炮响，心里就发慌。
只因小冤家，时时挂心肠。

劝郎在战场，不要硬抵抗。
见了八路军，缴枪快投降。

奴家回到房，看到郎的像。
心里好凄凉，冷冷清清哭一场。

坐到小牙床，看见小儿郎。
叫声儿呀儿，你爹没有人心肠。

我郎往外走，送到大门口。
你这个小冤家，千万要记住：
别当汉奸快回头。

恨郎干伪军

奴在房中孤伶仃，郎当汉奸进了城。
当了汉奸丧天良，为何跟着鬼子胡闹腾。

越思越想越难过，想起东邻张大哥。
早早晚晚帮助俺，家里坡里多亏他。

人家干的八路军，救中国，打日本，保国家，保乡亲。
俺郎真是恨死人。

英勇善战子弟兵

游击队，是英雄，声东击西打击日本兵。
爬高山，越峻岭，徂徕山上显威风。

截电线，炸桥梁，到处破坏敌交通。
烧炮楼，拔碉堡，打得鬼子不安宁。

肉搏战，刺刀红，不怕流血和牺牲。
为祖国，创奇功，英勇善战子弟兵。

八路军是人民的兵

八路军是人民的兵。
没有八路军，哪里有我们贫苦老百姓。
没有八路军，大家活不成。
有衣穿不上，有地不能耕。
有饭难进口，睡觉不安宁。
人民拥护八路军，胜利反攻有保证。

打伏击

五里岗，十里坡，日夜放哨不住脚。
敌人来，点把火，游击队员山里卧。
敌人来，敲声锣，把汉奸鬼子端了窝。

同过太平年

民国三十一年，日寇“蚕食”徂徕山。
可怜的老百姓，真是好凄惨。
老乡们快奋起，参加抗日团。
赶走日本鬼，同过太平年。

喜讯歌

艰苦抗战整八年，熬尽黑夜明了天。
日本鬼子投了降，劳苦大众把身翻。

男女老少都喜欢，成群结队喜讯传。
载歌载舞普天庆，亿万人民笑开颜。

丰收歌

高山青，杨柳秀，满坡麦子熟个透。
打败鬼子回家乡，敲锣打鼓庆丰收。

摊了个男人是当兵的

奴在家中笑嘻嘻，摊了个男人是当兵的，当兵有出息。
我郎用的“三八”式，起名就叫“大盖子”，真是好武器。
穿的褂子四个兜，里边套着粗布白衬衣，皮带扎腰里。
穿的裤子两道缝，裹腿打得紧紧的，武装真整齐。
头上戴着八角帽，都是上级发给的，上钉俩扣子。
大盖枪上插刺刀，逮住鬼子剥他的皮，叫他“回国”去。
骡子身上驮大炮，大马背上是重机，缴获鬼子的。
山上大炮轰轰响，一次打下俩飞机，大家齐欢喜。

迎春歌

春风来得快，白云快飞开。
春风吹大地，变成光明美丽的新世界。

桃花正笑，梨花正白。
满院花儿一齐开，五颜六色放光彩。

蜂飞来，蝶飞来，将花朵朵采。
花儿让人爱，采花乐开怀。

辛庄战歌

九月二十九日好天晴，旧县镇的鬼子队长叫左藤。
黎明集合去扫荡，八路军埋伏在山沟中。

小左藤领兵向前走，八路军发起攻击令。
头一枪打死射击手，得了机枪整一挺。
又得“大盖”整十支，打死鬼子几十名。

小左藤回到旧县镇，咿哩哇啦摸起电话筒。
电话通到东北堡[①]，拐个弯子进了泰安城。
泰城鬼子发人马，汽车来到旧县镇。

小左藤领兵把河过，顺着大路向正东。
小左藤来到辛庄子，把村里房子全烧净。
小左藤回到旧县镇，呜呜滔滔放了悲声：
八路差点要了我的命，丢盔卸甲逃回兵营。

---

① 东北堡：现在的北集坡。

把鬼子消灭在徂徕山

腊月里来天气寒，八路军都把棉衣穿。
先占克洛山[①]，再把兵营安。

鬼子扫荡徂徕山，我军埋伏提了前。
狡猾的鬼子往前闯，顺着山沟上了山。

同志们急忙开了枪，打得鬼子乱叫唤。
鬼子哭叫满山爬，拨回头来上了南山。

半夜三更吹暗哨，同志们围歼鬼子红了眼。
我们牢牢占据徂徕山，大获胜利得安全。

五更小调

一更里来黑了天，一声命令下了山。
不多时来到岳家店，专打鬼子和汉奸。

二更里来进了敌人院，上级命令往下传。
一个攻击到炮楼前，展开一场夜袭战。

① 克洛山：徂徕山北的一个山头。

三更里来半夜天，机枪火炮响的欢。
要把炮楼全轰倒，砸死鬼子和汉奸。

四更里来雄鸡叫，“爆破小组”也来到。
敌人炮楼全炸平，子弹枪械我们收拾了！

五更里来天气明，我们的任务已完成。
叫声百姓别害怕，据点的敌人消灭净。

打飞机

说稀奇，真稀奇，稀奇事儿出在山沟里。
赤手空拳的老百姓，打落了敌人一架飞机哟！
一架飞机。

风和日暖好天气，云影里飞来只怪东西。
男女老少齐来看哟，说着说着它落了地。
从里面钻出一个人，手拿大钳不言语，忙着快修理哟！
忙着快修理。

中国的百姓多和气呀，帮他灌油擦机器。
怪物一声嘟嘟叫，眼看就要离了地哟！
眼看离了地。

忽听有人报消息，说这是日本的轰炸机。
百姓一听爬上去，飞机已到半空里哟！
已到半空里。

爬上去的老百姓，哎嗨哟，着了急。
举起大镢头，照着鬼子头上劈哟！
照着头上劈。

半天空里开了战，徂徕山沟里摔飞机。
老百姓牺牲得多壮丽！
为了救中国，美名传后世哟！
美名传后世。

开展反扫荡

五月里来麦上场，军民开展反扫荡。
八路军驻扎邓家庄[①]，站岗放哨在河旁。

可恨日本鬼，扫荡太疯狂。
开着汽车到村庄，奸淫烧杀抢个光。

八路军得了信，下令反扫荡。
消灭鬼子和汉奸，军民布下天罗网。

同志们打冲锋，个个显威风。
打的敌人忙逃命，残兵败将窜回泰安城。

① 邓家庄在徂徕山附近。

八路军真是行

八路军真是行，不怕暴雨和寒风，专打日本兵。
八路军真是行，打起仗来往前冲。
别看小米加步枪，仗仗都打赢。

打鬼子据点

九月九日旧县集，鬼子抓人修防地。
刺刀逼着去干活，老婆孩子赶出去。

八路军插进群众里，地雷炸药放炮楼。
岗哨个个来收拾，轰隆一声炮楼飞。

泰城鬼子来接济，咱们洼坡埋伏击。
活捉鬼子一个旅，死伤躺一地。

八月桂花香

八月桂花香，东洋鬼子投了降。
徂徕山上红旗飘，锣鼓喧天敲得响。
张灯结彩来庆贺，男女老少喜洋洋。

攻打茅茨①据点

天气已到四月二十，茅茨的百姓着了急：
夜里逼着去站岗，白天出夫修防地。
八路军，第一旅，大批人马发这里。
为民除害拔据点，鬼子个个成肉泥。

人民力量大如山

人民力量大如山，满山遍野地雷战。
男打石雷女碾药，个个石雷连成线。
待到鬼子进村来，七哩八嚓像火鞭。
男女老少拍手笑，鬼子夹着尾巴窜。

运动战

运动战，运动战，牵着敌人鼻子转。
敌人来，沾不上边，广阔战场任周旋。

游击队，千千万，迂回作战不怕难。

① 茅茨：徂徕山前村庄。

声东又击西，打的敌人晕头转。

抓住好时机，主动冲向前。
杀敌似猛虎，吃掉敌人速决战。

我增敌人减，稳重如泰山。
大家齐奋战，胜利属于咱。

新中国一定要来到

十八去参军，这事实在好。
八项注意都做到，都说这个纪律好。

吃的是煎饼，铺的是谷草。
浑身衣服更是谈不到，冷热是一套。

为的是求解放，为了把仇报。
汉奸土匪全肃清，日本鬼子全赶跑。
当前受点罪，将来幸福到。
先苦后甜我们慢慢熬，同志们努力了。

中国的新社会，一定要来到。
我们国家强盛了，人民乐滔滔。

夜间袭击

毛毛雨，黑漆漆，正好乘机去袭击。
快快走，步要急。
爬壕沟，隐身体。
安炸药，要仔细。
轰隆一声响，碉堡飞到半空里。
鬼子汉奸成肉泥，同志们拍手庆胜利。

“蚕食”徂徕山

民国三十一年，提起来真可怜。
白天挖战壕，夜里去讨饭。
庄稼种不上，还得交米面。
一时交不上，就得拿命换。

打走鬼子保平安

民国三十一年，人民不得安。
男女老少修防地，徂徕山上把壕挖。

鬼子包围徂徕山，老百姓遭了难。
缸里无米又无面，锅灶底下不冒烟。

喝口泉流水，满山把菜挖。
卖儿卖女找活路，吃口“观音土”[1]度饥寒。

天天修防地，无人种庄田。
男女老少苦难熬，满坡禾苗全旱干。

起早修据点，敌人天天把差敛。
打的粮食敛个净，全家老少没吃穿。

老百姓苦难言，怨气说不完。
打骂成了家常饭，破头流血逼着干。

青年人，更危险，逮住就用刺刀穿。
不如快快去抗战，打走鬼子得平安。

徂徕山上真凄凉

乌云满天遮太阳，徂徕山上真凄凉。
山前山后是敌人，整个鲁中遭了殃。

敌人下令修碉堡，各庄伕子出个光。
庄公所好比阎王殿，庄长好比活阎王。

① 观音土：土质细腻，带有甜味，灾荒年月，吞几口充饥。

雄鸡未叫锣先响，天明百姓更惊慌。
擦眼抹泪向前走，好比去那杀人场。

天又热来日又长，一心盼着落太阳。
日落西山回家转，父母妻子泪汪汪。

清除大汉奸

抗战到了新阶段，出了一个大汉奸。
汪精卫，卖国贼，该死的王八蛋。

挑拨离间施诡计，破坏了统一战线。
到了东京拜天皇，叩头作揖如捣蒜。

伪政府，东洋兵，狼狈为奸来反共。
该死的汪精卫，成了一条害人虫。

共产党啊八路军，都是百姓的指路灯。
谁要妄想吹灭她，万万行不通。
只有清除大汉奸，胜利才能有保证。

清除汉奸别留情

汉奸！汉奸！是心腹大患。

不清除他们，怎救国难？！

汉奸！汉奸！是亡国的祸源。
出卖民族、国土，清除这些败类决不能手软！

大汉奸卖国投降，小汉奸卖身做贼。
中汉奸妥协求和，都是破坏抗日阵线。
汉奸是败类、祸虫，坚决清除别留情。

放脚歌

一更里来月东升，缠脚女人叹连声。
害怕鬼子来扫荡，两只小脚走不动。

二更里来月正南，俺把爹娘来埋怨。
你养女儿有疼爱，为何逼着把脚缠？

三更里来月西沉，越思越想越伤心。
缠得两脚不能走，活活成了残废人。

四更里来月还明，翻来覆去睡不宁。
两脚疼得实难受，好比坐牢上苦刑。

五更里来快明天，主意已定记心间。
坚决要把脚来放，积极参加妇救团。

妇女翻身歌

旧社会的妇女，实在封建得很，白黑在家不叫出门。
丈夫打又骂，公婆下狠心。
今天小姑闹，明天小叔子吵，怎么干也不顺心。

叫声婆母娘，听俺把话讲。
你的闺女和俺一个样，你要想一想。

东坡去拾棉，遇上了八路军。
让俺妇女组织起，彻底来翻身。

识字班就是好

识字班，不简单，妇女到校去上班。
一学学到十点半，回到家里再纺线。

识字班，就是好，妇女的地位提高了。
能读书，能看报，还能认得“北海票”[①]。

① 北海票是当时解放区的一种货币。

开荒大生产

同志们，来开荒，开荒种地打东洋。
多打粮食吃饱饭，反攻取胜不费难。

今年开展大生产，多开荒来广种棉。
棉花纺线织成布，军民穿衣不受寒。

今年扩大解放区，军民努力好种田。
衣食足了好练兵，兵强马壮拔据点。

军队到处拔据点，救出百姓千千万。
踊跃参加八路军，全国解放在眼前。

四季歌

春季到来暖洋洋，家家户户耕地忙。
八路同志来支援，共同生产打东洋。

夏季到来热难当，满地野草禾苗黄。
多亏八路来帮助，一同战胜大草荒。

秋季到来秋风凉，五谷杂粮上了场。
人人都说收成好，组织起来运后方。

冬季到来顶雪霜，扎紧腰带上战场。
为国为民打日寇，洒血流汗多荣光。

生产学习两相当

徂徕村里生产忙，妇女组织把线纺。
于大嫂，当组长，早起晚睡是榜样。
识字班里她领先，半夜三更纺车响。
一边纺，一边唱，生产学习两相当。

织布歌

九月里，九重阳，妇救会里纺线忙。
李二嫂，张大娘，纺线织布做衣裳。
做好衣服送前方，同志们穿上精神爽。
个个打起仗，英勇又坚强。

后　记

去年年底，接到《中华泰山文库》工作室的通知，得知先父李伯涛的著作《泰山民俗》和《泰山谚语与歌谣》经专家组审定，拟编入《中华泰山文库》著述书系《二十世纪著述集成》。欣喜之余，又引起了我对父亲无尽的思念。

父亲李伯涛（1939.11.6—1998.12.4），出生在泰安市北集坡镇赵庄村一个贫苦农民家庭里。幼年即喜爱文学，上中学时就有诗歌在报刊上发表；青年时期曾在北京求学，寓居于伯父陶阳家中。伯父年长父亲十余岁，1953年从山东大学中文系毕业后分配到北京大学哲学系任教，后调入中国民间文艺研究会工作。受伯父的影响，父亲对民间文学产生了浓厚的兴趣。回到泰安后，父亲先后任职于徂徕山林场、泰安市委组织部和泰安市交通局等部门，在繁重的工作之余，父亲把相当多的精力投入到了泰山民间文学的研究和创作中。出于对民间文学，尤其是泰山民俗文化的热爱，数十年的时间，父亲利用工作之余，在泰山周围数百平方公里的土地上，无数次走村串乡深入到老百姓中间采风，采访搜集第一手资料。对待采风的成果，父亲始终坚持“全面搜集，重点整理”的方针，坚持“忠实记录，慎重整理”的原则，以严谨慎重的态度认真处理，反对在整理民间文学作品时乱删乱改，反对所谓的“改旧编新”。

父亲在20世纪60年代初发表的诗歌《拾棉花》获泰安地区文化创作二等奖；1987年编写的《泰安农村丧俗志》获山东省民俗学会三等奖；报告文学《自学成才的凯歌——一位农民当了工程师的故事》1989年获泰安市文化艺术创作三等奖；1989年编著的《泰山谚语》一书，由中国民间文艺出版社出版，该书1992年获泰安市第二届泰山文艺创作一等奖。1990年出版《徂徕山抗日歌谣》，是泰安地区第一部关于“徂徕山抗日歌谣”的专著，对研究徂徕山抗日武装起义的历史有极高的价值。1996年出版《泰山民俗》一书，是我国第一部全面介绍泰山风俗民情的专著，它是父亲三十余年采风之所得，耗费了毕生的心血。

该书系统介绍了泰山民俗文化各个方面的内容，资料翔实，内容丰富，既有较强的可读性，又有极高的史料价值。该书一经出版，即在业界产生了极大的轰动，并受到民俗界各位专家学者的好评，入选1996年度市级精神文明建设精品工程。

父亲长期从事泰山民间文学、民俗文化的整理工作，终其一生而不悔，算得上是泰山民间文学、民俗文化的开拓者和先行者。他生前担任中国民间文艺家协会会员、中国民俗学会会员、山东省民间文艺家协会理事、山东省民俗学会理事、泰安市民间文艺家协会会长、泰安市民俗学会副会长等社会职务，还是二级作家、高级工程师。父亲的主要成就虽然在泰山民间文学方面，但他对待工作的态度也是我们家人学习的榜样。父亲从一个贫苦农民家中的孩子，一步步走到领导岗位，其艰辛可想而知。父亲对待工作可以说是鞠躬尽瘁、呕心沥血，在同事中威望很高，每年都被评为先进工作者。在生活中，父亲对我们要求非常严格。但我素无才学，生性鲁钝，年近知命，一事无成，枉对父亲的一片期望，每念及斯，悄然而悲。

“二十余年如一梦，此身虽在堪惊。”转眼之间，父亲离开我们已二十年了。父亲走的实在太早了。有很多话想对他说，有很多事想向他请教，然而我知道这都不可能了。我常常想父亲其实并未走远，他还会回来的。有时梦到父亲，我知道这是父亲回来看我了。醒来后也是非常欢欣。父亲是我们全家人的骄傲，我们以有这样的父亲感到自豪。“无为空自老，含叹负平生。”但我想，把父亲的优良品质传承下去，不失本心，也算对父亲有个交代了。

多年来，我一直有个愿望，就是把父亲的著作再版一次，使他的研究成果在更大的范围内得以传播，为弘扬民族优秀传统文化发挥更大的作用。因能力所限，始终未能成行。今有此机缘，赖《中华泰山文库》诸先生鼎力相助，玉成其事，终于实现了我的夙愿，亦足以告慰先父在天之灵。在此，对《文库》主编刘慧先生以及张玉胜先生、米山先生等表示衷心感谢。同时，对泰山学院李玉洋书记的关心与支持表示衷心感谢。

谨以此文，作为一瓣心香敬献给辞世二十周年的父亲。

李 峰

2019年3月1日记于坐忘斋